U0604505

广视角·全方位·多品种

权威·前沿·原创

皮书系列为
"十二五"国家重点图书出版规划项目

汽车社会蓝皮书

BLUE BOOK OF
AUTO SOCIETY

中国汽车社会发展报告
（2012~2013）

ANNUAL REPORT ON DEVELOPMENT OF AUTO SOCIETY IN CHINA
(2012-2013)

汽车社会与规则

主　编／王俊秀

社会科学文献出版社
SOCIAL SCIENCES ACADEMIC PRESS (CHINA)

图书在版编目（CIP）数据

中国汽车社会发展报告. 2012～2013：汽车社会与规则/
王俊秀主编. —北京：社会科学文献出版社，2013.1
（汽车社会蓝皮书）
ISBN 978 - 7 - 5097 - 4234 - 1

Ⅰ.①中… Ⅱ.①王… Ⅲ.①汽车工业 - 经济发展 -
研究报告 - 中国 - 2012～2013 Ⅳ.①F426.471

中国版本图书馆 CIP 数据核字（2013）第 014118 号

汽车社会蓝皮书
中国汽车社会发展报告（2012～2013）
——汽车社会与规则

主　　编／王俊秀

出 版 人／谢寿光
出 版 者／社会科学文献出版社
地　　址／北京市西城区北三环中路甲 29 号院 3 号楼华龙大厦
邮政编码／100029

责任部门／皮书出版中心（010）59367277　　　　　　责任编辑／王　颉
电子信箱／pishubu@ ssap. cn　　　　　　　　　　　责任校对／张　羡
项目统筹／邓泳红　　　　　　　　　　　　　　　　　责任印制／岳　阳
经　　销／社会科学文献出版社市场营销中心（010）59367081　59367089
读者服务／读者服务中心（010）59367028

印　　装／北京季蜂印刷有限公司
开　　本／787mm×1092mm　1/16　　　　　　　　印　张／21.5
版　　次／2013 年 1 月第 1 版　　　　　　　　　　　字　数／348 千字
印　　次／2013 年 1 月第 1 次印刷
书　　号／ISBN 978 - 7 - 5097 - 4234 - 1
定　　价／59.00 元

梅赛德斯－奔驰战略支持

汽车社会蓝皮书编委会

主　编　王俊秀

顾　问　张小虞　中国汽车工程学会理事长

　　　　　包月阳　国务院发展研究中心中国发展出版社社长

编　委　王俊秀　中国社会科学院社会学研究所中国汽车社
　　　　　　　　　　会研究网总召集人

　　　　　王　燕　戴姆勒东北亚投资有限公司及梅赛德斯－
　　　　　　　　　　奔驰（中国）汽车销售有限公司公共关
　　　　　　　　　　系及媒体传播副总裁

　　　　　李安定　新华社原国内部编委、经济新闻采访室主
　　　　　　　　　　任、高级记者

　　　　　刘兆彬　国家质量监督检疫总局法规司司长

　　　　　王丰斌　新势整合传播机构副总裁

　　　　　孔令斌　中国城市规划设计研究院副总工程师

　　　　　肖明超　新生代市场机构副总经理

　　　　　林晓珊　浙江师范大学法政学院副教授

　　　　　罗　赤　中国城市规划设计研究院教授级规划师

　　　　　夏德才　上海市公安局研究室副主任

《中国汽车社会发展报告（2012～2013）》
作者（以文章排列为序）

王俊秀　全　静　吕　鑫　陶　钧　施凤丹
肖明超　祁晓琳　刘梦阳　吴朔桦　李　琳
黄惠娥　原　瑶　陈　辉　许志敏
新势整合传播机构

主编简介

王俊秀 内蒙古呼和浩特人。中国社会科学院研究生院发展社会学博士，中国社会科学院社会学研究所副研究员，中国社会科学院社会学所中国汽车社会研究网总召集人。2008～2009年美国加州大学洛杉矶分校社会学系访问学者。主要研究领域：在社会心态研究领域，探索用社会心理学的理论和方法研究社会心态，在《社会蓝皮书》和学术期刊发表多篇社会心态方面的研究报告，是《社会心态蓝皮书》主编之一；在监控社会研究方面，出版了专著《监控社会与个人隐私》；在风险社会研究方面，主要关注风险的社会认知及个人与社会视角下的风险防范研究，完成了中国社会科学院国情调研重点课题"风险认知与风险行为策略—民众风险心态测量与调查"，主持2010年度国家社科基金项目"个人与社会关系视角下的公共风险规避与应对"；在社会空间研究方面，关注城市化进程中实体空间变化下社会空间、心理空间的变化，探索空间、社会空间、心理空间综合视角下的空间建构。汽车社会研究就是在这种综合空间视角下的探索。

摘　要

2012 年，迈入汽车社会后中国汽车增长进入加速期，汽车保有量增长惊人，汽车使用环境进一步恶化。中国汽车社会面临不少困扰：民众汽车消费意愿高涨但汽车使用成本却上升，汽车产业界对增长预期很高却遭遇各地受迫性汽车限制政策的频频出台，目前中国汽车社会管理缺乏系统性和科学性，路权意识缺失，文明状况堪忧，汽车社会规则不完善，汽车社会风险加剧，汽车成为社会分化象征，许多汽车问题升级为社会问题。本书提出应该及早确定综合的汽车社会可持续发展规划，明确我国汽车社会的发展方向。

2012 年中国汽车社会发展指数总分为 48.46 分，比 2011 年增加 2.46 分，和 2011 年相比，2012 年的汽车规模、汽车依赖、汽车成本和汽车文明四个一级指标的得分都有所增加，只有汽车环境得分下降。

2012 年中国汽车社会发展调查发现，2012 年城市家庭购车总花费平均为 23.23 万元，高于 2011 年的 15.45 万元。被调查者认为，汽车使用者最痛苦的事是道路拥堵、油价高和停车难。没有私家车的被调查者平均每天出行的距离为 24.24 公里，有私家车的被调查者为 35.64 公里。乘公交车出行时平均单程候车时间为 27.08 分钟，平均单程换乘时间为 16.14 分钟，平均单程堵车时间为 25.51 分钟。开车出行时寻找停车位的时间平均为 11.86 分钟，拥堵的时间平均为 30.35 分钟。2012 年的被调查者中无车群体的购车意向高于 2011 年，预计一年、两年和五年内购买汽车者的比例都远高于 2011 年，只有 2.8% 的人永远不打算购买汽车，而这一比例在 2011 年为 11.1%。2012 年的调查显示，被调查的无车家庭总体预想购车价格均值为 15.17 万元，这一值高于 2011 年的 14 万元。

Abstract

Into the threshold of auto society in 2012, auto growth is in the accelerated period, and car use environment is worsening. China Auto Society has to face a lot of problems, such as, private cars' consumer willingness is high, but the cost of car use has risen. In the automobile industry they expected very fast growth, but restrictive policies were frequently introduced by the governments of the cities in owning and using a private car in some large cities. Auto society need systematic and scientific management. The people have no awareness of the right-of-way, The car civilization is in a low level. Lack of the auto society's rules increased risk of the auto society.

Car became a symbol of social differentiation. Many problems about the car are actually social problems. The Blue Book thought the auto society of China needs an integrated sustainable developmental planning, to give the direction of how to develop China's auto society.

The score of China Developmental Index of Auto Society in 2012 is 48.46. There is an increase of 2.46 points than in 2011. The next level indicators, such as the scale of the auto, dependence to auto, the cost of car owning and using, the level of the auto civilization increased, but the score for the auto environment decreased.

The survey of development of auto society in China in 2012 found that the average family car cost in the city is 232300 yuan, higher than the 154500 yuan in 2011. Respondents believe that the most painful things for car users are road congestion, high gas prices and no enough parking space. The daily average distance to go to work for respondents without private cars is 24.24 kilometers, is 35.64 km for the respondents who have private cars. The average time for waiting for a bus for one-way was of 27.08 minutes, average transfer time was 16.14 minutes, the average traffic jam time was 25.51 minutes. The average time to find parking is 11.86 minutes, the average time of car congestion is 30.35 minutes. Respondents had a plan to buy a car in a year, two years, or five years are much higher than in 2011, only 2.8% of people who never intend to buy a car, and in 2011 this proportion was 11.1%. The survey shows that average family expected car prices is 151700 yuan, is higher than in 2011.

前　言

本书是中国社会科学院社会学研究所"汽车社会蓝皮书课题组"推出的"中国汽车社会发展报告"的第二个年度报告。《中国汽车社会发展报告(2011)》出版后,在社会上引起了很大的反响,引起了社会各界的关注。

这本《中国汽车社会发展报告(2012～2013)》对2012年中国汽车社会的发展进行了比较全面的研究,今年的主题为"汽车社会与规则"。

蓝皮书总报告对过去一年中国汽车社会作了总体的分析,我们提出:迈入汽车社会后中国汽车增长进入加速期,汽车保有量增长惊人,汽车的使用环境恶化。中国汽车社会遇到了民众汽车消费意愿提高与汽车使用成本上升的矛盾,汽车产业增长预期强劲与各地受迫性汽车限制政策的矛盾,汽车社会管理缺乏系统性和科学性,汽车社会规则不完善,汽车社会风险加剧。此外汽车成为社会分化象征,汽车问题升级为社会问题,以及路权意识缺失,文明状况堪忧等困扰。认为国家应该及早确定综合的汽车社会政策,明确规划我国汽车社会的发展方向外。

蓝皮书包含了不同方面的研究报告,主要分为以下几部分:(一)指数部分,包括:中国汽车社会发展指数报告、中国汽车社会调查报告、汽车社会文明指数报告等;(二)汽车社会发展现状部分,包括:中国汽车产业与汽车经济发展情况、中国社会不同阶层家庭汽车拥有状况分析、中国汽车消费报告、中国汽车媒体状况报告;(三)汽车环境与安全部分,包括:国内外心理学对"路怒症"的研究及实践,机动车严重违章情况分析,儿童交通安全活动研究;(四)汽车政策与法规部分,包括:国外汽车限制政策研究,中外交通法规的对比研究以及对中国汽车社会大事记的整理。

《中国汽车社会发展报告(2012～2013)》的是由新成立的中国社会科学院社会学研究所中国汽车社会研究网(Research Network of Chinese Auto

Society，RNCAS）（www.casrn.com）组织研究，由《汽车社会蓝皮书》编委会编辑完成的，参与"汽车社会蓝皮书课题组"的研究人员来自国家统计局统计科学研究所、北京林业大学、云南师范大学、新生代市场监测机构和中国社会科学院等。

本书的重点内容是通过"汽车社会蓝皮书课题组"创立的中国汽车社会发展指数，用问卷调查和统计资料相结合的方式获取定量数据，对2012年中国汽车社会发展的整体状况，以及北京、上海、广州、成都、武汉、沈阳和西安七个城市的汽车社会发展状况进行评价，并与2011年进行比较，了解中国汽车社会的发展。本书中的另一个重点内容是"中国汽车社会文明指数报告"，通过线上调查的方式，抽取北京、上海、广州、成都、西安、沈阳、武汉、昆明、长沙和潍坊的居民，对中国汽车社会的热点问题进行研究，对中国汽车社会文明状况进行定量分析。本书还对中国汽车社会存在的问题进行了深入分析，并对中国汽车社会的未来走向进行预测，也对中国汽车社会的管理提出了政策建议。

《中国汽车社会发展报告（2012～2013）》是《汽车社会蓝皮书》编委会和中国汽车社会研究网，以及各位作者一年来辛勤努力的成果。在本年度蓝皮书出版之际，我们对梅赛德斯－奔驰给予《汽车社会蓝皮书》研究和出版的大力支持表示感谢！对新势整合传播机构组织《汽车社会蓝皮书》研讨会以及在研究、出版中持续的支持表示感谢！对中国社会科学院社会学研究所的领导对《汽车社会蓝皮书》的支持表示感谢！对社会科学文献出版社的社领导、皮书中心领导和编辑们表示感谢！2011年的《汽车社会蓝皮书》在社科文献出版社的皮书评价中取得了不错的成绩，今年的蓝皮书出版更是得到社科文献出版社领导的肯定和支持。在新的蓝皮书付印之时，我们特别怀念为汽车社会蓝皮书诞生付出大量辛劳的社科文献出版社原副总编范广伟老师！

中国汽车社会研究网（www.casrn.com）

目 录

BⅣ 汽车政策与法规

BⅤ 汽车环境与安全

BⅥ 附录

皮书数据库阅读使用指南

CONTENTS

B I General Report

B II　Index on Development on Auto Society

B III　Development of Auto Society

BIV   Auto Policies and Law

BV   Environment and Safety

BVI   Appendix

总 报 告

General Report

B.1
可持续、和谐汽车社会立基于规则的完善

——2012~2013年中国汽车社会发展报告

王俊秀*

摘 要:

2012年中国迈入汽车社会后汽车增长进入加速期,汽车保有量增长惊人,汽车的使用环境进一步恶化。中国汽车社会遇到以下的困扰:民众汽车消费意愿提高与汽车使用成本上升的矛盾;汽车产业增长预期强劲与各地受迫性汽车限制政策出台的矛盾;汽车社会管理缺乏系统性和科学性;汽车社会规则不完善,汽车社会风险加剧;汽车成为社会分化象征,汽车问题升级为社会问题;路权意识缺失,文明状况堪忧等。应该及早确定综合的汽车社会政策,明确规划我国汽车社会的发展方向。

* 王俊秀,博士,副研究员,中国社会科学院社会学研究所中国汽车社会研究网(Research Network of Chinese Auto Society, RNCAS; www. casrn. com)总召集人。

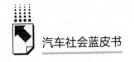

关键词：

汽车社会　汽车文明　社会管理　汽车限制政策

2012 年伊始，中国正式迈入"汽车社会"门槛，并快速前冲。进入汽车社会并不单单是汽车产业大发展，汽车大规模进入家庭，随之而来的是种种问题。2012 年的汽车被打上了深深的"社会"烙印，2012 年，汽车给人的最深印象已经不再是汽车产量、汽车名企、明星车型，而是"摇号"、"限行"、高油价、高停车费、"日系车"……汽车的重心已经从"产业"向"社会"转移，汽车社会从"汽车"向"社会"倾斜。

一　2012 年中国汽车社会进展

（一）冲过"汽车社会"门槛后进入加速期

正如 2011 年汽车社会蓝皮书总报告预测的那样，2012 年 2 月中国正式进入所谓的"汽车社会"，也就是每百户家庭私人汽车拥有量超过了 20 辆。根据国家统计局发布的《中华人民共和国 2011 年国民经济和社会发展统计公报》，[①] 2011 年年底国内私人汽车保有量达到了 7872 万辆，而 2010 年年底私人汽车保有量是 6539 万辆，一年净增 1333 万辆，月均增加 111 万辆。而根据公安部发布的数据，2012 年 6 月底，国内私人汽车保有量已经达到 8613 万辆，[②] 半年增长了 741 万辆，月均增长 123 万多辆，按这样的速度，以第六次人口普查全国共有 40152 万户家庭计算，在 2012 年 2 月每百户家庭私人汽车拥有量就已经超过了 20 辆，这标志着中国进入"汽车社会"的门槛。

以这一速度测算，2012 年年底国内私人汽车保有量将达到 9354 万辆，每百户家庭私人汽车拥有量将达到 23.2 辆，到 2013 年第一季度，私人汽车拥有

---

① 国家统计局网站，网址：http://www.stats.gov.cn/tjgb/ndtjgb/qgndtjgb/t20120222_402786440.htm。

② 资料来自公安部网站，网址：http://www.mps.gov.cn/n16/n1252/n1837/n2557/3327565.html。

量将会破亿。如果私人汽车的增长保持这样的速度，5 年多私人汽车保有量就会翻一番，百户家庭汽车拥有量将会达到 40 辆，10 年左右每百户汽车拥有量将达到或接近 60 辆，多数家庭将拥有汽车。

2011 年年末全国民用汽车保有量达到 10578 万辆（包括三轮汽车和低速货车 1228 万辆），比上年末增长 16.4%，其中私人汽车保有量 7872 万辆，增长 20.4%。民用轿车保有量为 4962 万辆，增长了 23.2%，其中私人轿车为 4322 万辆，增长 25.5%，[①] 也就是大约在 2015 年每百户家庭私人轿车也将超过 20 辆。

（二）庞大的产销量基数下，汽车保有量增长惊人

尽管中国汽车工业的产销增速已经放缓，不再可能出现几年前那种"井喷式"的增长，但是由于国内汽车产销量的基数已经非常之大，未来汽车工业即使是零增长，汽车保有量的增加依然非常惊人。

根据中国汽车工业协会的数据，2012 年前 9 个月，国内汽车产销量分别为 1413.12 万辆和 1409.23 万辆，同比分别增长 4.98% 和 3.37%。其中乘用车产销 1136.71 万辆和 1126.96 万辆，同比增长 8.41% 和 6.94%；商用车产销 276.41 万辆和 282.27 万辆，同比下降 7.13% 和 8.82%。[②] 尽管 9 月份汽车销量比 2011 年同期有所下降，但预计 2012 年全国汽车产销量将不低于 2011 年的 1841.89 万辆和 1850.51 万辆的产销量。

2011 年，汽车行业规模以上企业累计完成工业总产值 49994.89 亿元，同比增长 16.8%；累计完成销售产值 49219.96 亿元，同比增长 16.7%，均高于宏观经济增长速度，巩固了汽车行业在国内经济中的支柱产业地位。[③] 如果要保持这样强大的增速，未来国内汽车销售压力加大，特别是许多城市因交通拥堵加剧开始纷纷出台限制性政策的形势下，外销将成为汽车企业今后发展的关

---

① 国家统计局网站，网址：http：//www.stats.gov.cn/tjgb/ndtjgb/qgndtjgb/t20120222_ 402786440. htm。

② 根据中国汽车工业协会网站信息，网址：http：//www.auto-stats.org.cn/ReadArticle.asp? NewsID = 7670。

③ 施凤丹：《中国汽车产业与汽车经济发展情况（2011~2012）》，见本书。

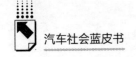

键。而2011年和2012年汽车产销量在国内都是净增长，因为汽车的进口量一直大于出口量，2011年，汽车整车出口81.43万辆，整车进口93.24万辆。2012年1~8月，进口汽车82.11万辆，出口66.25万辆。

（三）后发地区汽车增速快，全国汽车人口快速增加

根据公安部统计，截至2012年6月底，全国机动车总保有量达2.33亿辆，与2011年年底相比，增加826万辆，增长3.67%。其中，汽车1.14亿辆，摩托车1.03亿辆。全国汽车保有量为1.14亿辆，与2011年年底相比，增加811万辆，增长7.66%。全国17个城市的汽车保有量超过100万辆，其中北京、成都、天津、深圳和上海5个城市的汽车保有量超过200万辆。

以千人汽车拥有量衡量，2011年千人汽车拥有量高于全国平均水平的地区有北京、天津、浙江、内蒙古、山东、广东、江苏、河北、青海、上海、山西、辽宁、新疆和宁夏，而增速排在前面的地区是宁夏、青海、新疆、河南、江西、甘肃、陕西、内蒙古、安徽、广西等经济发展相对滞后地区，这些地区的增速都超过了20%（见图1）。

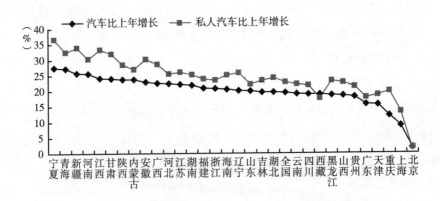

图1　2011年部分省（区、市）千人汽车拥有量增长情况

数据来源：转引自施凤丹《中国汽车产业与汽车经济发展情况（2011~2012）》，见本书。

2012年上半年，全国机动车驾驶人数量达到2.47亿人，与2011年年底相比，新增驾驶人1143万人。其中，汽车驾驶人为1.86亿人，占驾驶人总数

的 75.19%。3 年以下驾龄的驾驶人有 9471 万人,占全国机动车驾驶人总数的 38.33%。其中,驾龄不满 1 年的驾驶人有 2701 万人,占全国机动车驾驶人总数的 10.93%。广东、山东、河南、江苏、四川、河北、浙江 7 省驾驶人数量超过 1000 万人。①

(四)汽车使用环境恶化

根据交通部《2011 年公路水路交通运输行业发展统计公报》,② 2011 年年底, 全国公路总里程达 410.64 万公里,比上年末增加 9.82 万公里。全国公路密度为 42.77 公里/百平方公里,比上年末提高 1.02 公里/百平方公里。全国等级公路里程 345.36 万公里,比上年末增加 14.89 万公里。

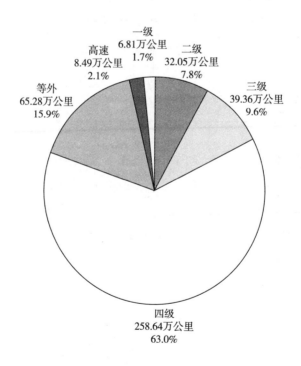

图 2 全国各等级公路里程

---

① 资料来自公安部网站,网址:http://www.mps.gov.cn/n16/n1252/n1837/n2557/3327565.html。

② http://www.moc.gov.cn/zhuzhan/tongjigongbao/fenxigongbao/hangyegongbao/201204/t20120425_1231778.html.

2011 年年底，全国等级公路占公路总里程的 84.1%，比上年末提高 1.7 个百分点。其中，二级及以上公路里程 47.36 万公里，比上年末增加 2.63 万公里，占公路总里程的 11.5%，比上年末提高 0.4 个百分点。全国高速公路达 8.49 万公里，比上年末增加 1.08 万公里。其中，国家高速公路 6.36 万公里，比上年末增加 0.59 万公里。全国高速公路车道里程为 37.59 万公里，比上年末增加 4.72 万公里。高速公路里程超过 3000 公里的省份增加至 14 个。

表1　2011 年高速公路里程超过 3000 公里的省份

单位：公里

省　份	里　程	省　份	里　程
河　南	5196	陕　西	3803
广　东	5049	黑龙江	3708
河　北	4756	江　西	3603
山　东	4350	浙　江	3500
江　苏	4122	辽　宁	3300
湖　北	4006	安　徽	3009
山　西	4005	四　川	3009

国家发改委预计，2012 年全国新增公路通车里程 10 万公里。[1]

尽管全国新增公路每年近 10 万公里，但这一增速依然低于交通量的增速，据交通部《2011 年公路水路交通运输行业发展统计公报》数据[2]，2011 年，全国国道网年平均日交通量为 12330 辆/日，比上年增长 3.5%，全国国道网年平均行驶量为 208852 万车公里/日，比上年增长 6.8%。公路拥挤程度不断增加，全国国道网年平均交通拥挤度为 0.42，比上年增加 0.01。北京、天津、河北、上海、浙江、广东的国道年平均拥挤度均超过 0.6。国家高速公路年平均交通拥挤度为 0.31，比上年增加 0.01；一般国道年平均交通拥挤度为 0.57，比上年减少 0.01。2010 年 8 月京藏高速公路曾出现几百公里的大堵车，持续十数日。

---

① http：//www.chinahighway.com/news/2012/639796.php.
② http：//www.moc.gov.cn/zhuzhan/tongjigongbao/fenxigongbao/hangyegongbao/201204/t20120425_1231778.html.

交通拥堵已经成为国内几乎所有大中型城市的共同问题，以北京为例，虽然实行了汽车限购政策，汽车保有量的增加得到了控制，并同时实行尾号限行政策，但北京的交通状况并未得到改善。根据北京交通发展研究中心"2012年上半年交通运行监测报告"①，2012年上半年，五环内工作日高峰时段（早高峰：7∶00~9∶00；晚高峰：17∶00~19∶00）平均交通指数为4.7，处于"轻度拥堵"等级，较2011年同期上升4.4%。工作日平均路网拥堵时间（含中度拥堵、严重拥堵）为70分钟，较2011年同期（55分钟）增加15分钟。

表2　北京市上半年拥堵持续时间对比

拥堵级别	畅通	基本畅通	轻度拥堵	中度拥堵	严重拥堵
2011年上半年	14小时10分钟	6小时35分钟	2小时20分钟	40分钟	15分钟
2012年上半年	14小时15分钟	6小时5分钟	2小时30分钟	50分钟	20分钟
变化	+5分钟	-30分钟	+10分钟	+10分钟	+5分钟

2012年汽车社会发展指数的四个"一级指标"汽车规模、汽车依赖、汽车成本和汽车文明的得分都有所增加，只有汽车环境得分下降，说明汽车环境状况总体下降。

（五）汽车增长对环境保护的挑战加剧

汽车的增加加大了减排的难度。"十二五"期间主要污染物总量减排目标是，2011年化学需氧量和二氧化硫排放总量要比2010年下降8%，氨氮和氮氧化物排放总量下降10%，四项污染物排放总量分别下降1.5%。但2011年氮氧化物排放总量为2404.3万吨，比上年上升5.73%。② 2011年，325个地级及以上城市中，环境空气质量达标城市比例为89.0%，超标城市比例为11.0%。空气质量一级的比例为3.1%，二级为85.9%，三级为9.8%，劣三级为1.2%。2011年废气中主要污染物排放量中氮氧化物排放总量为2404.3万吨，

---

① 北京市交通委员会网站，网址：http：//www.bjjtw.gov.cn/bmfw/2011jtyxjc/201209/P020120912350946998749.pdf。

② 《中国环境状况公报2011》，http：//www.mep.gov.cn/gzfw/xzzx/wdxz/201206/P0201206135 14213036579.pdf。

比上年上升 5.73%，其中机动车排放了 637.5 万吨。根据环保部《2010 年环境统计年报》，① 2010 年氮氧化物排放量为 1852.4 万吨，比上年增加 9.4%，其中交通源氮氧化物排放量为 290.6 万吨，占全国氮氧化物排放量的 15.7%。

随着机动车保有量的快速增加，环境保护面临新的挑战，特别是像氮氧化物、PM2.5 这些污染物与汽车直接相关，汽车不断增加的情况下，降低污染的难度加大，成本增加。如 2011 年北京机动车排放的氮氧化物、挥发性有机物、PM2.5 对大气污染的贡献率分别达到 58%、40% 和 22.2%，② 2011 年杭州机动车尾气排放对 PM2.5 的贡献率达 33%，③ 青岛市机动车排放对 PM2.5 的贡献率为 22.6%，④ 东莞机动车的贡献率为 31%。⑤ 但需要注意的是，环保部门对轿车的排放标准不断提高，而中大型载货汽车和大型客车的排放标准和柴油标准却相对落后，这使得机动车污染物排放量没有得到有效控制，目前占汽车保有量 5.1% 的重型载货汽车却贡献了 61.4% 的颗粒物排放量，而占汽车保有量 71.2% 的小型载客汽车颗粒物排放量分担率仅为 1.2%。⑥ 国家相关部门在积极应对这一挑战，提高新车尾气排放标准，淘汰污染物排放高的旧车型。2011 年 7 月 1 日，实施了轻型汽油车国家第四阶段排放标准，单车污染物排放水平比第三阶段排放标准降低了 30%。2011 年，全国淘汰汽车 91 万辆，北京、上海、广州等部分城市提前实施第四阶段车用燃料标准。2012 年 2 月 29 日环境保护部与国家质量监督检验检疫总局联合发布了《环境空气质量标准》（GB 3095—2012），增设了 PM2.5（颗粒物粒径小于或等于 2.5μm）浓度限值和臭氧 8 小时平均浓度限值，收紧了 PM10、二氧化氮等污染物的浓度限值。这一标准将在 2016 年 1 月在全国强制实行，在这之前环境保护部要求2012 年在京津冀和长三角、珠三角等重点区域以及直辖市和省会城市率先开

① http://zls.mep.gov.cn/hjtj/nb/2010tjnb/201201/t20120118_222725.htm.
② 据中国新闻网，网址：http://finance.chinanews.com/ny/2012/05-18/3897507.shtml。
③ 据杭州网新闻，网址：http://hznews.hangzhou.com.cn/chengshi/content/2012-08/29/content_4358502.htm。
④ 据青岛新闻网，网址：http://www.qingdaonews.com/content/2012-06/01/content_9258472.htm。
⑤ 《PM2.5等成为首要污染物》，《南方日报》2012 年 7 月 31 日。
⑥ 《机动车污染控制关键点在哪儿?》，《中国环境报》2012 年 11 月 5 日第 8 版。

展 PM2.5 和臭氧监测。

汽车的增加不仅带来空气污染，也带来声污染。根据环境保护部 2011 年
《中国环境噪声污染防治报告》，① 2010 年我国城市区域昼间声环境质量属于
好的城市比例仅为 6%，属于较好的城市比例为 67.7%，属于轻度污染的城市
比例为 25.4%，属于中度污染的城市占 0.9%。全国 331 个地级以上城市中，
城市道路交通昼间声环境质量属于好的城市占 68%，较好的城市占 29.3%，
属于轻度污染的占 1.2%，属于中度污染的占 1.2%，属于重度污染的占
0.3%。根据《中国环境状况公报 2011》，② 2011 年，全国城市各类功能区噪
声昼间达标率为 89.4%，夜间达标率为 66.4%。4 类功能区夜间噪声超标较
严重。监测的 316 个城市中，区域噪声总体水平为一级的城市占 4.8%，二级
占 73.1%，三级占 21.5%，四级占 0.6%。75.0% 的城市道路交通噪声总体水
平为一级，23.1% 的城市为二级，1.3% 的城市为三级，0.6% 的城市为五级。
环境保护重点城市道路交通噪声平均等效声级范围为 64.0 ~ 70.8 dB（A）。道
路交通噪声总体水平为一级的城市占 67.2%，二级占 31.9%，三级占 0.9%。

二 汽车社会的困扰

（一）民众汽车消费意愿提高与汽车使用成本上升的矛盾

2012 年 11 月 27 日 "世界汽车工程年会暨展览会" 上，工业和信息化部
部长苗圩指出，2012 年前 10 个月中国汽车产销量分别增长了 4.56% 和
3.56%，预计全年汽车产销量将会超过 1900 万辆。③ 这种快速、大规模增长
背后的支持是民众不断提高的消费欲望，表现为无车者意向购买率高和有车者
换车意愿高。2011 年中国汽车社会发展调查数据显示，城市无车者一年内有
购车意愿的比例为 11.1%，两年内打算购车的比例为 24%，五年内有购车意
愿的比例为 26.9%，合计为 61.1%，这个比例在一些城市更高，而认为永远

---

① 《机动车污染控制关键点在哪儿?》，《中国环境报》2012 年 11 月 5 日第 8 版。
② http：//www. mep. gov. cn/gzfw/xzzx/wdxz/201206/P020120613514213036579. pdf.
③ http：//shenyang. auto. sohu. com/20121130/n359131751. shtml.

不购车的比例仅为 11.1%。2012 年中国汽车社会发展调查数据显示，城市无车者一年内有购车意愿的比例为 24.7%，两年内有购车意愿的比例为 31.6%，五年内有购车意愿的比例为 28.8%，合计比例为 85.1%，而永远不打算买车的比例为 2.7%。2011 年有车者打算 5 年内更换新车的比例为 31.4%，购车 2 年以上者换车的比例超过了 40%。而 2012 年调查数据显示，有车者 5 年内打算换车的比例为 53.7%。

尽管汽车价格不断下降，但随着汽车配置的不断升级，和人们汽车消费要求的提升，人们购买汽车的支出并未减少。2011 年中国汽车社会调查中城市家庭购车总花费平均为 15.45 万元，上海最高，为 21.12 万元，广州最低，为 11.66 万元。2012 年城市家庭购车总花费平均为 23.23 万元，成都最低，为 14.04 万元，上海最高，为 26.09 万元。

2012 年因燃油价格、城市停车费用、汽车行驶不畅造成在途时间延长等经济和时间成本的增加，导致整体的汽车使用成本在上升。

2012 年的油价是 2005 年的两倍左右，2012 年油价经历了 8 次调价，只有一次油价低于 8000 元/吨，2012 年 8 次油价平均为 8561 元/吨。这一增长幅度与全国城镇居民人均可支配收入和农村居民人均纯收入增幅接近，但考虑到物价上涨因素，油价增长高于人们收入的增长。

2011 年 4 月 1 日，北京市实行了新的停车费收费标准，这个标准分为三类地区，最高的一类地区停车标准为白天第一小时 10 元，以后每小时 15 元，以 8 小时计，一类地区工作 8 小时停车费最贵达到了 115 元。上海市的停车费标准分为六类地区，第一类的标准与北京类似。深圳市的停车费在一类地区为 15 元起步，60 元封顶。2012 年 9 月深圳市交通委推出新的停车收费方案，这一方案以治理城市拥堵为目的，拟改为 15~20 元起步且不封顶的收费标准，这样每天最高停车费将达到 240 元。广州等许多城市都在酝酿停车费收费标准的提高。

2011 年汽车社会发展调查数据显示，总体城市买车花费约为家庭年收入的 1.5 倍左右，沈阳最低，约为 1.08 倍，武汉最高，约为 2.1 倍。总体上城市居民养车负担约占其家庭年收入的三成，沈阳最低，约为两成，武汉最高，将近六成。

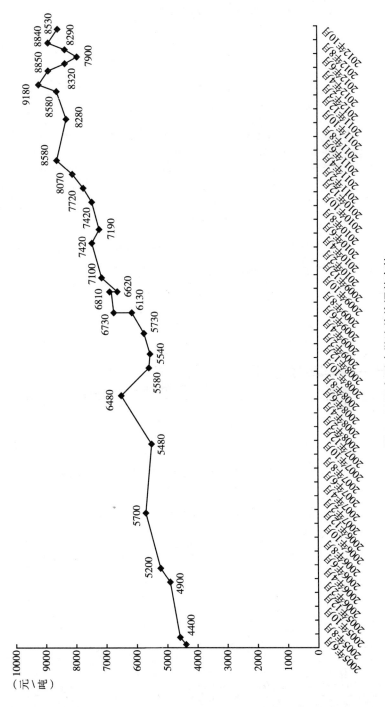

图 3 2005 年以来燃油价格调整走势

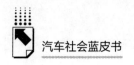

表3　2011年和2012年7城市居民汽车使用成本对比

单位：元

城市	每年保养和维修		每年保险费		每月燃油费		每月过路(过桥)费		每月停车费	
	2011年	2012年	2011年	2012年	2011年	2012年	2011年	2012年	2011年	2012年
北京	4589.62	4019.8	4228.77	4479.41	998.02	956.73	122.32	313.43	325.14	351.49
上海	3983.65	4321.36	4415.38	4751.94	777.12	1043.59	232.37	307.72	314.42	323.79
广州	3184.47	4528.28	4413.46	5247.98	934.62	954.04	205.29	332.53	211.67	350.91
成都	3758.93	3754.9	3442.86	4250.98	910.54	898.04	201.3	302.55	292.32	219.8
武汉	4665.56	4189.8	4123.15	6153.06	1653.7	1059.18	335.59	269.39	234.81	248.98
沈阳	2109.62	4795.92	5159.62	5465.31	851.92	909.18	110.53	269.8	162.4	221.84
西安	3561.11	4082.98	3818.52	5448.94	961.11	976.6	228.68	296.6	253.15	245.96
合计	3767.94	4254.71	4257.36	5017.27	981.7	975.39	209.49	304.73	265.39	299.46

汽车使用成本上升最快的是时间成本，随着各城市汽车保有量的快速上升，一线、二线城市，甚至许多三线城市交通拥堵越来越严重，堵车花费时间增加，在途时间延长，时间成本增加很快。2011年中国汽车社会发展调查发现7个城市每天平均开车单程出行时间约为41.2分钟，北京、上海、广州的出行时间分别为41.6、29.1和47.3分钟，成都、武汉、沈阳和西安的平均出行时间为37.4、54.4、31.4和52.5分钟。2012年中国汽车社会发展调查发现，7个城市居民开车出行的时间成本总体上表现为大幅上升，7个城市平均开车单程出行时间为47.1分钟，除成都、西安与2011年相比略低外，其余城市出现出行时间增加。7个城市平均找车位的时间从7.1分钟增加到11.9分钟，7个城市每天因拥堵多花的时间从14.3分钟增加到30.4分钟，各城市在这两项调查上均有大幅增加（见表4）。

表4　2011年和2012年7个城市居民开车出行时间成本对比

单位：分钟

城市	单程时间		找车位时间		每天拥堵多花时间	
	2011年	2012年	2011年	2012年	2011年	2012年
北京	41.6	51.0	6.6	12.1	15.6	33.0
上海	29.1	48.4	5.3	13.3	8.1	30.7
广州	47.3	42.6	8.7	12.9	14.6	28.3
成都	37.4	36.8	8.4	9.4	13.7	21.9
武汉	54.4	57.7	7.7	9.4	22.9	28.8
沈阳	31.4	44.7	6.0	9.7	9.5	33.4
西安	52.5	47.6	7.7	13.3	19.3	35.5
合计	41.2	47.1	7.1	11.9	14.3	30.4

城市居民经济收入的提高，经济型轿车质量、性能的提升，汽车消费的门槛降低，使得许多居民，特别是年轻家庭汽车消费成为必选项，近年来一些城市限购政策的不断出台，使得一些二线城市担心政府出台限购政策，一些居民在"赶末班车"心态作用下将购车计划提前，这些都是汽车强净增长的动力。另一方面，包括汽车限行政策在内的汽车使用成本因素不断增加，经济成本和时间成本的增加使得汽车使用者的不满情绪凸显，对于拥堵和油价的抱怨增多，随着汽车数量增加，与汽车使用成本之间的矛盾将进一步加剧。

（二） 汽车产业增长预期强劲与各地受迫性汽车限制政策出台的矛盾

汽车行业对汽车增长的预期一直很高。中国汽车工业协会发布了《"十二五"汽车工业发展规划意见》，提出"十二五"时期我国汽车产量将达到2800万～3000万辆，并且提出汽车整车出口占汽车总产量的10%～15%，[①]如果按照这一数据的最高值计算，产量3000万辆的15%出口的话，每年增加的汽车将是2550万辆，"十二五"期间汽车将增加1亿多辆，中国汽车保有量将超过2亿辆。这种短期内爆发式的增长将给国内的交通、能源、停车空间等汽车环境带来空前的压力。

汽车业界对于中国汽车产销的预测一直非常乐观，2012年市场机构IHS预测称，到2020年中国的汽车销量（不包括公共汽车和卡车）将增长至3068万辆，接近美国2020年预测数1676万辆的两倍。[②]国务院发展研究中心副主任刘世锦预测，在下一个十年，"中国汽车产业很可能达到其长期的产销峰值，按照较为保守的估计，这一峰值将会达到5000万辆左右"。[③]最骇人听闻的要属2010年9月诺贝尔经济学奖获得者、美联储经济学家Edward Prescott在成都召开的全球汽车论坛上的预测。他认为，到2030年中国汽车产销量将达到7500万辆（2010年全球汽车销量为7000万辆），中国人均汽车保有量将达到每千人800辆。按照他的估计，以现有人口13亿计，中国的汽车保有量

① http：//www. cinic. org. cn/site951/zcdt/2012－05－22/561846. shtml.

② http：//news. xinhuanet. com/fortune/2012－03/15/c_ 111660057. htm.

③ http：//epaper. nfdaily. cn/html/2011－09/23/content_ 7008673. htm.

将达到 10.4 亿，是现有汽车保有量的 10 倍。

与汽车业界"增长派"不同的是城市管理者的"限制派"。近两年，北京、上海、广州三个一线城市实行了汽车限购政策，成都、杭州等城市实行了限行政策，北京、贵州则实行了限购、限行双重政策。

2012 年 6 月 30 日 21 点广州市政府发布通报，为了改善交通和大气的环境，从 2012 年 7 月 1 日零时起，对全市中小客车试行增量配额为全年 12 万辆，配额的产生采用公开摇号和车牌竞拍两种形式。至此，一线城市的上海、北京和广州先后采取了对汽车的严格限购政策。但从广州市 8、9、10 三个月的摇号和竞拍情况看，摇号中签的百分比在下降，计划竞拍的车牌成功拍出的比例虽然逐月上升，但比例并不高，车牌拍出的均价还出现了下降（见图 4）。2011 年广州市新车上牌量为 33.1 万辆，属于限购范围内的中小客车为 24.2 万辆，也就是说一年内限牌政策使广州的汽车销量至少下降一半。

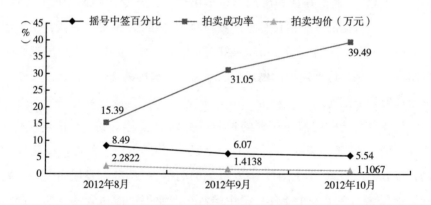

图 4 广州市车牌摇号和竞拍情况

2010 年北京市政府颁布《北京市小客车数量调控暂行规定》，对小客车实施数量调控和配额管理制度。2011 年和 2012 年，北京市每年新增小客车的指标都是 24 万辆。在实行限购政策的近两年内，北京市车牌摇号的中签比例逐月下降，从最初的接近 10% 下降到 1% 多（见图 5）。尽管北京市交通状况并未因此出现大的改观，但也极大地缓解了交通压力。实行限购前的 2010 年，北京全年新增机动车为 81 万辆，而实施限购后的 2011 年，北京净增机动车的数量为 17.4 万辆。截至 2012 年 2 月 15 日，北京机动车保有量达到 501.7 万辆，但 500 万辆的出现因限购推迟了 11 个月。即使是按照现行的限购政策，预计到 2016 年，北京市机动车仍将突破 600 万辆。

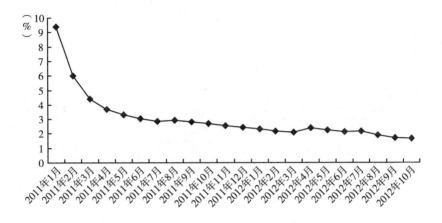

图 5　北京市车牌摇号中签比率变化

　　上海市是中国唯一的对汽车牌照始终采取限制政策的城市，汽车牌照几乎一直采取拍卖的方式，上海市的车牌拍卖甚至可以追溯到 1992 年，之后经历了 1994 年的有底价、不公开拍卖，1998 年的沪产车低底价拍卖，到 2000 年所有国产车无底价竞购，2003 年国产、进口车同政策竞拍，2004 年限制上海车异地上牌，限购政策应对车牌非法交易进行了一次次调整，但始终坚持严格的限制政策。车牌拍卖价格经历过多次起伏，近年来车牌拍卖价格屡创新高，2012 年 10 月成交均价已经达到了 6.67 万元（见图 6）。尽管上海市始终坚持汽车限购政策，但作为中国最大的城市，汽车保有量虽然比北京低得多，但也进入全国前五名的行列。2011 年年底上海市汽车保有量为 189.39 万辆，比 2010 年净增 23.1 万辆，其中小型客车 155.79 万辆，占汽车总量的 82.26%，2012 年上半年上海市汽车保有量已经超过了 200 万辆。

　　除了北京、上海、广州这三个一线城市实行限购政策外，贵州省贵阳市也出台了区域性的限制机动车牌的政策。2011 年 7 月 11 日，贵阳市政府发布了《贵阳市小客车号牌管理暂行规定》，规定从 7 月 12 日起购买的 9 座以下客车可选择"专段号牌"和"普通号牌"两种号牌，其中，"专段号牌"以摇号方式分配，该号牌可以在贵阳市所有道路通行，"普通号牌"入户不受限制，

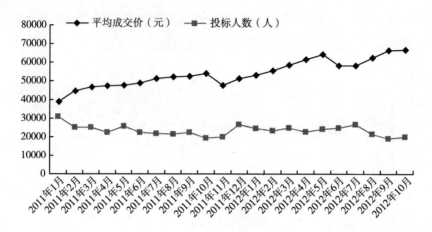

图6 上海市近两年参与车牌竞拍与拍卖均价变化

但该号牌车辆不能在贵阳市一环路及以内道路行驶。贵阳市实施专段号牌和普通号牌政策的目的是缓解老城核心区的交通压力，属于通过限制车牌的限行性质的政策。

国内实行限行政策始于2006年召开的"北京中非论坛"，随后在2007年"好运北京"空气质量测试期间北京市就实行了单双号限制的机动车限行政策，之后在北京奥运会期间，从2008年7月20日0时至9月20日24时实行了按号牌尾号分单双号上路行驶的政策。奥运会后的2008年10月11日开始将单双号限行政策改为按照车牌尾号每周限行一天的政策。北京之后，限行性政策在一线、二线城市不断出台，有的是临时性的，有的是长期性的。机动车限行除了比较普遍的环保不达标限行外，还有大型活动期间的临时限行，如除北京奥运会外，深圳市"大运会"、广州市"亚运会"、天津夏季达沃斯论坛、济南"全运会"、兰州投资贸易洽谈会、南昌市"中博会"、烟台市春节中心城区、厦门中国国际投资贸易洽谈会、洛阳牡丹文化节等活动期间均实行了机动车单双号限行，贵州少数民族运动会期间也实行了尾号限行。

北京、杭州、成都、兰州、贵州、承德等城市实行了长期性的汽车限行政策。从2010年9月18日开始，兰州市实施按车牌尾号限行措施，每天限行两个尾号，每车每月限行约6天。限行时段为早7时至晚8时。从2011年10月8日上午7时起杭州部分区域实施机动车在工作日的7时至8时30分和17时至 18 时 30 分早晚高峰时段"错峰限行"交通管理措施。2012 年 9 月 15 日至 11 月 30 日，杭州旅游旺季期间的法定节假日、双休日每日 8 时 30 分至 17 时，对西湖景区实行单双号限行。成都市于 2012 年 4 月 26 日起在二环路及 7 条放射性主干道实施工作日尾号限行措施。原定政策到 2013 年 7 月底，但 2012 年这一政策调整为更加严格的二环、三环路之间尾号限行管理，时间确定为 2012 年 10 月 8 日至 2013 年 6 月 30 日。从 2011 年 9 月 19 日开始，贵阳市在一环路实行工作日从早 7∶00 至 20∶00 的尾号限行政策。2012 年 5 月 1 日起承德市实行老城区部分道路工作日尾号限行和节假日单双号行驶的政策。

汽车的限购和限行引发了汽车产业界的不安和反对，形成了增长和限制之间的矛盾。未来几年将会出现一线城市、部分二线城市，甚至一些三线城市汽车限制性政策密集出台的局面，"增长"和"限制"之间的矛盾将更加突出，也会进一步引发汽车使用者、计划购车者、无车者之间的利益冲突。表 5 为所调查城市对汽车限行政策不同态度的百分比，表 6 为各城市对汽车限行、限购政策赞成程度的平均数，1 为非常不赞成，2 为不太赞成，3 为无所谓赞成不赞成，4 为比较赞成，5 为非常赞成，表中为平均数。可以看到实行现行政策的成都和北京赞成限行的平均分数较高，实行限购政策的北京赞成限购的平均数最低，上海稍高，广州最高，表明越是限行严格，不赞成程度也越高。被调查者判断广州实行限行的可能性最高，其次是已经限行的北京、成都和上海，接下来是未实行限行的西安。已经实行汽车限购政策的北京、广州、上海再出台限购的可能性最高，其次是西安。

表 5　对所在城市实行（的）汽车限行政策的态度

单位：%

	北京	上海	广州	成都	西安	沈阳	武汉	昆明	长沙	潍坊	合计
非常不赞成	9.00	9.20	5.20	7.20	8.10	10.10	6.20	4.80	8.70	8.60	7.70
不太赞成	31.40	38.20	30.20	24.90	34.80	28.80	38.90	41.80	32.40	33.00	33.40
无所谓赞成不赞成	16.70	18.80	25.00	17.20	21.00	15.90	16.60	14.40	15.00	23.90	18.50
比较赞成	34.80	29.00	34.90	45.50	29.50	40.90	36.00	35.10	40.10	30.10	35.60
非常赞成	8.10	4.80	4.70	5.30	6.70	4.30	2.40	3.80	3.90	4.30	4.80
合　　计	100.00	100.00	100.00	100.00	100.00	100.00	100.00	100.00	100.00	100.00	100.00

表6 汽车限购、限行政策态度与未来限行、限购政策出台的可能性判断

赞成汽车限行		赞成汽车限购		出台(再出台) 汽车限行政策可能性		出台(再出台) 汽车限购政策可能性	
成都	3.17	长沙	2.83	广州	2.41	北京	2.36
广州	3.04	沈阳	2.82	北京	2.34	广州	2.31
北京	3.01	广州	2.79	成都	2.33	上海	2.2
沈阳	3	昆明	2.77	上海	2.31	西安	2.15
长沙	2.98	上海	2.73	西安	2.25	总体	2.14
总体	2.96	总体	2.72	总体	2.23	沈阳	2.11
西安	2.92	成都	2.71	沈阳	2.17	武汉	2.11
昆明	2.91	西安	2.7	长沙	2.17	昆明	2.1
武汉	2.9	武汉	2.68	昆明	2.15	成都	2.09
潍坊	2.89	北京	2.6	武汉	2.14	长沙	2.02
上海	2.82	潍坊	2.59	潍坊	2.01	潍坊	1.93

（三）汽车社会管理缺乏系统性和科学性

中国进入汽车社会，汽车社会不仅是家庭或私人汽车占有率提高的社会，而且指汽车进入社会的方方面面，从经济上汽车产业作为支柱产业，人和物的流通上汽车是主要工具，汽车成为许多人生活中不可或缺的部分，社会对汽车的依赖不断加强。仅仅这样理解是不够的，汽车社会应该是人、车、环境和谐共处的社会，有车者和无车者、有车者和有车者之间依照社会确立的规则共同行事的社会。

汽车作为对人们生活空间，对城市空间改变最大的商品，它带给社会的问题也是异常复杂的。这些问题不单是技术问题、交通问题、安全问题，而且是社会问题，需要系统地、科学地面对和解决。目前，政府管理中存在不同的汽车社会管理理念，有的把汽车看作是一个商品，一个可以拉动经济增长，增加税收的指标；有的把汽车看作是发展程度的必然，代表了社会的富裕和进步，社会要改善环境迎接它的到来；有的则只把汽车看作是一个交通工具，汽车管理就成了交通部门的技术问题。这些出于不同管理部门和职责的汽车社会管理理念，缺乏系统的统筹汽车社会的管理思想，经常发生各部门出于部门利益出台不兼容的汽车政策，如政府管理部门出台汽车限购政策，汽车行业认为这些政策违反了汽车产业发展政策。

不同行业和部门对于汽车的管理也存在缺乏科学性的问题，例如，2012年国庆中秋节假日期间小型车高速公路不收费的政策，政策制定部门既缺乏必要的政策出台前期的科学调研，没有科学地估计高速公路流量增加数量可能造成的影响，造成一些时段、路段的大拥堵，也没有及时出台执行细则，要求高速公路管理部门根据不同路段、关卡车流量可能大幅增加的特点制订应急预案，甚至连是否收卡，以及免费结束时段如何衔接等都很混乱，使得本来应该很得民心的政策并未带来应该有的效果。我们的调查显示，有13.8%的人不太赞成或非常不赞成这一政策，一些城市不赞成的比例更高，长沙有16.9%、武汉有15.6%、上海有15.4%的人不赞成高速公路节假日免费。

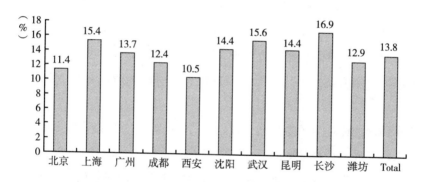

图7　7城市居民中不赞成国庆黄金周小汽车高速免费者所占比例

（四）汽车社会规则不完善，汽车社会风险加剧

汽车社会是建立在规则之上的社会，包括完善、严格的法律法规和人人自觉遵守的汽车社会行为规范。

目前的交通法规的制订还存在不够完善的问题，一些法规缺乏可操作性，例如，速度限制路段标志不太明确，没有明确的起始标志。一些法规执行缺乏明确统一的标准，如2010年7月20日，嘉兴海盐县居民舒江荣驾驶一辆小轿车因闯黄灯被处罚，先后向海盐县法院、嘉兴市中级法院提起诉讼。这一事件引发全国性的闯黄灯要不要罚的大讨论，各地交管部门对此的回应暴露出各地

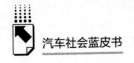

执行标准不一的问题。

一些地方交通管理部门为了个人和部门的利益，对于交通违章和超载存在以罚代管，只罚不管，交警部门也不能严格做到收支两条线。据报道2011年公安部接到30多起"三乱"问题举报，①而媒体曝光的类似事件很多。

法律法规不完善和执行不力造成了许多交通安全问题，表现为居高不下的交通安全事故和人员伤亡。2011年全国发生道路交通事故210812起，造成62387人死亡，237421人受伤，直接经济损失超过10亿元，80%以上道路交通事故由交通违法导致。2012年1~10月因闯红灯肇事导致有人员伤亡的道路交通事故4227起，造成798人死亡；因违反道路标志标线肇事导致人员伤亡事故87852起，造成26154人死亡；因机动车不礼让行人肇事造成429人死亡，因违法占用应急车道肇事造成161人死亡。②安全事故造成影响比较大的是校车事故，仅2011年11月，就发生了多起校车事故，震惊社会的甘肃正宁县核载9人，实载64人的幼儿园校车事故，遇难人数达22人之多；发生在徐州市丰县首羡镇张后屯村校车事故，造成15死8伤；云南省文山壮族苗族自治州广南县一辆超载面包车发生交通事故，造成6死8伤，多数为学生。

汽车的增加使社会风险加剧，社会脆弱性凸显，对社会管理提出了更高的要求，暴露了许多社会管理的问题和弱点。2012年7月21日~22日北京及其周边发生特大暴雨及洪涝灾害，使79人丧生，1万多间房屋倒塌，160多万人受灾，经济损失116.4亿元。这次暴雨导致数万辆汽车被淹，许多人受困于汽车中，仅京港澳高速路段就捞出了127辆机动车。这一灾难也暴露了汽车风险意识和应急管理机制的缺乏。

（五）汽车成为社会分化象征，汽车问题升级为社会问题

对刚刚起步的汽车社会来说，许多人的意识中汽车不仅仅是一个代步工具，而是一种身份象征。尽管在调查中只有不到一成的人承认有这种看法，有

① http://epaper.bjnews.com.cn/html/2011-11/25/content_295256.htm? div=-1.
② 《1至10月全国闯红灯造事故4227起 死亡798人》，人民网：http://sn.people.com.cn/n/2012/1130/c186331-17794901.html。

一成多的人把拥有汽车看作成功的标志，但实际上人们的汽车使用和购买动机中以通勤、出游为目的的使用和购买比例并不高。如果说普通车的身份象征意义不明显的话，一些特定的车已经成为身份和社会分化的标志。在中国，把小汽车叫做轿车，这种由古代有权势、有钱人使用的轿子演化来的概念，在开始就已经带有很浓的社会地位色彩。

随着中国社会贫富差距的拉大，这种财富差距比较突出地表现在汽车的消费上，从不到 3 万元的国产微型车到车展中价格高达 1.5 亿元的豪车。财富分化主要体现在住所、消费场所和出行工具等方面的差别，由于地位差距较大者在空间上相对分割，住所、消费场所没有明显的对比效应，而价格较高的汽车往往成立车主身份地位最突出的体现。巨大差距带来的是社会对贫富差距的不满，集中反映在人们对于豪车违法、横行事件的标签化。在造成广泛影响的众多豪车案件中，人员的具体身份已经没人关心，被重点强调的是豪华车品牌标签化后的汽车化身份，诸如，"西安宝马案"以及劳斯莱斯、宾利、玛莎拉蒂、兰博基尼等指代的富豪或"富二代""官二代"。这种贫富差距带来的极端案件反映出的问题也在社会上持续发酵。2012 年 2 月发生在浙江省温州市的本田雅阁轻微剐蹭 1200 万元的劳斯莱斯，维修费用在 39 万元左右，打折后为 36.4 万元，雅阁驾驶员负全责，除保险公司赔偿外个人需要赔偿 18.8 万元，这件事一时成为社会关注的焦点。[①] 我们对这件事情的调查发现，约有 87.8% 的人听说过这个案件，有 63.5% 的人会在开车中刻意躲避豪车。媒体报道，浙江金华市公交公司某车队办公室内贴有玛莎拉蒂、兰博基尼等豪车车标的"豪车辨识图"，要求司机学习识别豪车，避让豪车，避免天价赔偿。[②] 社会分化后公平问题就成为人们关注的核心问题，从车牌拍卖政策到路权都有公平问题，广州车牌拍卖价格在一两万元，不算太高，而上海车牌拍卖价格高达六七万元，这对于那些购买高级车的富人来说并不是太大的数目，但对于收入较低的人们可能是一辆或两辆车的价格，这就意味着对不富裕阶层的不公平。一些城市正在论证新的汽车限行政策，如在市中心收交通拥堵费，这同样

---

① http：//auto. sohu. com/20120207/n333996951. shtml.

② http：//auto. people. com. cn/GB/17457960. html.

存在对不富裕阶层的不公平问题。

除了豪车指代的社会身份地位分化，另一种形式的表现是公车。近些年，公车超标、公车私用、公车特权成为引发民众不满的原因。长期以来，公车消费数量和公车消费情况都不透明，2011 年 4 月北京市在国内首次公布党政机关、全额拨款事业单位公务用车数量为 62026 辆，市级公务车为20288 辆。如果加上其他性质单位的公务用车和中央在京机关的公务用车。公车的数量很庞大。2006 年"中非论坛"期间按照 80% 的比例封存的公车当时报道为 49 万辆，[①] 据此估算当时公车的数量大约在 70 万辆左右，即使以后未再增加，这一比例在北京 500 万辆汽车中约占 14%，而美国公有汽车的比例约为 1.7%。[②] 在北京市 55 部门"三公"决算统计数据中，合计为 4.2 亿元，其中 9282 辆公车支出近 2.7 亿元，车均 2.9 万元，其中市口岸办车均支出 4.97 万元，如果考虑汽车折旧，这个数量就要翻倍。尽管国家和地方一些部门出台一系列政策和改革措施对公车问题进行管理，2012 年 6 月工业和信息化部发布公车选用车型目录细则，一般公务用车和执法执勤用车发动机排气量不超过 1.8 升，价格不超过 18 万元。[③] 2012 年 6 月国家发改委公布，全国政府机构公务用车按牌号尾数每周少开一天，同时开展公务自行车试点。机关工作人员每月少开一天车，倡导"135"出行方案，1 公里以内步行，3 公里以内骑自行车，5 公里乘坐公共交通工具。[④] 2012 年 6 月温州实行公车改革，把约 1300 辆公车分 6 批逐步拍卖。[⑤] 但公车问题依然严重，2012 年全国清理违规公车近 20 万辆，给予 170 人党纪政纪处分。[⑥] 我们的调查发现，人们认为公车主要的问题是公车超标导致公共经费支出太大、公车搞特权不遵守交通规则和公车私用（见表 7）。

① http://news.sohu.com/20061102/n246155761.shtml.
② 王舒蔓：《美国汽车社会概况》，王俊秀主编《中国汽车社会发展报告（2011）》，社会科学文献出版社，2011。
③ http://epaper.bjnews.com.cn/html/2011 - 11/19/content_ 293631.htm? div = -1.
④ http://t.cn/zOzWB6w.
⑤ http://epaper.bjnews.com.cn/html/2012 - 06/25/content_ 351128.htm? div = -1.
⑥ http://epaper.bjnews.com.cn/html/2012 - 06/15/content_ 347745.htm? div = -1.

表7 对公车存在问题的评价

单位：%

	北京	上海	广州	成都	西安	沈阳	武汉	昆明	长沙	潍坊	总体
公车超标,公共经费支出太大	37.10	36.70	29.20	31.10	31.90	28.80	28.40	36.10	32.90	35.90	32.80
太多交通管制,影响大家出行	7.10	12.60	15.60	11.50	9.50	8.70	11.80	11.50	7.70	9.10	10.50
公车搞特权,不遵守交规	20.50	16.40	20.80	30.60	25.20	28.80	26.10	24.00	23.20	19.10	23.50
公车私用,占公家便宜	21.90	22.70	23.10	21.10	26.20	23.10	24.20	17.80	22.70	31.60	23.40
公车太多,造成交通拥堵	13.30	11.60	11.30	5.30	7.10	10.60	9.50	10.60	13.50	4.30	9.70

　　汽车社会分化的另一个现象是汽车与民族情绪的结合，汽车品牌成为区分爱国与否的标准。2012 年 9 月 15 日开始，中国多地爆发大规模反日示威游行，抗议日本政府"购买"钓鱼岛的非法行径。湖南长沙、山东青岛、陕西西安等多地发生推翻、打砸日系车和烧 4S 店等行为。之后，日系车销售量大幅下降。图 8 为反日示威后打砸日系车对今后日系车购买影响的调查，全部调查对象中，肯定会购买的比例仅为 1.2%，可能会购买的比例为 14.3%，在武汉、广州等城市，这些比例更低，广州肯定购买的比例为 0，武汉可能会购买的比例为 10.9%。

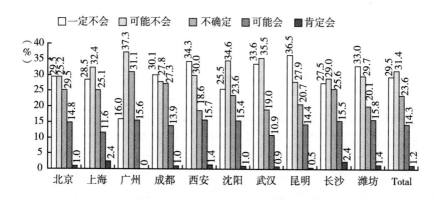

图8 反日示威打砸日系车后市民日系车购买意愿调查

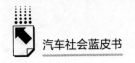

（六）路权意识缺失，文明状况堪忧

一段时间"中国式过马路"成为大家议论的焦点，其中存在一个重要的问题就是我们的路权不明晰。一方面表现为法规对路权规定的不清晰，另一方面表现为驾车者或行人对他人的路权不尊重，驾车者经常强行并线、超车、乱插队，侵犯他人路权，驾车者无视斑马线，不礼让行人，经常出现汽车欺压摩托车、助力车、摩托车、助力车欺压自行车，自行车欺压行人的场面。行人则经常闯红灯，通过"凑够一撮人"壮大自己强行过马路。

路权意识的缺失是造成交通秩序混乱的根源，而造成混乱的原因有很多，一是交通法规没能强化人们的路权意识，而混乱的相互侵犯路权使尊重路权在实际效果上受到了惩罚，在大家都抢行的情况下如果礼让就寸步难行，长期下去就没有人坚持尊重别人路权，没人去遵守文明行车的规则。再一个原因是一些特权车、霸权车横行，起到了不好的示范效果。我们的调查发现，人们认为官员的高级车、军车、大货车、警车、出租车和公交车是最霸道、最不遵守交通规则的车（见表8）。而那些真正有特权的车却得不到优先权，2012年12月北京市政府新闻办公室官方微博发布了一条信息，120急救车在赶往现场途中虽然拉起警笛，却少有车辆让行，7分钟的车程开了40分钟。虽然对特权车有明确的法律规定，因为没有真正去落实，这样的法律基本上形同虚设。

表8　霸道、不遵守交通规则车型调查

单位：%

	北京	上海	广州	成都	西安	沈阳	武汉	昆明	长沙	潍坊	总体
普通家庭用车	7.1	8.2	9.4	4.3	4.8	6.2	8.5	6.7	8.7	6.2	7
军车	19.5	14.5	14.6	17.7	10	18.3	16.1	13	11.6	13.9	14.9
警车	7.1	11.6	15.1	12	11	14.4	15.2	11.1	15	17.7	13
官员的高级车	32.9	23.2	32.1	26.8	35.2	27.9	26.5	31.2	28.5	31.6	29.6
救护车	2.4	0	1.9	1.4	1.9	1	1.9	2.9	1.9	2.9	1.8
公交车	8.6	6.8	7.1	7.2	13.8	9.6	10.4	10.6	8.7	7.7	9
大货车	14.8	26.6	10.8	14.8	11.9	15.4	9.5	15.9	16.9	11.5	14.8
出租车	7.6	9.2	8.5	15.8	10.5	6.7	10.4	8.7	8.2	8.6	9.4
其他	0	0	0.5	0	1	0.5	1.4	0	0.5	0	0.4

在城市道路日益拥挤的情况下，路权之争会越来越激烈，公务车的出行如果严重影响社会车辆出行和城市交通状况，拉开了政府官员与民众的距离，所带来的负面影响就会增加。调查发现，民众对实行交通管制为贵宾车队让行的评价偏多，总体来看，8%的人认为很多，30.5%的人认为比较多，认为不太多或很少的合计为40.9%，而北京被调查者认为很多和比较多的比例合计超过了半数，为52.4%，即使最低的像潍坊这样的中等城市也有33.5%的人认为偏多，而最少的上海约占三成的人认为偏多（见表9）。2012年11月29日，7名政治局常委从中南海前往国家博物馆参观"复兴之路"展览时沿途没有清道封路，车队是随着社会车辆一起走，这一示范行为获得了全社会的好评。[①] 2012年12月4日中央政治局作出了改进工作作风的八项规定，提出"坚持有利于联系群众的原则，减少交通管制，一般情况下不得封路、不清场闭馆"。[②] 这对于将后汽车社会路权确立将起到很大的作用。

表9　对实行交通管制为贵宾车队让行现象的态度

单位：%

	北京	上海	广州	成都	西安	沈阳	武汉	昆明	长沙	潍坊	总体
很　少	7.10	6.80	8.00	5.70	10.50	7.70	7.60	9.60	9.70	12.40	8.50
不太多	24.30	30.40	35.80	28.20	36.20	36.10	35.50	33.70	30.00	34.00	32.40
没注意	16.20	33.80	18.40	24.40	18.60	20.70	21.80	14.90	16.90	20.10	20.60
比较多	34.30	23.70	31.10	33.50	30.50	26.40	26.10	32.70	38.60	27.80	30.50
很　多	18.10	5.30	6.60	8.10	4.30	9.10	9.00	9.10	4.80	5.70	8.00

中国多数大中城市交通状况不佳，造成交通拥堵的原因除了汽车快速增加外，汽车文明程度低是更重要的原因。我们的调查发现，在居民对各自生活城市的汽车文明程度评价时，在10分的评价标准中，总体平均分为5.97分，低于及格线；潍坊获得最高分为6.11，其次是成都、上海、沈阳和昆明，这些城市汽车文明得分高于6分，处于及格水平；而北京得分虽然略高于总体平均

① http://www.chinanews.com/gn/2012/12-07/4392090.shtml.

② http://news.qq.com/a/20121205/000042.htm.

分，但低于及格线；低于及格线的还有广州、长沙、西安和武汉，最低的武汉为 5.63 分。

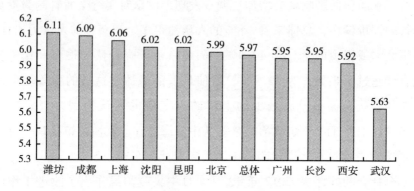

图9　各城市汽车文明程度评价

三　汽车社会发展的建议

（一）未来汽车的发展及其走向并不是由作为汽车产业主要角色的生产厂商和消费者来决定，而是由城市空间来决定，更是由各城市的决策部门和政策决定的。而中国汽车产业要实现可持续的而不是前期大干快上到跃进式发展，后期处处受限，处处紧缩，就必须及早确定综合的汽车社会政策，而不仅仅是汽车产业政策，深入研究。明确规划我国汽车社会的发展方向，对于城市空间、道路设施、能源消耗、环境污染、经济发展、居民消费、汽车产业规模等众多方面做综合的规划，否则，汽车社会将成为汽车灾难的社会。

中央政府应该制订全面的汽车社会发展规划，而不仅仅是汽车产业规划，要把与汽车相关的不同方面纳入整体规划，特别是解决汽车产业与城市管理之间的矛盾，统合不同部门的相关政策，使这些政策不再出现不兼容的问题，确保汽车社会能够可持续发展。

（二）各地政府，特别是城市政府应该研究当地汽车社会发展现状，研究出台科学的、系统的汽车社会管理体系，不再只从交通上解决汽车社会问题，从汽车社会的宏观角度协调汽车社会的不同方面，使汽车社会有序、可持续、和谐发展。

（三）各地应该切实评估目前汽车限制性政策的利弊，采取疏堵结合的方式调节汽车的增长速度。限制汽车购买和使用，提高汽车使用成本已经成为未来一线、二线城市管理者不得不祭出的无奈之招，未来几年深圳、武汉、杭州、成都、西安等将可能加入汽车限购行列，上海、广州、深圳、武汉、西安等将逐步实行汽车限行政策。在汽车成为民众消费必选项的情况下，出台适当的汽车政策应该做到既不伤害汽车产业又能满足民众需求。

（四）各级党政机关应该重视汽车社会带来的社会问题，加强社会管理，处理好汽车社会下的公平问题，处理好公车、校车等问题，通过有效的途径，从法律、纪律、道德、文化上建立健全汽车社会的规则，以使汽车社会进入良性运行。

（五）以明确路权、保障路权为突破口，通过法律、教育等手段强化民众的路权意识，惩罚侵权行为，不断提高全社会的汽车文明程度。

（六）提高全社会的汽车风险意识，落实交通安全法规的执行，有效降低汽车事故的发生，减少生命财产的损失。

Sustainable，Harmonious Auto Society is Built on the Rules Progress-The Developmental Report on China Auto Society（2012－2013）

Wang Junxiu

Abstract：Into the threshold of Auto Society in 2012，auto growth is in the accelerated period，and car use environment is worsening. China Auto Society has to face a lot of problems，such as，private cars' consumer willingness is high，but the cost of car use has risen. In the automobile industry they expected very fast growth，but restrictive policies were frequently introduced by the governments of the cities in owning and using a private car in some large cities. Auto society need systematic and scientific management. The people have no awareness of the right-of-

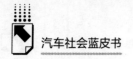

way, the car civilization is in a low level. Lack of the auto society's rules increased risk of the auto society. Car became a symbol of social differentiation. Many problems about the car is actually social problems. The auto society of China need an integrated sustainable developmental planning, to give the direction of how to develop China's auto society.

Key Words: Auto society; Auto civilization; Social management; Car restriction policies

汽车社会发展指数

Index on Development on Auto Society

B.2
2012 年中国汽车社会
发展指数报告

王俊秀*

摘 要：

2012 年汽车社会发展指数总分为 48.46 分，比 2011 年增加 2.46 分，和 2011 年相比，2012 年的汽车规模、汽车依赖、汽车成本和汽车文明四个"一级指标"的得分都有所增加，只有汽车环境得分下降，其中变化幅度较大的是汽车规模、汽车成本和汽车环境。汽车规模这一指标对西安、广州、上海和武汉指数得分影响较大。除北京和武汉汽车依赖得分下降外，其余城市都有所增加，幅度不大。上海汽车成本增加最大，其次是广州，而武汉的汽车成本下降较大，其次是成都和沈阳。除广州和武汉外，其余城市的汽车使用环境得分都有所下降，下降幅度比较大的是沈阳和上海。上海、广州汽车文明指标得分略有下降，其余城市均有所上升，

---

* 王俊秀，博士，副研究员，中国社会科学院社会学研究所中国汽车社会研究网（Research Network of Chinese Auto Society, RNCAS; www. casrn. com）总召集人。

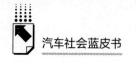
上升比较大的是沈阳和武汉。

关键词：

　　汽车社会发展指数　汽车依赖　汽车成本　汽车环境　汽车文明

一　2012 年汽车社会发展指数的编制

（一）2012 年汽车社会发展指数编制的方法

在过去的一年时间里，中国汽车社会又发生了许多变化，不只是又增加了近两千万辆汽车，而且在人们的汽车生活上也出现了一些新的特点，发生了许多和汽车相关的事，出现了许多和汽车相关的人物，一些城市的政府部门推出了许多与汽车相关的政策，各地汽车社会问题进一步暴露，等等。但是，如何评价这一年中国汽车社会的变化和发展呢？我们继续以中国汽车社会发展指数的形式来衡量和评价。2011 年的报告中已经指出，这份汽车社会发展报告的编制是为了不把汽车保有量和汽车拥有率当作仅有的衡量汽车社会的指标，也不仅限于关注交通问题，而是从可持续发展、以人为本的角度，从城市发展和社会发展的角度综合评价中国汽车社会的现状和特点。

这份报告是 2011 年推出的"中国汽车社会发展指数"之后的第二个报告，为了便于比较，2012 年的报告在指数构成和调查方法上延续了 2011 年的报告。

本次调查依然采用配额抽样方式，有车家庭和无车家庭样本的比例为 1∶2，通过随机抽样获得有车者和无车者有效样本共 1548 个。调查采用调查员入户面对面访问的方式进行，调查执行时间为 2012 年 11 月。

调查选取北京、上海、广州、成都、武汉、沈阳、西安 7 个城市，其中，北京、上海、广州的样本数分别为 312、310 和 312 个，成都 153 个，武汉 154 个，沈阳 151 个，西安 156 个。

被调查样本中有男性 795 人，占 51.4%；女性 753 人，占 48.6%。

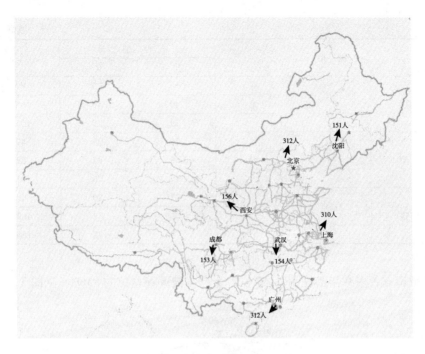

图1　调查样本分布示意图

表1　各城市样本中的性别和家庭有无汽车情况

单位：人

城　市			性　别		合　计
			男	女	
北京	汽车	有	68	33	101
		无	92	119	211
	合　计		160	152	312
上海	汽车	有	49	54	103
		无	108	99	207
	合　计		157	153	310
广州	汽车	有	54	45	99
		无	108	105	213
	合　计		162	150	312
成都	汽车	有	40	11	51
		无	44	58	102
	合　计		84	69	153

城 市			性 别		合 计
			男	女	
武汉	汽车	有	30	19	49
		无	49	56	105
	合 计		79	75	154
沈阳	汽车	有	20	29	49
		无	55	47	102
	合 计		75	76	151
西安	汽车	有	27	20	47
		无	51	58	109
	合 计		78	78	156

被调查者多数年龄在 18～40 岁，合计占被调查总数的 84%（见图 2）。

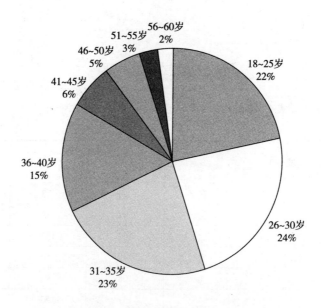

图 2　被调查样本的年龄分布

被调查者中高中文化程度占 2 成，大学专科毕业将近 3 成，大学本科毕业占四成多，合计占 91.8%（见图 3）。

图 4 为被调查对象的家庭月收入状况，家庭月收入最多的是 1 万～1.5 万元，占两成，其次是 1.5 万～2 万元；7000 元至 30000 元的家庭占 72.8%。

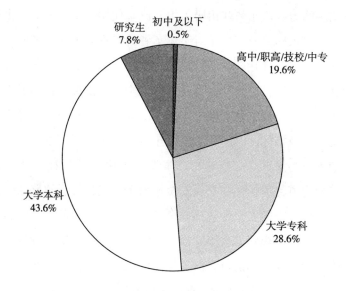

图 3　被调查对象的受教育程度

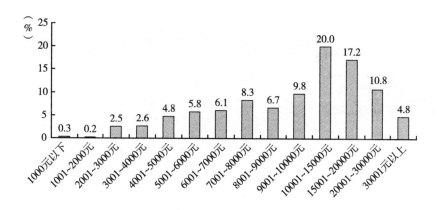

图 4　被调查对象的经济状况

（二）2012 年汽车社会发展指数的构成

与 2011 年相同，2012 年的汽车社会发展指数仍由三级指标构成，一级指标分别是汽车规模、汽车依赖、汽车成本、汽车环境和汽车文明。

汽车规模包括当前私人汽车拥有率和未来的汽车增长潜力两个二级指标，其中增长潜力分为无车者购车意愿的增长率和无车者的汽车购买潜力，也就是在经济上有购买能力。汽车依赖由吸引力、汽车使用、出行偏好、出行次数和出行距离5个二级指标构成，汽车对于无车者的吸引力由无车者的消费动机这个三级指标衡量，汽车使用包含使用方式和汽车带来的生活改变两个三级指标，出行偏好包含工作日出行和休息日出行两个三级指标。汽车成本包含经济成本、时间成本、环境成本和资源成本四个二级指标，经济成本分为购车负担和养车负担两个三级指标，时间成本由用车时间这个三级来衡量，环境成本分为空气污染和噪声污染两个二级指标，资源成本由能源消耗一个三级指标构成。汽车环境分为道路通畅性和交通安全性两个二级指标，道路通畅性只有道路通畅感一个指标，交通安全性包括安全感受和交通违章两个三级指标。汽车文明由汽车认知、汽车规则、汽车管理和责任承担四个二级指标构成，汽车认知由汽车知识一个三级指标衡量，汽车规则由三级指标规则意识来衡量，汽车管理由汽车政策这个三级指标衡量，责任承担包含了三个三级指标，分别是低碳出行、经济补偿和车企社会责任，具体的指标结构、权重和指标来源见表2。

表2 汽车社会发展指数指标体系的构成

一级指标	二级指标	三级指标	指标来源
汽车规模（12%）	拥有率（4%）	私家车比例（4%）	千人私车拥有量
	增长潜力（8%）	意向增长率（4%）	无车者两年内有购车意向者比例
		购买潜力（4%）	无车者具有轿车购买力比例
汽车依赖（28%）	吸引力（4%）	消费动机（4%）	意向购买者通勤需求比例
	汽车使用（8%）	使用方式（4%）	有车者通勤使用比例
		生活改变（4%）	购车后工作生活实际改变比例
	出行偏好（8%）	工作日出行（4%）	私车出行比例
		休息日出行（4%）	私车出行比例
	出行次数（4%）	出行次数（4%）	私车每日出行次数、每周出行天数/最大出行（以每日上午、下午、晚上均出行，每周7天，最大值为21）
	出行距离（4%）	出行距离（4%）	私车每日出行距离（以百公里计）
汽车成本（24%）	经济成本（8%）	购车负担（4%）	购车花费/当地家庭五年可支配收入（转为正向）
		养车负担（4%）	养车成本/当地家庭年可支配收入（转为正向）
	时间成本（4%）	用车时间（4%）	在途、找车位、拥堵时间与工作时间比（转为正向）
	环境成本（8%）	空气污染（4%）	污染不增加评价比例
		噪声污染（4%）	噪声不增加评价比例
	资源成本（4%）	能源消耗（4%）	能源消耗"不大"评价比例

续表

一级指标	二级指标	三级指标	指标来源
汽车环境（12%）	道路通畅性(4%)	道路通畅感(4%)	道路通畅评价比例
	交通安全性(8%)	安全感受(4%)	安全评价比例
		交通违章(4%)	未扣分占 12 分比例
汽车文明（24%）	汽车认知(4%)	汽车知识(4%)	得分与满分比
	汽车规则(4%)	规则意识(4%)	得分与满分比
	汽车管理(4%)	政策法规(4%)	得分占满分比例
	责任承担(12%)	低碳出行(4%)	出行减少比例
		经济补偿(4%)	赞成紧急补偿比例
		车企社会责任(4%)	车企社会责任平均满意度/总分

二 2012 年汽车社会发展指数的结果

（一）2012 年汽车社会发展指数得分

对调查数据按照表 2 中指标来源所述的各指标计算方法获得各三级指标的原始分数，按照各三级指数均占 4%计算权重得到如表 3 所列的各三级指标的最后得分。

表 3　2012 年汽车社会发展指数结果

一级指标	二级指标	三级指标	总体	北京	上海	广州	成都	武汉	沈阳	西安
汽车规模（12%）	拥有率(4%)	私家车比例(4%)	0.232	0.772	0.204	0.44	0.472	0.268	0.336	0.46
	增长潜力(8%)	意向增长率(4%)	2.252	2.14	2.204	2.464	2.512	1.636	2.748	2.02
		购买潜力(4%)	3.268	3.204	3.46	3.248	3.216	2.932	3.608	3.12
汽车依赖（28%）	吸引力(4%)	消费动机(4%)	1.28	1.26	1.148	1.224	1.404	1.288	1.54	1.26
	汽车使用(8%)	使用方式(4%)	1.716	1.568	1.796	1.796	1.704	1.768	1.924	1.56
		生活改变(4%)	2.516	2.36	2.556	2.54	2.648	2.568	2.612	2.48
	出行偏好(8%)	工作日出行(4%)	0.968	0.912	0.916	0.952	1	1.072	1.012	1.024
		休息日出行(4%)	0.984	0.804	1.012	0.988	1.212	1.164	0.988	0.948
	出行次数(4%)	出行次数(4%)	1.744	1.652	1.332	1.976	1.856	1.664	1.904	2.112
	出行距离(4%)	出行距离(4%)	1.944	1.788	1.316	2.104	3.336	1.78	2.184	1.788

续表

一级指标	二级指标	三级指标	总体	北京	上海	广州	成都	武汉	沈阳	西安
汽车成本 (24%)	经济成本(8%)	购车负担(4%)	3.404	3.388	3.412	3.364	3.54	3.428	3.348	3.356
		养车负担(4%)	3.6	3.632	3.624	3.584	3.592	3.548	3.632	3.536
	时间成本(4%)	用车时间(4%)	2.968	2.956	2.968	2.996	3.144	2.868	3.056	2.788
	环境成本(8%)	空气污染(4%)	0.232	0.14	0.232	0.14	0.368	0.388	0.24	0.308
		噪声污染(4%)	0.244	0.128	0.348	0.14	0.288	0.388	0.264	0.284
	资源成本(4%)	能源消耗(4%)	0.26	0.14	0.296	0.348	0.26	0.256	0.24	0.284
汽车环境 (12%)	道路通畅性(4%)	道路通畅感(4%)	0.92	0.728	0.944	0.896	1.124	0.856	0.952	1.104
	交通安全性 (8%)	安全感受(4%)	2.104	1.732	1.948	2.308	2.356	2.076	2.252	2.384
		交通违章(4%)	3.376	3.376	3.376	3.376	3.376	3.376	3.376	3.376
汽车文明 (24%)	汽车认知(4%)	汽车知识(4%)	2.444	2.416	2.404	2.416	2.508	2.476	2.464	2.504
	汽车规则(4%)	规则意识(4%)	3.164	3.164	3.164	3.164	3.164	3.164	3.164	3.164
	汽车管理(4%)	政策法规(4%)	2.572	2.58	2.532	2.572	2.604	2.608	2.536	2.604
	责任承担(12%)	低碳出行(4%)	2.612	2.7	2.188	2.58	3.08	2.716	2.9	2.492
		经济补偿(4%)	1.444	1.5	1.52	1.308	1.516	1.352	1.456	1.464
		车企社会责任 (4%)	2.216	2.184	2.264	2.2	2.232	2.176	2.248	2.232

（二）2012 年汽车社会发展指数二级指标和一级指标得分

在三级指标得分的基础上合成为二级指数和一级指数，见表 4 和表 5。

表 4　2012 年汽车社会发展指数二级指标得分

二级指标	总体	北京	上海	广州	成都	武汉	沈阳	西安
拥有率	0.232	0.772	0.204	0.44	0.472	0.268	0.336	0.46
增长潜力	5.52	5.344	5.664	5.712	5.728	4.568	6.356	5.14
吸引力	1.28	1.26	1.148	1.224	1.404	1.288	1.54	1.26
汽车使用	4.232	3.928	4.352	4.336	4.352	4.336	4.536	4.04
出行偏好	1.952	1.716	1.928	1.94	2.212	2.236	2	1.972
出行次数	1.744	1.652	1.332	1.976	1.856	1.664	1.904	2.112
出行距离	1.944	1.788	1.316	2.104	3.336	1.78	2.184	1.788
经济成本	7.004	7.02	7.036	6.948	7.132	6.976	6.98	6.892
时间成本	2.968	2.956	2.968	2.996	3.144	2.868	3.056	2.788
环境成本	0.476	0.268	0.58	0.28	0.656	0.776	0.504	0.592
资源成本	0.26	0.14	0.296	0.348	0.26	0.256	0.24	0.284

续表

二级指标	总体	北京	上海	广州	成都	武汉	沈阳	西安
道路通畅性	0.92	0.728	0.944	0.896	1.124	0.856	0.952	1.104
道路安全性	5.48	5.108	5.324	5.684	5.732	5.452	5.628	5.76
汽车认知	2.444	2.416	2.404	2.416	2.508	2.476	2.464	2.504
汽车规则	3.164	3.164	3.164	3.164	3.164	3.164	3.164	3.164
汽车管理	2.572	2.58	2.532	2.572	2.604	2.608	2.536	2.604
责任承担	6.272	6.384	5.972	6.088	6.828	6.244	6.604	6.188

表5 2012 年汽车社会发展指数一级指标得分

	总体	北京	上海	广州	成都	武汉	沈阳	西安
汽车规模	5.752	6.116	5.868	6.152	6.2	4.836	6.692	5.6
汽车依赖	11.152	10.344	10.076	11.58	13.16	11.304	12.164	11.172
汽车成本	10.708	10.384	10.88	10.572	11.192	10.876	10.78	10.556
汽车环境	6.4	5.836	6.268	6.58	6.856	6.308	6.58	6.864
汽车文明	14.452	14.544	14.072	14.24	15.104	14.492	14.768	14.46
指数总分	48.46	47.22	47.16	49.12	52.51	47.82	50.98	48.65

　　如表5所示，2012年汽车社会发展指数的总分为48.46分，其中汽车规模、汽车依赖、汽车成本、汽车环境和汽车文明四个"一级指标"的得分分别为5.752、11.152、10.708、6.4和14.452。北京、上海和广州的汽车社会发展指数得分分别为47.22、47.16和49.12分，而成都、武汉、沈阳和西安的汽车社会发展指数分别是52.51、47.82、50.98和48.65分。

三　2012 年汽车社会发展指数

（一）总体特点

　　从汽车社会发展指数的总体得分情况看，2012年汽车社会发展指数总分为48.46分，比2011年增加2.46分，和2011年相比，2012年的汽车规模、汽车依赖、汽车成本和汽车文明四个一级指标的得分都有所增加，只有汽车环境得分下降，其中变化幅度较大的是汽车规模、汽车成本和汽车环境（见图5）。

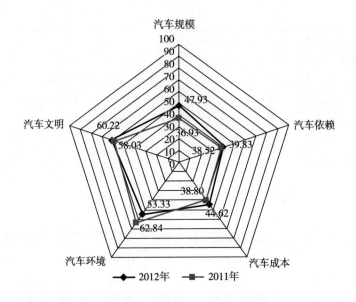

图5 2012年和2011年汽车社会发展指数总体一级指数对比

从表6可以看到，2012年汽车社会发展指数各城市在一级指标上的得分，汽车规模得分最高的是沈阳、成都和广州，武汉和西安排在最后，北京和上海居中。在汽车依赖上成都、沈阳、广州排在前面，上海、北京排在最后。汽车成本较低的是成都、上海和武汉，比较高的是北京和西安。汽车环境得分高的是西安、成都、沈阳，得分最低的是北京、上海。汽车文明得分高的是成都、沈阳和北京，得分低的是上海和广州。

表6 7个城市汽车社会发展指数一级指标得分排序

序次	汽车规模	得分	汽车依赖	得分	汽车成本	得分	汽车环境	得分	汽车文明	得分
1	沈阳	6.692	成都	13.16	成都	11.192	西安	6.864	成都	15.104
2	成都	6.2	沈阳	12.164	上海	10.88	成都	6.856	沈阳	14.768
3	广州	6.152	广州	11.58	武汉	10.876	沈阳	6.58	北京	14.544
4	北京	6.116	武汉	11.304	沈阳	10.78	广州	6.58	武汉	14.492
5	上海	5.868	西安	11.172	总体	10.708	总体	6.4	西安	14.46
6	总体	5.752	总体	11.152	广州	10.572	武汉	6.308	总体	14.452
7	西安	5.6	北京	10.344	西安	10.556	上海	6.268	广州	14.24
8	武汉	4.836	上海	10.076	北京	10.384	北京	5.836	上海	14.072

（二）各级指标的特点

汽车规模是影响汽车社会发展指数的重要因素，其中，这一指标对西安、广州、上海和武汉的影响较大。除北京和武汉汽车依赖得分下降外，其余城市的汽车依赖都有所增加，但增长幅度并不大，相比较成都和广州的汽车依赖增幅较大。各城市汽车成本变化较大，上海汽车成本增加最大，其次是广州，而武汉的汽车成本下降较大，其次是成都和沈阳。除广州和武汉外，其余城市的汽车使用环境得分都有所下降，下降幅度比较大的是沈阳和上海。上海、广州汽车文明指标得分略有下降，其余城市均有所上升，上升幅度比较大的是沈阳和武汉。

表 7 2012 年与 2011 年汽车社会发展指数对比

	时间	总体	北京	上海	广州	成都	武汉	沈阳	西安
汽车规模	2012 年	5.752	6.116	5.868	6.152	6.2	4.836	6.692	5.6
	2011 年	4.432	5.436	4.020	3.580	8.016	3.216	6.716	2.348
汽车依赖	2012 年	11.152	10.344	10.076	11.58	13.16	11.304	12.164	11.172
	2011 年	10.786	10.528	9.575	10.533	12.037	12.210	11.911	10.758
汽车成本	2012 年	10.708	10.384	10.88	10.572	11.192	10.876	10.78	10.556
	2011 年	9.312	9.199	12.929	10.934	9.453	7.592	9.533	10.122
汽车环境	2012 年	6.4	5.836	6.268	6.58	6.856	6.308	6.58	6.864
	2011 年	7.541	6.287	9.586	6.398	7.529	5.642	10.696	6.967
汽车文明	2012 年	14.452	14.544	14.072	14.24	15.104	14.492	14.768	14.46
	2011 年	13.927	14.099	14.775	14.296	14.141	12.568	11.954	14.125
指数总分	2012 年	48.46	47.22	47.16	49.12	52.51	47.82	50.98	48.65
	2011 年	46.00	45.55	50.89	45.74	51.18	41.23	50.81	44.32

从表 8 和表 9 的二级、三级指标对比中可以看出，私人汽车拥有率上只有成都有所下降，这是由于过去一年成都市人口增加的比例高于私人汽车增加的比例造成的。同时，成都市的意向增长率和购买潜力都有所下降，这是成都市汽车规模指标得分下降的原因。除广州和武汉道路安全性略有上升外，其余城市均下降，其中上海和沈阳下降幅度较大。除武汉外，汽车规则意识普遍下降。

表8　2012年与2011年汽车社会发展指数二级指标对比

二级指标	时间	总体	北京	上海	广州	成都	武汉	沈阳	西安
拥有率	2012年	0.232	0.772	0.204	0.44	0.472	0.268	0.336	0.46
	2011年	0.196	0.764	0.18	0.36	0.488	0.236	0.312	0.424
增长潜力	2012年	5.52	5.344	5.664	5.712	5.728	4.568	6.356	5.14
	2011年	4.236	4.672	3.84	3.22	7.528	2.98	6.404	1.924
吸引力	2012年	1.28	1.26	1.148	1.224	1.404	1.288	1.54	1.26
	2011年	1.556	1.472	1.56	1.288	1.648	0.952	2.2	1.576
汽车使用	2012年	4.232	3.928	4.352	4.336	4.352	4.336	4.536	4.04
	2011年	4.652	4.28	4.56	5.272	4.324	3.912	6.164	4.704
出行偏好	2012年	1.952	1.716	1.928	1.94	2.212	2.236	2	1.972
	2011年	1.124	1.468	1.248	0.124	1.568	1.18	1.352	1.416
出行次数	2012年	1.744	1.652	1.332	1.976	1.856	1.664	1.904	2.112
	2011年	1.866	1.471	1.400	2.045	2.837	3.444	1.275	1.647
出行距离	2012年	1.944	1.788	1.316	2.104	3.336	1.78	2.184	1.788
	2011年	1.588	1.837	0.807	1.804	1.660	2.722	0.920	1.415
经济成本	2012年	7.004	7.02	7.036	6.948	7.132	6.976	6.98	6.892
	2011年	4.022	5.293	5.188	5.906	4.670	3.080	4.969	5.213
时间成本	2012年	2.968	2.956	2.968	2.996	3.144	2.868	3.056	2.788
	2011年	3.583	3.550	3.661	3.588	3.547	3.436	3.664	3.585
环境成本	2012年	0.476	0.268	0.58	0.28	0.656	0.776	0.504	0.592
	2011年	0.868	0.184	2.652	0.732	0.124	0.488	0.476	0.548
资源成本	2012年	0.26	0.14	0.296	0.348	0.26	0.256	0.24	0.284
	2011年	0.84	0.172	1.428	0.708	1.112	0.588	0.424	0.776
道路通畅性	2012年	0.92	0.728	0.944	0.896	1.124	0.856	0.952	1.104
	2011年	1.396	0.08	2.768	1.244	0.888	0.412	3.3	1.2
道路安全性	2012年	5.48	5.108	5.324	5.684	5.732	5.452	5.628	5.76
	2011年	6.145	6.207	6.818	5.154	6.641	5.230	7.396	5.767
汽车认知	2012年	2.444	2.416	2.404	2.416	2.508	2.476	2.464	2.504
	2011年	2.131	1.908	2.068	2.321	2.064	2.400	2.073	2.176
汽车规则	2012年	3.164	3.164	3.164	3.164	3.164	3.164	3.164	3.164
	2011年	3.401	3.619	3.454	3.735	2.979	2.900	3.288	3.057
汽车管理	2012年	2.572	2.58	2.532	2.572	2.604	2.608	2.536	2.604
	2011年	2.387	2.553	2.201	2.377	2.411	2.324	2.544	2.368
责任承担	2012年	6.272	6.384	5.972	6.088	6.828	6.244	6.604	6.188
	2011年	6.008	6.020	7.052	5.864	6.688	4.944	4.048	6.524
指数总分	2012年	48.46	47.22	47.16	49.12	52.51	47.82	50.98	48.65
	2011年	46.00	45.55	50.89	45.74	51.18	41.23	50.81	44.32

从表 9 中可以看到，无车者通勤为目的的消费动机和有车者通勤使用比率都有所下降，这也是汽车依赖增加幅度较小的原因。购车负担和养车负担都有所下降，但汽车使用的时间成本上升，这与各城市普遍的交通拥堵、停车难等有关。总体的道路通畅感下降，北京、武汉和成都的道路通畅感略有所上升，沈阳、上海和广州下降幅度较大。

表 9　2012 年与 2011 年汽车社会发展指数三级指标对比

三级指标	时间	总体	北京	上海	广州	成都	武汉	沈阳	西安
私家车比例	2012 年	0.232	0.772	0.204	0.44	0.472	0.268	0.336	0.46
	2011 年	0.196	0.764	0.180	0.360	0.488	0.236	0.312	0.424
意向增长率	2012 年	2.252	2.14	2.204	2.464	2.512	1.636	2.748	2.02
	2011 年	1.404	1.884	0.796	0.900	3.568	0.548	2.404	0.340
购买潜力	2012 年	3.268	3.204	3.46	3.248	3.216	2.932	3.608	3.12
	2011 年	2.832	2.788	3.044	2.320	3.960	2.432	4.000	1.584
消费动机	2012 年	1.28	1.26	1.148	1.224	1.404	1.288	1.54	1.26
	2011 年	1.556	1.472	1.560	1.288	1.648	0.952	2.200	1.576
使用方式	2012 年	1.716	1.568	1.796	1.796	1.704	1.768	1.924	1.56
	2011 年	2.080	1.864	2.052	2.480	1.952	1.616	2.796	2.296
生活改变	2012 年	2.516	2.36	2.556	2.54	2.648	2.568	2.612	2.48
	2011 年	2.572	2.416	2.508	2.792	2.372	2.296	3.368	2.408
工作日出行	2012 年	0.968	0.912	0.916	0.952	1	1.072	1.012	1.024
	2011 年	0.532	0.700	0.616	0.036	0.816	0.528	0.680	0.664
休息日出行	2012 年	0.984	0.804	1.012	0.988	1.212	1.164	0.988	0.948
	2011 年	0.592	0.768	0.632	0.088	0.752	0.652	0.672	0.752
出行次数	2012 年	1.744	1.652	1.332	1.976	1.856	1.664	1.904	2.112
	2011 年	1.866	1.471	1.400	2.045	2.837	3.444	1.275	1.647
出行距离	2012 年	1.944	1.788	1.316	2.104	3.336	1.78	2.184	1.788
	2011 年	1.588	1.837	0.807	1.804	1.660	2.722	0.920	1.415
购车负担	2012 年	3.404	3.388	3.412	3.364	3.54	3.428	3.348	3.356
	2011 年	1.844	2.500	2.231	2.986	2.199	1.610	2.332	2.704
养车负担	2012 年	3.6	3.632	3.624	3.584	3.592	3.548	3.632	3.536
	2011 年	2.178	2.793	2.957	2.920	2.471	1.470	2.637	2.509
用车时间	2012 年	2.968	2.956	2.968	2.996	3.144	2.868	3.056	2.788
	2011 年	3.583	3.550	3.661	3.588	3.547	3.436	3.664	3.585
空气污染	2012 年	0.232	0.14	0.232	0.14	0.368	0.388	0.24	0.308
	2011 年	0.408	0.092	1.260	0.300	0.024	0.256	0.276	0.248

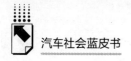

续表

三级指标	时间	总体	北京	上海	广州	成都	武汉	沈阳	西安
噪声污染	2012 年	0.244	0.128	0.348	0.14	0.288	0.388	0.264	0.284
	2011 年	0.460	0.092	1.392	0.432	0.100	0.232	0.200	0.300
能源消耗	2012 年	0.26	0.14	0.296	0.348	0.26	0.256	0.24	0.284
	2011 年	0.840	0.172	1.428	0.708	1.112	0.588	0.424	0.776
道路通畅感	2012 年	0.92	0.728	0.944	0.896	1.124	0.856	0.952	1.104
	2011 年	1.396	0.080	2.768	1.244	0.888	0.412	3.300	1.200
安全感受	2012 年	2.104	1.732	1.948	2.308	2.356	2.076	2.252	2.384
	2011 年	2.572	2.556	3.280	1.456	3.040	2.844	3.428	1.872
交通违章	2012 年	3.376	3.376	3.376	3.376	3.376	3.376	3.376	3.376
	2011 年	3.573	3.651	3.538	3.698	3.601	2.386	3.968	3.895
汽车知识	2012 年	2.444	2.416	2.404	2.416	2.508	2.476	2.464	2.504
	2011 年	2.131	1.908	2.068	2.321	2.064	2.400	2.073	2.176
规则意识	2012 年	3.164	3.164	3.164	3.164	3.164	3.164	3.164	3.164
	2011 年	3.401	3.619	3.454	3.735	2.979	2.900	3.288	3.057
政策法规	2012 年	2.572	2.58	2.532	2.572	2.604	2.608	2.536	2.604
	2011 年	2.387	2.553	2.201	2.377	2.411	2.324	2.544	2.368
低碳出行	2012 年	2.612	2.7	2.188	2.58	3.08	2.716	2.9	2.492
	2011 年	1.376	1.412	1.020	1.736	1.856	1.568	0.000	1.924
经济补偿	2012 年	1.444	1.5	1.52	1.308	1.516	1.352	1.456	1.464
	2011 年	1.944	2.128	3.264	1.392	2.048	1.080	0.976	1.848
车企社会责任	2012 年	2.216	2.184	2.264	2.2	2.232	2.176	2.248	2.232
	2011 年	2.688	2.480	2.768	2.736	2.784	2.296	3.072	2.752

（三）各城市汽车社会发展特点

1. 各城市汽车社会发展指数排名和变化

对比 2012 年和 2011 年汽车社会发展指数的结果发现，除上海市外，其余城市汽车社会发展指数得分都有所增加，而上海市 2012 年汽车社会发展指数比 2011 年减少，由 50.89 减少为 47.16。其中武汉、西安和广州的汽车社会发展指数增加幅度最大，分别是 6.59、4.33 和 3.73，7 个城市的总体增加了2.46。北京和成都略有增加，沈阳的变化很微弱（见图 6）。

2. 北京市汽车社会发展特点

北京市汽车社会发展特点可由图 7 看到，图中把各一级指标转换为百分制

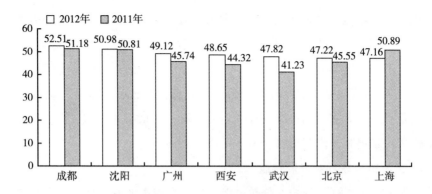

图 6　2012 年与 2011 年 7 城市社会发展指数及其变化

后可以看出这一得分的高低。由于北京实行了严格的汽车限购政策，私人汽车的快速增加变成按指标的定额增加，这样私人汽车增长比率逐年下降，但由于意向增长率很高，以及购买潜力增高，北京汽车规模这一指标依然在上升。由于北京市实现每周一天的车牌限行政策，以及北京地铁线路快速增加，通车里程不断刷新，并实行公交车票价大幅优惠和逐步推出自行车租赁业务，使得北京汽车依赖下降。在汽车成本方面，由于收入的提高，购车、养车在家庭经济收入中的比重有所下降，但由于道路拥堵和停车难等带来的汽车时间成本增

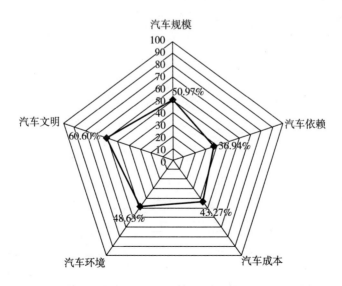

图 7　北京市汽车社会发展指数一级指标得分（百分制）

加，以及北京市这几年在空气污染治理工作力度加大，被调查者对环境污染评价好于2011年，综合的结果是北京市汽车使用成本下降。北京市调查中被调查者对于道路通畅的评价高于2011年，但对于交通安全、交通违章的评价低于2011年，造成北京市汽车环境得分下降。相比来说，在五个一级指标中汽车文明是唯一排名靠前的一级指标。总体上看，北京市的汽车文明、汽车环境都有待进一步提高，汽车依赖应该进一步下降。

3. 上海市汽车社会发展特点

从图8一级指标得分的百分数可以看出，上海市的汽车规模、汽车依赖和汽车成本得分较低，而汽车文明、汽车环境得分较高。上海市是唯一一个汽车社会发展指数下降的城市。主要原因是由于汽车成本的增加（汽车成本是反向，数值越大表示成本越小）和汽车环境得分的大幅度下降，虽然汽车规模和汽车依赖都有所增加。上海汽车依赖增加的原因主要是私车出行的增加。虽然上海市多年来实行车牌拍卖的政策，购车成本大大高于其他城市，但由于上海市经济水平较高，购车、养车在家庭经济收入中的比例在下降，但由于空气污染、噪声污染和能源消耗，使得上海市的汽车成本得分出现较大幅度下降。

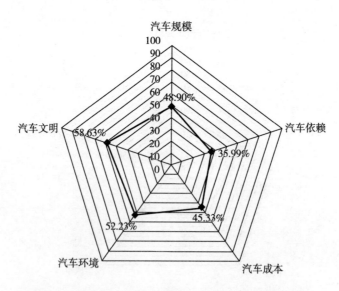

图8 上海市汽车社会发展指数一级指标得分（百分制）

4. 广州市汽车社会发展特点

广州市汽车社会指数得分比上年提高 3.38，主要是由于汽车规模增加和汽车依赖的影响。汽车规模得分的增加是由于私人汽车拥有率的提高，意向购买率的提高，消费潜力的提高。这些因素使广州私人汽车增加迅速，广州市实行了汽车限购政策后，预期将会使这种增长势头有所缓解。无论无车者还是有车者通勤出行比例均有所下降，但汽车出行比例和出行距离增加，使得汽车依赖得分增加。空气污染、噪声污染和能源消耗是汽车成本上升的原因。

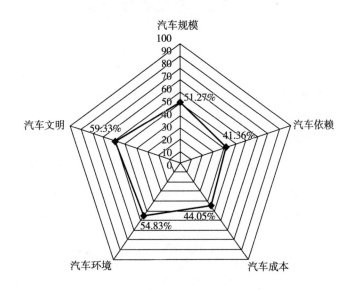

图 9　广州市汽车社会发展指数一级指标得分（百分制）

5. 成都市汽车社会发展特点

在 7 个城市中，成都连续两年均为汽车社会指数总分第一，2012 年比 2011 年增加 1.33 分，成都市的汽车依赖、汽车成本、汽车文明三个一级指标均排在第一。除汽车规模外其余四个一级指标 2012 年比 2011 年均有所增加，由于人口的增加，成都市的汽车规模这个一级指标出现了下降。与上一年相比成都意向购买率和购买潜力均出现了下降。汽车依赖的增加因素是出行距离的增加。购车、养车负担均有所下降，用车时间成本增加，空气污染、噪声污染增加，但总的汽车成本下降。可能是由于成都市实行了新的汽车限行政策，道路通畅感提高，但安全感受下降。

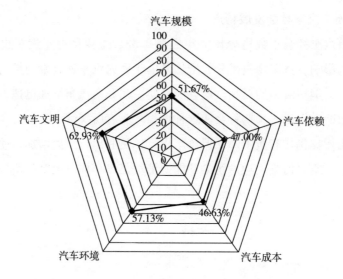

图10 成都市汽车社会发展指数一级指标得分（百分制）

6. 武汉市汽车社会发展特点

武汉市汽车社会发展指数增长幅度最大，比2011年增加6.59分，从2011年排名最后上升到2012年的第5位。尽管武汉汽车规模得分在7个城市中最低，汽车依赖有所下降，但由于汽车成本下降，汽车环境得分提高，汽车文明

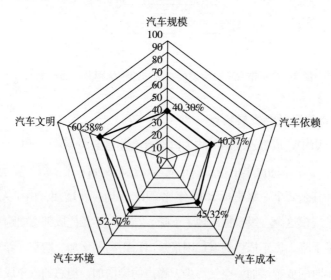

图11 武汉市汽车社会发展指数一级指标得分（百分制）

得分提高，武汉市汽车社会发展指数仍有较大幅度增加。从私人汽车增长、意向购买增长、购买潜力增长来看，武汉市汽车规模必然增长。无车者和有车者通勤比例较高，汽车对生活改变增加，私车出行比例增加，购车、养车负担减少，空气污染、噪声污染等负向影响评价降低，尽管出行时间和距离减少，用车时间成本增加，但综合的因素预示着武汉市汽车正处于快速增长期。

7. 沈阳市汽车社会发展特点

沈阳市汽车社会发展指数从 2011 年的第 3 位上升到 2012 年的第 2 位，得分增加较少，只有 0.17。沈阳市的汽车规模在 7 个城市中排名第 1，汽车依赖和汽车文明排名第 2。2012 年沈阳市汽车社会指数变化比较大的是汽车环境的下降和汽车文明的提高。虽然私人汽车拥有率和意向购买率都有增加，但购买潜力下降，使得汽车规模与 2011 年基本持平。私车出行比例增加，出行距离增加成为影响汽车依赖提高的主要因素。购车、养车负担降低，空气污染降低成为影响汽车成本下降的因素。道路通畅的下降、安全感受的下降使得沈阳市汽车环境得分下降幅度较大。

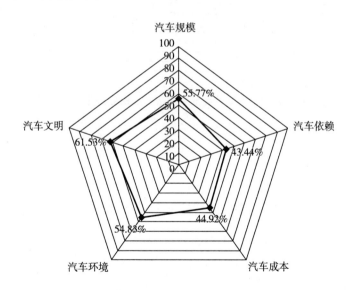

图 12　沈阳市汽车社会发展指数一级指标得分（百分制）

8. 西安市汽车社会发展特点

西安市汽车社会发展指数从 2011 年的第 6 位上升到 2012 年的第 4 位，增长了 4.33 分，增长幅度仅次于武汉。西安市的汽车环境在 7 个城市中排名第 1。支持西安市汽车社会发展增加的主要因素是汽车规模的增加和汽车依赖的增加。除了不断增长的私人汽车拥有率外，意向增长率和购买潜力都有大幅增加。虽然汽车通勤购买和通勤使用的比例都在下降，但私车出行与出行的次数和距离都在增加，使得汽车依赖增加。道路通畅性、交通安全性评价变化幅度不大，使得西安市汽车环境保持较高程度。

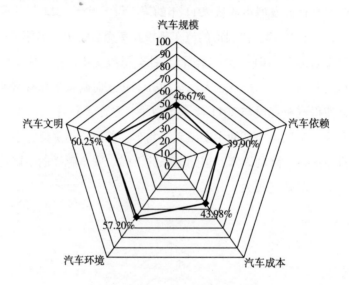

图 13　西安市汽车社会发展指数一级指标得分（百分制）

Report on Index on Development of Auto Society in China，2012

Wang Junxiu

Abstract：The score of China Developmental Index of Auto Society in 2012 is 48.46. There is an increase of 2.46 points than in 2011. The next level indicators, such as the scale of the auto，dependence to auto，the cost of car owning and using， the level of the auto civilization increased, but the score for the auto environment decreased, and the scale of auto, the cost of car owning and using, and the auto environment are changed greatly. The index score of Xi'an, Guangzhou, Shanghai and Wuhan are impacted by auto scale. Except Beijing and Wuhan, the dependence to auto of other cities increased marginally. The cost of car owning and using of Shanghai increased the most, followed by Guangzhou, and Wuhan dropped greatly, followed by Chengdu and Shenyang. Except Guangzhou and Wuhan, the auto environment of rest cities have declined, the relatively large declined in Shenyang and Shanghai. The auto civilization of Shanghai, Guangzhou decreased slightly, and the other cities have risen, especially Shenyang and Wuhan.

Key Words: The index on development of auto society; Dependence to auto; The cost of car owning and using; Auto environment; The level of the auto civilization

B.3
2012年中国汽车社会
发展调查报告——现状篇

王俊秀　全　静*

摘　要：

2012年城市家庭购车总花费平均为23.23万元，高于2011年的15.45万元。家庭月收入超过4000元时，私家车开始进入家庭，随着家庭月收入的增加，私家车家庭拥有率也相应增加，当家庭月收入达到3万元以上时，80%的家庭拥有私家车。被调查者认为，汽车使用者最痛苦的事是道路拥堵、油价高和停车难。2012年被调查车主中因违章而被扣分的均值为1.88分，高于2011年的1.28分。

关键词：

购车花费　养车花费　违章行为

一　调查报告的背景

（一）调查目的

2012年中国正式进入所谓的"汽车社会"，意味着中国的社会受到汽车这个商品、交通工具的影响更甚。在2011年的中国汽车社会发展报告中我们指出，汽车社会不是单纯由汽车数量决定的，还要受汽车的使用者组成的社会的

* 王俊秀，博士，副研究员，中国社会科学院社会学研究所中国汽车社会研究网（Research Network of Chinese Auto Society, RNCAS; www. casrn. com）总召集人；全静，中国社会科学院研究生院。

影响。严格意义上，当今社会除那些久居人迹罕见、穷乡僻壤之所生活的人们之外，几乎人人都是汽车使用者，差别只是是否是汽车拥有者。从这个意义上，汽车社会是汽车拥有者比例增大的社会，之所以有人把家庭私人汽车拥有率 20% 作为汽车社会的标志，也是因为这样的比例虽然还是少数，但是已经足以构成对多数的影响，无论是从空间上，还是在生活方式上。

随着汽车社会的形成，汽车亚文化如影随形，人们的生活环境也会改变，交通、污染、能源短缺这些所谓的"城市病"将长期困扰我们的社会，以路权、特权车为代表的话题日益增多，汽车成为衡量社会公平的一个新的指标，汽车与生命、汽车安全运行、汽车可持续发展都立基于社会规则完善之上，社会的可持续发展也将因为汽车而重新定义。

为了衡量和评价中国汽车社会的发展现状和变化，我们采用定量调查的方法，编制了汽车社会发展指数，给出汽车社会发展状况的科学的概括性形态。同时我们也对汽车社会的具体特性进行描述。与 2011 年中国汽车社会发展调查报告一样，2012 年的中国汽车社会调查报告对中国社会中汽车拥有者群体的特点，他们对于汽车的认识，对于汽车社会的认识进行描述，也对于汽车的使用方式，汽车作为消费品的属性，以及中国目前汽车使用环境，包括交通环境、自然环境、经济环境、社会环境、汽车文明状况等方面，进行比较全面的描述，并对一年来中国汽车社会发生的变化进行分析。为了突出重点，2012 年中国汽车社会发展调查报告分为 4 个分报告，分别是特征篇、出行篇、消费篇和环境篇。

（二）调查方法

为了便于进行连续对比，本次调查延续了 2011 年调查的形式和问卷，调查仍采用配额抽样方式，在总样本中包含 1/3 有车者，2/3 无车者，分别通过随机抽样获得，有车者和无车者有效样本共 1548 个。调查采用调查员入户面对面访问的方式进行，调查执行时间为 2012 年 1 月。

（三）调查对象

本次调查选取北京、上海、广州、成都、武汉、沈阳、西安 7 个城市，总调查人数为 1548 人，北京、广州各调查 312 人，上海调查 310 人，成都 153

人，武汉 154 人，沈阳 151 人，西安 156 人。

被调查对象的年龄为 18～60 岁，其中 18～25 岁占 21.8%，26～30 岁占 23.3%，31～35 岁占 22.7%，36～40 岁占 15.5%，41～60 岁占 16.8%。

被调查者中受教育程度为初中及以下占 0.5%，高中、职高、技校、中专占 19.6%，大学专科占 28.6%，大学本科占 43.6%，研究生占 7.8%。

在全体被调查者中，男性比例为 51.4%，女性比例为 48.6%。

表1　被调查者所在城市、性别、年龄和受教育程度情况

城市	频率	百分比（%）	年龄	频率	百分比（%）
北京	312	20.2	18～25 岁	337	21.8
上海	310	20.0	26～30 岁	360	23.3
广州	312	20.2	31～35 岁	352	22.7
成都	153	9.9	36～40 岁	240	15.5
武汉	154	9.9	41～45 岁	100	6.5
沈阳	151	9.8	46～50 岁	82	5.3
西安	156	10.1	51～55 岁	45	2.9
合计	1548	100.0	56～60 岁	32	2.1
			合计	1548	100.0
受教育程度	频率	百分比（%）	性别	频率	百分比（%）
初中及以下	7	0.5	男	795	51.4
高中/职高/技校/中专	303	19.6	女	753	48.6
大学专科	443	28.6	合计	1548	100.0
大学本科	675	43.6			
研究生	120	7.8			
合　计	1548	100.0			

二　家庭汽车特点

（一）数量

在 2012 年调查的 1548 个总样本中，没有私人汽车的比例为 65.6%，无私人汽车但有单位的车可用的比例为 2.1%，有私家车的比例为 32.3%，其中，拥有一辆私人汽车的家庭占 90.8%，拥有 2 辆私人汽车的家庭占 9.2%。而 2011 年的调查中，拥有 1 辆私人汽车的被调查者占 96.6%，拥有 2 辆私人汽车的被调查者家庭比例为 3.0%。

表2　2011~2012 年私家车拥有情况对比

拥有	2012 年		2011 年	
	频率	百分比（%）	频率	百分比（%）
1 辆	453	90.8	511	96.6
2 辆	46	9.2	16	3.0
3 辆	0	0	2	0.4
合计	499	100.0	529	100.0

（二）车型

在此次调查中，多数家庭拥有的汽车为中级轿车，占 58.2%，其次是微型轿车，占 20.5%，越野车（SUV）和高级轿车比例都在 9% 左右，多功能车（MPV）占 2.1%，面包车和跑车所占比例最低，二者都不到 1%。2011 年调查中，微型轿车比例为 22.9%，中级轿车为 55.4%，高级轿车比例为 5.8%，越野车（SUV）比例为 3.5%，2012 年中级车、高级车和越野车比例有所增加。

表3　各种车型的百分比

单位：人，%

拥有何种车型*	人数	百分比	个案百分比
微型轿车	109	20.5	21.80
中级轿车	310	58.2	62.10
高级轿车	48	9.0	9.60
面包车	4	0.8	0.80
越野车(SUV)	49	9.2	9.80
多功能车(MPV)	11	2.1	2.20
跑车	2	0.4	0.40
总　计	533	100.0	106.8

*此题为多选，选择该题各选项的比例合计为 100%，但由于每人选择不止一项，选择各项人数的比例相加会大于 100%，以下各多选题同此。

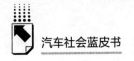

（三）购车花费

2012 年城市家庭购车总花费高于 2011 年，平均为 23.23 万元，成都最低，为 14.04 万元，上海最高，为 26.09 万元，而 2011 年城市家庭购车总花费平均为 15.45 万元，上海最高，为 21.12 万元，广州最低，为 11.66 万元。各城市购车平均花费如图 1 所示，除成都以外，其余各城市 2012 年平均购车花费均高于 2011 年。2012 年的数据显示，沈阳的平均购车花费最高，为 27.57 万元，其次是上海，为 26.09 万元，广州的平均购车花费为 25.08 万元，排名第 3，成都的平均购车花费最低，只有 14.04 万元。

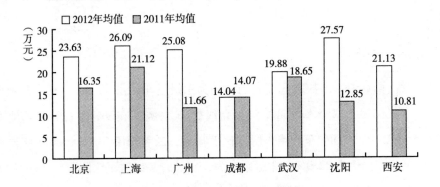

图1　2011~2012 年各城市购车平均费用

2012 年不同城市购车花费如表 4，其中，北京地区购车花费最多的区间是"10 万（含）~ 15 万元"和"20 万（含）~ 25 万元"，都在 22% 左右；上海地区购车花费最多的是"15 万（含）~ 20 万元"，占 38.8%；广州地区购车花费最高的是"10 万（含）~ 15 万元"和"15 万（含）~ 20 万元"，各占 25% 左右；成都地区没有被调查者购买 30 万以上的车，其"10 万（含）~ 15 万元"和"15 万（含）~ 20 万元"的比例分别为 33.3% 和 31.4%；武汉地区购车花费最多的也是"15 万（含）~ 20 万元"，占 36.7%；沈阳地区购车花费较为平均；西安地区购车花费在"10 万（含）~15 万元"和"15 万（含）~ 20 万元"之间的比例都在 25% 以上。

表 4　2012 年各城市购车费用分布

单位：%

购买汽车的总花费	居住的城市							合计
	北京	上海	广州	成都	武汉	沈阳	西安	
5 万（含）~10 万元	4.00	1.00	6.10	21.60	6.10	2.00	6.40	5.80
10 万（含）~15 万元	21.80	5.80	25.30	33.30	24.50	18.40	25.50	20.60
15 万（含）~20 万元	17.80	38.80	24.20	31.40	36.70	20.40	27.70	27.90
20 万（含）~25 万元	22.80	20.40	12.10	3.90	14.30	18.40	14.90	16.20
25 万（含）~30 万元	6.90	15.50	6.10	9.80	2.00	6.10	4.30	8.00
30 万（含）~40 万元	11.90	6.80	9.10		4.10	16.30	8.50	8.40
40 万（含）~50 万元	8.90	2.90	3.00		10.20	10.20	4.30	5.40
50 万（含）~60 万元	2.00	1.90	8.10				8.50	3.20
60 万（含）~70 万元	3.00		3.00		2.00	4.10		1.80
70 万（含）~80 万元	1.00							0.20
80 万（含）~90 万元		5.80						1.20
90 万（含）~100 万元						4.10		0.40
100 万元或以上		1.00	3.00					0.80
合　　计	100.00	100.00	100.00	100.00	100.00	100.00	100.00	100.00

将私家车按价格分为低档车（10 万以下）、中档车（10~20 万）、中高档车（20~30 万）和高档车（30 万以上）4 类，此次调查显示低档车占 9.4%，中档车占 52.9%，中高档车占 19.6%，高档车占 18.0%。表 5 可以看出北京、上海、广州和沈阳的中高档车比例最高。

表 5　2012 年各城市高中低档车分布

分　类	城　市							合计
	北京	上海	广州	成都	武汉	沈阳	西安	
低档（10 万以下）	7.90	4.90	9.10	29.40	12.20	2.00	6.40	9.40
中档（10~20 万）	48.50	50.50	49.50	58.80	57.10	49.00	68.10	52.90
中高档（20~30 万）	19.80	30.10	22.20	11.80	14.30	16.30	8.50	19.60
高档（30 万以上）	23.80	14.60	19.20		16.30	32.70	17.00	18.00
合　　计	100.00	100.00	100.00	100.00	100.00	100.00	100.00	100.00

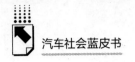
（四）购车、养车经济负担

本次调查中有车家庭的平均购车花费（车价、购置税等合计）为23.23万元，最小值为5万元，最大值为130万元。为了分析购车者的买车负担和用车负担，我们对调查数据进行处理以考察购车和养车花费所占家庭收入的比重。如表6所示，总体而言，有车家庭的购车花费为年收入的1.07倍，即用相当于一年多的全部家庭收入来买车。不同城市的这一比值也不尽相同，其中沈阳的买车负担最重，这与前文中所分析到的高档车的拥有率有关；其次是上海和北京，其买车负担均值分别为1.15和1.1；买车负担最小的是成都的被调查者，其买车负担均值只有0.77，也就是说买车的花费占年收入的77%。而用车负担最重的是武汉地区，其月养车支出是月家庭收入的74%；其次是西安地区，用车负担比为0.72；7个城市中用车负担最低的是北京，其用车负担比为0.58。

表6 各城市买车负担和用车负担对比

城市	买车负担（买车花费/家庭年收入）					用车负担（月养车支出/家庭月收入）				
	均值	人数	标准差	极小值	极大值	均值	人数	标准差	极小值	极大值
北京	1.1	101	0.72	0.24	4	0.58	101	0.27	0.06	1.44
上海	1.15	103	0.72	0.38	4.33	0.6	103	0.33	0.19	2.2
广州	1.09	99	0.83	0.26	4.76	0.63	99	0.38	0.16	2.26
成都	0.77	51	0.3	0.24	1.54	0.64	51	0.3	0.19	2.07
武汉	1	49	0.44	0.23	2.16	0.74	49	0.26	0.23	1.59
沈阳	1.19	49	0.5	0.53	2.31	0.67	49	0.36	0.17	1.91
西安	1.08	47	0.6	0.29	2.53	0.72	47	0.42	0.17	2.02
总计	1.07	499	0.67	0.24	4.76	0.64	499	0.33	0.06	2.26

（五）家庭收入与汽车拥有

调查结果显示，汽车拥有量随家庭收入提高而变化。家庭月收入4000元以下的被调查者家庭全部没有私家车，家庭月收入在4001~5000元之间的家庭私家车拥有比例为1.40%，随着家庭月收入的增加，私家车家庭拥有率也相应增加，当家庭月收入达到30001元以上时，80%的家庭拥有私家车。

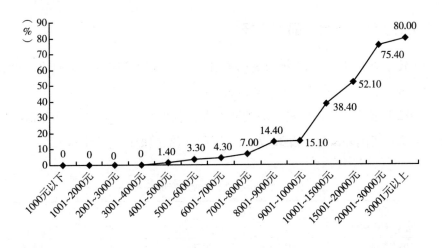

图 2　家庭月收入与汽车拥有

（六）购车时间

调查显示，70% 家庭的汽车都是 2 年内购买的，其中最近 12 个月购买的占 28%，最近 1~2 年购买的占 42%，最近 2~3 年购买的占 18%，购买 3 年以上的只占 12%。

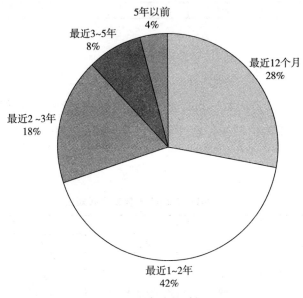

图 3　汽车购买时间

（七）汽车产地、品牌偏好

相较于 2011 年，2012 年的被调查者家庭拥有原装进口汽车的比例更高，占 18.4%，而 2011 年这一比例只有 6.2%。

2012 年拥有国产品牌汽车的被调查者比例也小于 2011 年，只占 20.4%，更多人选择了国外品牌，占 32.7%，选择合资品牌的比例变化不大。

表 7　2011～2012 年汽车产地分布

您家用的车属于以下哪种？	2012 年		2011 年	
	频率	百分比（%）	频率	百分比（%）
国内制造	407	81.6	496	93.8
原装进口	92	18.4	33	6.2
合　　计	499	100	529	100

表 8　2011～2012 年汽车品牌分布

您家用的车的品牌属于以下哪种？	2012 年		2011 年	
	频率	百分比（%）	频率	百分比（%）
国产品牌	102	20.4	237	44.8
国外品牌	163	32.7	38	7.2
合资品牌	234	46.9	254	48
合　　计	499	100	529	100

（八）购车方式

对 2011 和 2012 年的购车方式进行对比，发现一次性付款购买和父母（亲属）赠与的比例都有所减少，但是分期付款购买的比例有所增加，没有向亲友借钱购买的。

表 9　2011 与 2012 年购车方式对比

	2012 年		2011 年	
	频率	百分比（%）	频率	百分比（%）
一次性付款购买	422	84.6	467	88.3
父母（亲属）赠予	6	1.2	28	5.3
分期付款购买	69	13.8	28	5.3

续表

	2012 年		2011 年	
	频率	百分比(%)	频率	百分比(%)
向亲友借钱购买	—	—	6	1.1
单位补助购买(或配给)	2	0.4		
合　　计	499	100	529	100

（九）驾驶员比例和驾龄

在所有被调查对象中,有驾驶执照的比例为 59.2% ,但只有 43% 的被调查者能熟练开车上路,有 16.2% 的被调查者虽然有驾驶执照,但几乎未开车上过路,而占 40.8% 没有驾驶执照的被调查者中, 20.7% 的人正在学习驾驶技术。总计有近 80% 的被调查者拥有驾驶执照或是正在学习驾驶技术。

有驾驶执照的被调查者平均驾龄为 4.25 年,驾龄 1 年的为 21.5% ,驾龄 2 年的占 18.6% ,驾龄为 3 年的占 16% ,驾龄为 4 年的占 5.5% ,驾龄 5 年的占 14.8% ,驾龄为 6~9 年的占 13.6% ,驾龄在 10 年及以上的占 10% 。

（十）汽车认知自我评价

表 10 显示的是 2012 年和 2011 年不同城市汽车自我认知评价情况。总体而言, 2012 年的汽车认知自我评价要高于 2011 年。而不同城市间汽车认知的自我评价相差不大。

表 10　2011 与 2012 年被调查者汽车认知程度自我评价对比

单位：%

	对汽车的了解程度	城　市							合计
		北京	上海	广州	成都	武汉	沈阳	西安	
2012 年	还不错,对大多数汽车有深入的了解	18.60	15.20	14.70	12.40	18.80	21.20	16.70	16.60
	还好,对某些品牌汽车有较深入了解	43.60	45.80	44.60	47.10	40.30	40.40	44.90	44.10
	对汽车了解比较浅	29.20	27.10	28.50	29.40	31.80	33.10	29.50	29.30
	不是很了解,仅限能认出知名汽车标志	8.70	11.90	12.20	11.10	9.10	5.30	9.00	10.00
	合　　计	100.00	100.00	100.00	100.00	100.00	100.00	100.00	100.00

续表

	对汽车的了解程度	城　　市							合计
		北京	上海	广州	成都	武汉	沈阳	西安	
2011年	还不错,对大多数汽车有深入的了解	14.10	9.50	1.60	19.00	16.00	10.60	10.00	10.70
	还好,对某些品牌汽车有较深入了解	53.10	54.10	41.00	43.70	25.60	21.90	28.10	41.40
	对汽车了解比较浅	19.00	28.20	33.40	32.30	40.40	61.30	30.60	32.70
	不是很了解,仅限能认出知名汽车标志	13.80	8.20	23.90	5.10	17.90	6.30	31.30	15.20
	合　计	100.00	100.00	100.00	100.00	100.00	100.00	100.00	100.00

（十一）违章行为

调查显示,在过去一年中,被调查车主中因违章被扣分的均值为1.88分,这一分值高于2011年的1.28分。其中武汉市车主被扣的分值最高,为4.08分;其次是沈阳和西安,都是2分;广州的车主被扣分值最低,其均值为1.25分。

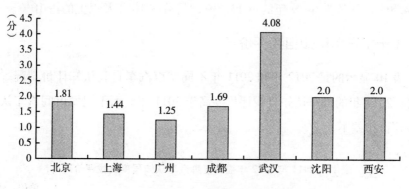

图4　各城市过去一年违章扣分平均数

三　家庭汽车使用

（一）汽车日常使用

对汽车的日常使用情况调查显示,最多的用途是上下班(学),该项被选择的比例为19.6%,有98.8%的人选择了这一项;其次是出门旅行、休闲娱

乐和出门办事，这三项被选的比例都在 14% 左右，各有 67.3%、63.9% 和
62.5% 的人选择这三项；其后分别是购物、走亲访友和接送子女，选择这三项
的比例分别为 11.9%、11.1% 和 9.8%，各有 55.3%、51.5% 和 45.5% 的人
选择了这三项；其余各项如汽车运动、用汽车赚钱、参加车友会活动、参加汽
车运动等，其比例都低于 2%，并且选择这几项的人数比也都在 10% 以内。

表 11 汽车日常使用情况

单位：人，%

汽车日常使用情况 *	人数	百分比	个案百分比
上下班(学)	453	19.60	90.80
接送子女	227	9.80	45.50
出门办事	312	13.50	62.50
走亲访友	257	11.10	51.50
购物	276	11.90	55.30
休闲、娱乐	319	13.80	63.90
出门旅行	336	14.50	67.30
汽车运动	46	2.00	9.20
用汽车赚钱	15	0.60	3.00
参加车友会活动	47	2.00	9.40
参加汽车运动	22	1.00	4.40
其他	3	0.10	0.60
总　　计	2313	100.00	463.50

* 此题为多选。

购买汽车对家庭生活的改变情况如表 12，其中购买汽车对家庭生活影响
最大的是"出行更方便，使得生活质量提高了"，选择这一项的比例为
17.2%，有 88% 的被调查者选择了这一项；其次是"出游次数增加了"，选择
此项的比例为 14.8%，有 75.8% 的被调查者对此项表示认同；探亲、访友和
社交次数增加了，选择这一选项的比例为 13.4%，有 68.3% 的人选择了这一
项；汽车对社交圈子的影响也较大，选择此项的比例为 10%，51.3% 的被调
查者认为汽车使社交圈子扩大了；8.7% 的被调查者认为拥有汽车会使自己和
人交往时觉得有面子，选择此项的被调查者比例为 44.7%；认为汽车的拥有
使生意（或工作）机会更多了或者成为有车族自信增强了的比例分别为 7.5%
和 7.6%，选择这二者的被调查者比例分别为 38.3% 和 38.9%。而在对汽车拥

有的消极评价中，认为由于燃油上涨、停车成本增加烦恼增加了的比例为
7.8%，选择此项的被调查者比例为39.9%；认为由于堵车的烦躁增加了的比
例为6%，选择此项的被调查者比例为30.9%；而认为由于开车减少了运动身
体素质下降了的比例为4.3%，选择此项的被调查者比例为21.8%；只有
2.6%被调查者选择"消费支出增加，生活质量下降了"，选择这一选项的被
调查者比例为13%。

表12　购买汽车对家庭生活的改变

单位：人，%

购买汽车对家庭生活的改变*	人数	百分比	个案百分比
出行更方便,使得生活质量提高了	439	17.20	88.00
社交圈子扩大了	256	10.00	51.30
探亲、访友和社交次数增加了	341	13.40	68.30
生意(或工作)机会更多了	191	7.50	38.30
和人交往觉得有面子	223	8.70	44.70
出游次数增加了	378	14.80	75.80
消费支出增加,生活质量下降了	65	2.60	13.00
成为有车族自信增强了	194	7.60	38.90
由于堵车烦躁增加了	154	6.00	30.90
由于燃油上涨、停车成本增加烦恼增加了	199	7.80	39.90
由于开车减少了运动身体素质下降了	109	4.30	21.80
总　　计	2549	100.00	510.80

*此题为多选。

（二）汽车使用痛苦感受

2012年的调查显示，被调查者认为汽车使用者最痛苦的事中，选择道路
拥堵最痛苦的比例最高，占所有被调查者的32%，其次是油价高，选择此项
的比例为30%，选择停车难的比例为15%，选择其余各项比例都在10%以内
（见图5）。

而2011年的调查显示，道路拥堵、油价高的比例分别为33.1%和
32.7%，其余各项比例都在10%以内。

对有车家庭和无车家庭的分析发现，二者选择的汽车使用者最痛苦的事比

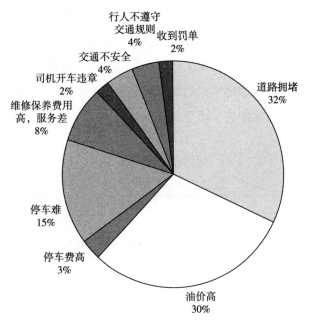

图 5　私家车使用痛苦感受

例最高的都是道路拥堵、油价高和停车难三项。其中，无车者认为油价高是最痛苦的事的比例最高，占 30.4%，其次是道路拥堵，占 29.6%，再后是停车难，占 18.1%。有车家庭的被调查者选择道路拥堵的比例最高，高达 37.4%，其次是油价高，比例为 27.6%，再后是停车难，比例为 10.3%。

表 13　有车家庭和无车家庭对车主痛苦的判断

单位：%

车主最痛苦的事	私家车		合计
	没有	有	
道路拥堵	29.60	37.40	32.30
油价高	30.40	27.60	29.50
停车费高	3.40	2.60	3.20
停车难	18.10	10.30	15.40
维修保养费用高,服务差	8.20	8.60	8.30
司机开车违章	1.50	1.50	1.50
交通不安全	3.70	3.60	3.70
行人不遵守交通规则	3.10	5.80	4.00
收到罚单	2.00	2.40	2.10
合　　计	100.00	100.00	100.00

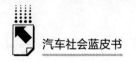

不同城市的被调查者对于车主的痛苦感受存在着明显的差异，北京地区选择最多的一项是道路拥堵，其次是行人不遵守交通规则；上海和西安选择最多的一项是司机开车违章；广州地区选择最多的是停车费高；成都地区选择最多的选项是行人不遵守交通规则；而武汉地区选择最多的是维修保养费用高，服务差；沈阳地区选择最多的一项是交通不安全。

表14　不同城市车主痛苦感受对比

单位：%

车主最痛苦的事	城　　市							合计
	北京	上海	广州	成都	武汉	沈阳	西安	
道路拥堵	26.80	19.00	13.20	11.60	9.80	10.00	9.60	100.00
油价高	16.70	17.30	25.20	10.30	10.70	9.60	10.10	100.00
停车费高	22.40	24.50	32.70	4.10	6.10	2.00	8.20	100.00
停车难	16.70	23.40	25.10	7.10	6.30	10.90	10.50	100.00
维修保养费用高,服务差	16.30	23.30	19.40	9.30	14.00	8.50	9.30	100.00
司机开车违章	13.00	34.80	8.70	8.70	8.70	8.70	17.40	100.00
交通不安全	17.50	21.10	19.30	7.00	12.30	14.00	8.80	100.00
行人不遵守交通规则	22.60	14.50	12.90	16.10	12.90	12.90	8.10	100.00
收到罚单	9.10	27.30	27.30	3.00	9.10	3.00	21.20	100.00
合　　计	20.20	20.00	20.20	9.90	9.90	9.80	10.10	100.00

（三）对汽车质量与售后服务的态度

本次调查对被调查者是否遇到汽车质量问题进行了提问，57%的被调查者选择"没有遇到过"，43%的被调查者选择了"遇到过，但问题不严重"，没有人选择"遇到过，问题比较严重"和"遇到过多次比较严重的问题"，这说明被调查者对汽车质量这一问题比较乐观。

而进一步对不同车型进行分析可以看出，购买原装进口车者遇到的质量问题相较于国内制造的车更少。

不同品牌的汽车遇到的质量问题也不同，图8可以明显看出，国外品牌的质量问题小于合资品牌，三者中遇到质量问题比例最大的是国产品牌。

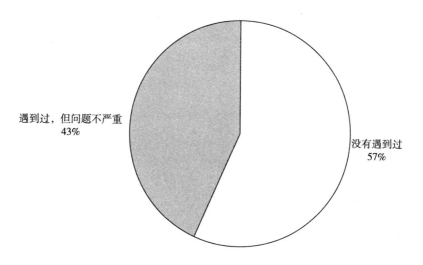

图 6　车主遇到汽车质量问题的比例

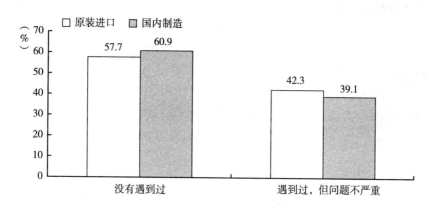

图 7　国内制造与原装进口车质量比较

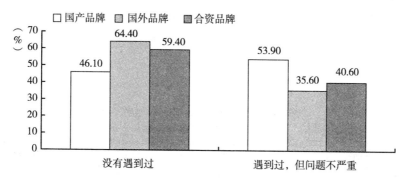

图 8　不同性质品牌质量问题比较

遇到质量问题后的主要解决方式是通过厂家售后服务解决，这一比例占85%，另有3%的被调查者选择了通过消费者协会协调解决，有1%的被调查者选择了未得到解决。

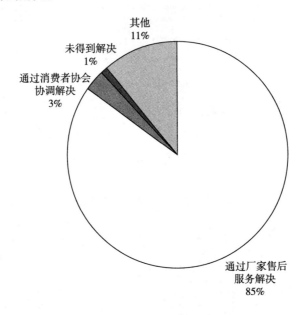

图9 汽车质量问题的解决途径

（四）对汽车企业社会责任的评价

调查结果显示，被调查者认为企业最重要的社会责任是产品质量，该项被选择的比例为28.2%，选择该项的人数为总选择人数的83.1%；排在其后的分别是环境保护、诚信经营、生产安全与职业健康，这三项的被选比例分别为17.5%、16.3%和15.1%，选择这三项的人数比例分别为51.5%、47.9%和44.4%。其余社会责任的被选比例都在10%以内。

表15 汽车企业社会责任的重要程度

单位：人，%

汽车企业的社会责任	人数	百分比	个案百分比
员工权益	170	3.70	11.00
生产安全与职业健康	687	15.10	44.40

续表

汽车企业的社会责任	人数	百分比	个案百分比
产品质量	1287	28.20	83.10
慈善事业与社会公益	98	2.10	6.30
知识产权	112	2.50	7.20
环境保护	797	17.50	51.50
商业道德	443	9.70	28.60
诚信经营	742	16.30	47.90
召回行为	224	4.90	14.50
其他	2	0.00	0.10
总　　计	4562	100.00	294.70

* 此题为多选。

　　有 4.3% 的被调查者对于汽车企业履行的社会责任表示非常不满意，有 29.5% 的人表示不太满意，14.6% 的人对汽车企业的社会责任履行程度表示比较满意，而选择非常满意的只占 0.4%。

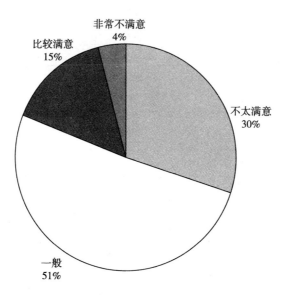

图 10　对于汽车企业履行社会责任的满意度

　　如果汽车厂商社会责任不好，会拒绝或减少购买该公司汽车产品的比例为26.7%，选择这一项的人数比例为50.7%；另有23.5%表示会向周围亲友发表自己的意见，选择此项的人数占总选择人数的44.5%；排名第三的选项是"有一些不满，但只要质量、款式、价格合适，会继续购买"，占16.9%，选择此项的人数比例为32.1%；其后是通过各种媒体，发表自己的看法，选择此项的比例为15.1%，选择人数比例为28.6%。

表16　对汽车企业履行社会责任不好的反应

单位：人，%

如果汽车厂商社会责任不好你会如何*	人数	百分比	个案百分比
拒绝/减少购买该公司汽车产品	785	26.70	50.70
通过各种媒体,发表自己的看法	443	15.10	28.60
主动联系该企业,表达自己的不满	252	8.60	16.30
无所谓,没有影响	115	3.90	7.40
向周围亲友发表自己的意见	689	23.50	44.50
有一些不满,但只要质量、款式、价格合适,会继续购买	497	16.90	32.10
抛售该汽车公司股票	135	4.60	8.70
其他	22	0.70	1.40
总　　计	2938	100.00	189.80

＊此题为多选。

Survey Report on Development of Auto Society of 2012 in China：Situations

Wang Junxiu　Quan Jing

Abstract：The survey of development of auto society in China in 2012 found that the average family car cost in the city is 232300 yuan, higher than the 154500 yuan in 2011. The families with private cars are more than 4000 yuan in monthly income. Along with the increase of the income, ownership rate of private cars is also a corresponding increase, when the monthly family income reached 30001 yuan, 80% of families own private cars. Respondents believe that the most painful things for car users are road congestion, high gas prices and no enough parking space. The private car owners were penalized an average of 1. 88 points for illegal traffic behaviors, higher than 2011's 1. 28.

Key Words: Spending to buy car; Spending in using a car; Illegal behavior

B.4
2012 年中国汽车社会调查报告——出行与环境篇

王俊秀 全 静*

摘 要:

被调查者平均每天出行约 2 次,平均每周出行天数约为 5 天半;有私家车和没有私家车的被调查者每天出行的平均距离有显著差异,没有私家车的被调查者每天平均出行的距离为 24.24 公里,有私家车的被调查者为 35.64 公里,不同城市出行距离由远到近分别是广州、北京、武汉、成都、上海、沈阳和西安,开车出行距离由远到近分别是成都、沈阳、广州、西安、北京、武汉和上海。乘公交车出行时平均单程候车时间为 27.08 分钟,平均单程换乘时间为 16.14 分钟,平均单程堵车时间为 25.51 分钟。开车出行时寻找停车位的时间平均为 11.86 分钟,拥堵的时间平均为 30.35 分钟。

关键词:

出行次数 出行距离 出行方式 出行效率

一 居民日常出行

(一)出行方式

对工作日和休息日出行方式的调查显示,被调查对象在工作日和休息日的出行方式非常接近。

---

* 王俊秀,博士,副研究员,中国社会科学院社会学所中国汽车社会研究网(Research Network of Chinese Auto Society, RNCAS; www.casrn.com)总召集人;全静,中国社会科学院研究生院。

表1 被调查对象工作日、休息日出行方式对比

单位：人，%

最常采取的出行方式*	工作日			休息日		
	人数	百分比	个案百分比	人数	百分比	个案百分比
地铁（城铁、轻轨）	867	22.50	56.00	865	23.30	55.90
公交车	1011	26.20	65.30	972	26.20	62.80
（单位）班车	177	4.60	11.40	20	0.50	1.30
小轿车	521	13.50	33.70	476	12.80	30.70
出租车	412	10.70	26.60	440	11.80	28.40
租赁汽车	12	0.30	0.80	24	0.60	1.60
三轮车	19	0.50	1.20	10	0.30	0.60
摩托车	47	1.20	3.00	37	1.00	2.40
轻便摩托车（或电动自行车）	162	4.20	10.50	125	3.40	8.10
自行车	214	5.60	13.80	238	6.40	15.40
步行	411	10.70	26.60	507	13.70	32.80
总　计	3853	100.00	248.90	3714	100.00	239.90

* 此题为多选。

（二）出行次数

从调查的总体情况看，被调查者平均每天出行约2次，平均每周出行天数约为5天半。其中各城市平均每天出行次数有差异，沈阳最多，上海最少；每周出行平均天数也各不相同，沈阳最多，约为6天，武汉最少，约为5天。

表2 各城市出行次数

城市	每天出行次数			城市	每周出行天数		
	均值	标准差	排序		均值	标准差	排序
沈阳	2.5	0.97	1	沈阳	6.02	1.12	1
西安	2.27	0.97	2	广州	5.65	1.48	2
成都	2.26	0.98	3	武汉	5.64	1.36	3
广州	2.24	0.98	4	上海	5.51	1.60	4
北京	2.06	0.94	5	北京	5.44	1.47	5
武汉	2.04	0.91	6	西安	5.4	1.64	6
上海	1.89	0.83	7	成都	5.29	1.67	7
总计	2.14	0.95		总计	5.55	1.51	

（三）出行距离

调查显示，有私家车和没有私家车的被调查者每天出行的平均距离有显著差异，没有私家车的被调查者平均每天出行距离为24.24公里，有私家车的被调查者为35.64公里。

表3 各城市居民平均每天出行距离

单位：人，公里

城市	人数	极小值	极大值	均值	标准差	均值排序
广州	312	1	150	33.93	35.104	1
北京	312	2	100	28.68	23.896	2
武汉	154	1	150	27.86	24.984	3
成都	153	1	100	27.03	27.143	4
上海	310	2	140	26.11	25.972	5
沈阳	151	1	100	25.67	23.066	6
西安	156	1	120	23.46	20.586	7
总计	1548	1	150	28.16	27.13	

表3为各城市被调查者平均每天出行距离，总的平均出行距离为28.16公里；各个城市的平均每天出行距离存在显著差异，广州最长，为33.93公里，其次是北京和武汉，其均值分别为28.68公里和27.86公里；每天出行距离最短的是西安，只有23.46公里，其次是沈阳，平均每天出行25.67公里，然后是上海，平均每天出行26.11公里，成都居于7个城市中间，平均每天出行27.03公里。

表4显示的是各城市过去一年内最远出行距离均值，在7个被调查城市中，西安地区的平均最远出行距离最长，为1071.99公里，其次是广州，为1024.75公里，北京为952.01公里，排第三位；一年内平均最远出行距离最短的是上海，只有656.73公里，武汉为844.29公里，排在倒数第二，其次是沈阳，其值为859.74公里，成都的一年内平均最远出行距离为883.78公里，位于7个城市的中间位置。

表 4　各城市过去一年内平均最远出行距离

单位：人，公里

城市	均值	人数	标准差	极小值	极大值	排序
西安	1071.99	156	1168.26	8	5000	1
广州	1024.75	312	1250.28	5	10000	2
北京	952.01	312	1076.99	6	6000	3
成都	883.78	153	697.63	10	3000	4
沈阳	859.74	151	1144.92	18	8000	5
武汉	844.29	154	1032.89	5	6000	6
上海	656.73	310	1077.82	5	10000	7
总计	893.17	1548	1102.56	5	10000	

（四）公交车出行效率

　　城市公交车出行的效率涉及单程候车时间、单程换车时间和道路拥堵时间三个方面。从总体来看，被调查对象乘公交车出行时平均单程候车时间为27.08 分钟，平均单程换乘时间为 16.14 分钟，平均单程堵车时间为 25.51 分钟。不同城市的这一数值存在差异（见表 5）。其中广州的平均单程候车时间最长，值为 31.81 分钟，其次是北京，为 30.13 分钟，平均单程候车时间最短的是沈阳，其值为 21.55 分钟；各城市的平均单程换乘时间相差不大，西安和广州的平均单程换乘时间较长，都大于 17 分钟，而上海的单程换乘时间最短，其均值为 14.99 分钟；各城市的平均单程堵车时间中，最长的是广州，为29.45 分钟，最短的是上海，只有 22.28 分钟。

表 5　各城市公交车出行效率比较

单位：分钟，人

城市	单程候车时间			单程换乘时间			单程堵车时间		
	均值	人数	标准差	均值	人数	标准差	均值	人数	标准差
北京	30.13	312	26.30	15.95	312	13.32	25.17	312	21.58
上海	27.29	310	23.63	14.99	310	11.96	22.28	310	18.75
广州	31.81	312	25.04	17.37	312	13.89	29.45	312	33.07
成都	22.52	153	16.42	15.68	153	14.07	24.99	153	27.42
武汉	22.23	154	18.55	16.03	154	15.31	25.66	154	25.37
沈阳	21.55	151	14.01	15.20	151	12.15	24.76	151	20.97
西安	25.71	156	18.54	17.78	156	14.66	25.83	156	22.95
总计	27.08	1548	22.46	16.14	1548	13.51	25.51	1548	24.94

（五）出行影响因素

图 1 和图 2 显示的是因路况而减少出行的情况，从中可以看到因路况差或交通拥堵而减少出行次数的比例相似。其中，5% 的被调查者选择了"几乎不

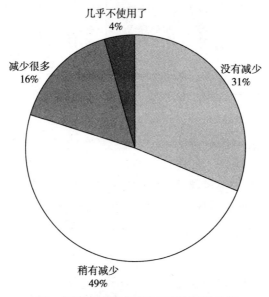

图 1　因路况差减少乘公交车出行的比例

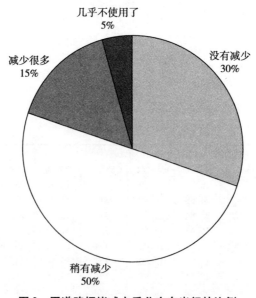

图 2　因道路拥堵减少乘公交车出行的比例

使用了"，15% 的被调查者选择了"减少很多"，50% 的被调查者选择了"稍有减少"，30% 的被调查者选择了"没有减少"。

二　驾车出行

（一）驾车出行次数

表 6 显示的是被调查对象所在城市平均开车出行情况。整体而言，平均每天开车出行的次数为 1.69 次，平均每周开车出行的天数约为 5 天。各个城市的出行次数不同，西安平均每天开车出行次数和每周开车出行天数都在 7 个被调查城市中最高，分别为每周 5.45 天，每天 1.91 次。上海、北京、武汉三市是 7 个城市中平均每天开车出行次数和平均每周开车出行天数最少的三个，上海平均每周 4.88 天，每天平均 1.38 次；北京平均每周 5.04 天，每天平均 1.64 次；武汉平均每周 5.11 天，每天平均 1.66 次。广州、沈阳和成都则排名居中。

与上文中日常出行（见表 2）相比较，每天开车出行的次数要低于一般出行，且每周出行天数要低于一般出行天数，且各城市排序也发生了变化。

表 6　各城市开车出行次数比例

城市	每天开车出行的次数			城市	每周开车出行的天数		
	均值	标准差	排序		均值	标准差	排序
西安	1.91	1.043	1	西安	5.45	1.218	1
广州	1.84	0.982	2	成都	5.25	1.48	2
沈阳	1.8	0.825	3	沈阳	5.18	1.621	3
成都	1.79	1.054	4	广州	5.17	1.616	4
武汉	1.66	0.732	5	武汉	5.11	1.382	5
北京	1.64	0.826	6	北京	5.04	1.522	6
上海	1.38	0.607	7	上海	4.88	1.61	7
总计	1.69	0.875		总计	5.11	1.526	

（二）驾车出行距离

调查结果显示，被调查对象每天开车出行平均距离为48.6公里，不同城市平均每天开车出行距离有所不同。其中，成都的平均每天开车出行距离最远，其值为83.37公里；其次是沈阳和广州，分别为54.63公里和52.61公里；西安、北京和武汉分列第四、第五、第六位，但三者的值相差较少，都接近45公里；每天开车出行距离均值最小的是上海，只有32.88公里。

对过去一年内最远开车出行距离的调查显示，被调查对象过去一年里平均开车出行最远的距离为428.45公里。成都依然是被调查的7个城市中出行距离均值最远的城市，其值为478.92公里；其次是西安，其值为462.57公里；而过去一年开车出行最远距离最短的城市是北京，其均值为376.02公里。

表7　开车出行距离对比

单位：人，公里

	城市	均值	人数	标准差	极小值	极大值	排序
平均每天开车出行的距离	成都	83.37	52	125.22	10	500	1
	沈阳	54.63	51	99.86	2	600	2
	广州	52.61	107	71.25	1	500	3
	西安	44.74	53	60.04	2	300	4
	北京	44.66	108	37.86	1	200	5
	武汉	44.51	53	46.17	5	250	6
	上海	32.88	108	28.01	1	160	7
	总计	48.6	532	68.18	1	600	
过去一年内最远开车出行的距离	成都	478.92	52	266.32	2	1000	1
	西安	462.57	53	304.26	40	1000	2
	广州	452.36	107	285.36	10	1000	3
	沈阳	451.86	51	317.97	18	1000	4
	武汉	438.09	53	296.41	30	1000	5
	上海	400.39	108	298.77	1	1000	6
	北京	376.02	108	259.49	7	1000	7
	总计	428.45	532	288.23	1	1000	

通过开车出行与非开车出行的对比发现，各城市开车出行者每日出行的距离都大于非开车出行者，只是各城市的差值不同，其中成都地区二者的差距最

大，上海地区二者的差距最小；而对过去一年中最远的出行距离的分析发现，各城市非开车出行的被调查者出行的最远距离都大于开车出行的被调查，其中西安地区二者的差距最大，上海地区二者的差距最小。

表8　开车出行与非开车出行距离比较

单位：公里

	城市	非开车出行	开车出行	差值
平均每天出行的距离	广州	33.93	52.61	-18.68
	北京	28.68	44.66	-15.98
	武汉	27.86	44.51	-16.65
	成都	27.03	83.37	-56.34
	上海	26.11	32.88	-6.77
	沈阳	25.67	54.63	-28.96
	西安	23.46	44.74	-21.28
	总计	28.16	48.6	-20.44
过去一年内最远出行的距离	广州	1024.75	452.36	572.39
	北京	952.01	376.02	575.99
	武汉	844.29	438.09	406.2
	成都	883.78	478.92	404.86
	上海	656.73	400.39	256.34
	沈阳	859.74	451.86	407.88
	西安	1071.99	462.57	609.42
	总计	893.17	428.45	464.72

（三）驾车出行效率

调查显示，开车者单程寻找停车位的时间平均为 11.86 分钟，单程开车拥堵的时间平均为 30.35 分钟。表9 显示的是各城市开车者在寻找车位和因道路拥堵多花费的时间。结果显示，西安、上海、广州和北京的开车者单程找停车位的时间差距不大，都在 13 分钟左右；沈阳、武汉和成都的单程找停车位时间相对较短，都在 9.5 分钟左右。西安的单程开车中拥堵时间也是最长，其均值为 33.41 分钟；其后分别是沈阳、北京、上海和武汉，这几个城市的均值都差距不大，但是成都的单程开车拥堵时间较短，只有 21.9 分钟，低于其余各城市。

表9 各城市开车出行效率

单位：人，分钟

	城市	均值	人数	标准差	极小值	极大值	排序
单程找车位时间	西安	13.28	53	8.39	0	30	1
	上海	13.27	108	14.17	0	66	2
	广州	12.87	107	12.46	0	61	3
	北京	12.15	108	11.42	0	60	4
	沈阳	9.69	51	11.36	0	80	5
	武汉	9.43	53	6.27	0	30	6
	成都	9.42	52	6.86	1	30	7
	总计	11.86	532	11.30	0	80	
单程开车拥堵时间	西安	35.45	53	28.46	2	140	1
	沈阳	33.41	51	29.48	10	120	2
	北京	32.96	108	30.81	0	150	3
	上海	30.71	108	32.95	0	180	4
	武汉	28.77	53	32.77	0	150	5
	广州	28.26	107	22.60	0	120	6
	成都	21.90	52	21.39	1	130	7
	总计	30.35	532	28.90	0	180	

（四）驾车出行影响因素

影响汽车使用的因素很多，本次调查就油价、停车费、道路通畅、路况等因素进行了分析，发现油价的上涨对汽车的使用产生一定抑制作用，其中53%的人选择"稍有减少"，3%的人选择了"减少很多"；在调查油价涨到多少时会减少使用汽车和基本不用汽车，结果发现油价上涨到平均每升10.83元时会减少汽车的使用，而当油价平均上涨到每升21.36元时会基本不使用汽车。这一值要高于2011年的每升10元和每升15元。

停车费也像油价一样会影响车主的汽车使用，调查发现，36%的被调查者认为因为停车费的上涨而稍有减少汽车的使用，3%的人选择了"减少很多"。当问到停车费上涨到多少时绝不会使用，25%的人选择了"每小时超过10元（含10元）"，17.1%的被调查者选择了"每小时超过15元（含15元）"，另有 21.1% 的人选择了"每小时超过 20 元（含 20 元）"。

图 3 和图 4 分别是被调查者因道路不通畅和路况差而减少开车的情况。

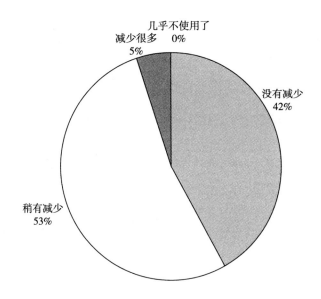

图 3　因道路不通畅而减少开车出行的比例

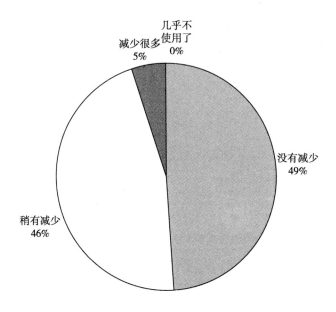

图 4　因路况差而减少开车出行的比例

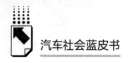

三　汽车环境

（一）空气污染

调查显示，当问到是否觉得生活的城市因为汽车的增加空气变差了时，44.2%的被调查者认为空气有点变差，32.6%的被调查者认为空气变得较差，另有17.4%的人选择了空气变得很差，只有5.8%的人认为空气没有变差。

表10　各城市被调查者对汽车与空气质量的态度

单位：%

态　度	城　　市							合计
	北京	上海	广州	成都	武汉	沈阳	西安	
没觉得空气变差	3.50	5.80	3.50	9.20	9.70	6.00	7.70	5.80
空气有点变差	41.00	47.70	43.30	43.10	44.20	43.00	47.40	44.20
空气变得较差	30.10	29.70	35.60	34.60	34.40	35.80	30.80	32.60
空气变得很差	25.30	16.80	17.60	13.10	11.70	15.20	14.10	17.40
合　计	100.00	100.00	100.00	100.00	100.00	100.00	100.00	100.00

对有无私家车的调查者分别进行分析，发现有私家车的被调查者对空气变差的态度普遍比较缓和，也就是说选择空气没有因为汽车的增加而变差的比例明显高于无车者。

表11　各城市有车与无车被调查者对汽车与空气质量的态度

单位：%

	态　度	城　　市							合计
		北京	上海	广州	成都	武汉	沈阳	西安	
没有私家车	没觉得空气变差	2.00	3.00	4.40	9.90	5.90	4.00	3.90	4.20
	空气有点变差	41.20	46.00	44.90	39.60	48.50	39.00	50.50	44.20
	空气变得较差	33.30	35.10	34.10	39.60	37.60	42.00	34.00	35.80
	空气变得很差	23.50	15.80	16.60	10.90	7.90	15.00	11.70	15.70
	合　计	100.00	100.00	100.00	100.00	100.00	100.00	100.00	100.00
有私家车	没觉得空气变差	6.50	11.10	1.90	7.70	17.00	9.80	15.10	8.80
	空气有点变差	40.70	50.90	40.20	50.00	35.80	51.00	41.50	44.20
	空气变得较差	24.10	19.40	38.30	25.00	28.30	23.50	24.50	26.50
	空气变得很差	28.70	18.50	19.60	17.30	18.90	15.70	18.90	20.50
	合　计	100.00	100.00	100.00	100.00	100.00	100.00	100.00	100.00

（二）噪声污染

与空气污染相同，大多数被调查者认为由于汽车的增加，所生活的城市噪声也增强了，私家车的有无对被调查者的态度略有影响，但总体而言，汽车给城市带来的噪声这一问题还是较为普遍。各城市被调查者的态度也有程度上的区别，例如，北京地区认为噪声有大幅增强的比例最高，占 18.6%。

表 12　各城市被调查者对汽车与噪声增加的态度

城市	生活的城市因汽车的增加噪声增强				合计
	没觉得增强	稍有增强	有较大的增强	有大幅增强	
北京	3.20	38.50	39.70	18.60	100.00
上海	8.70	46.10	33.50	11.60	100.00
广州	3.50	47.10	37.20	12.20	100.00
成都	7.20	44.40	36.60	11.80	100.00
武汉	9.70	45.50	30.50	14.30	100.00
沈阳	6.60	46.40	33.80	13.20	100.00
西安	7.10	48.10	32.10	12.80	100.00
合计	6.10	44.80	35.40	13.70	100.00

（三）资源成本

表 13 显示的是各城市居民对汽车增加与能源消耗的态度，与上表相同，北京地区认为消耗非常大的比例最高，占 34.6%，其余各城市认为汽车的增加消耗资源的比例也普遍较高，只有 0.5% 的人认为消耗很小，另有 6% 的人选择了消耗不算大，其余 93.5% 的人都选择了消耗比较大或者非常大，并且有无私家车对其影响不明显。

表 13　各城市被调查者对汽车增加与能源消耗的态度

单位：%

城市	是否觉得汽车的增加消耗了太多的能源				合计
	消耗非常大	消耗比较大	消耗不算大	消耗很小	
北京	34.60	61.90	3.20	0.30	100.00
上海	26.50	66.10	7.10	0.30	100.00
广州	24.70	66.70	7.40	1.30	100.00

续表

城市	是否觉得汽车的增加消耗了太多的能源				合计
	消耗非常大	消耗比较大	消耗不算大	消耗很小	
成都	24.80	68.60	6.50		100.00
武汉	25.30	68.20	5.80	0.60	100.00
沈阳	26.50	67.50	5.30	0.70	100.00
西安	18.60	74.40	7.10		100.00
合计	26.70	66.80	6.00	0.50	100.00

（四）道路通畅性

表14　各城市道路通畅性评价

单位：%

城市道路	城　市							合计
	北京	上海	广州	成都	武汉	沈阳	西安	
非常畅通	1.90	2.30	1.60	3.90	1.90	2.60	2.60	2.30
比较畅通	16.30	21.30	20.80	24.20	19.50	21.20	25.00	20.70
不太畅通	39.40	53.50	53.80	50.30	47.40	54.30	51.30	49.70
交通拥堵严重	42.30	22.90	23.70	21.60	31.20	21.90	21.20	27.30
合　计	100.00	100.00	100.00	100.00	100.00	100.00	100.00	100.00

　　总体而言，被调查的城市道路畅通程度不高，只有2.3%的人认为非常畅通，20.7%的人选择比较畅通，其余77%的人都认为不太畅通或者交通拥堵严重。不同城市的道路畅通程度也不一样，其中北京地区的被调查者认为交通拥堵严重的比例最高，值为42.3%，认为交通比较畅通或者非常畅通的比例最高的城市为成都，有28.1%的人选择了比较畅通或者非常畅通。

表15　各城市公交车行驶通畅性评价

单位：%

公交车行驶	城　市							合计
	北京	上海	广州	成都	武汉	沈阳	西安	
非常畅通	2.20	2.90	1.30	3.90	0.60	3.30	2.60	2.30
比较畅通	31.70	33.50	34.30	42.50	26.00	31.10	42.30	34.10
不太畅通	43.90	51.00	50.30	42.50	53.90	50.30	48.10	48.50
交通拥堵严重	22.10	12.60	14.10	11.10	19.50	15.20	7.10	15.10
合　计	100.00	100.00	100.00	100.00	100.00	100.00	100.00	100.00

表 15 是对公交车行驶通畅程度的评价，其评价结果要好于城市道路通畅结果，有 36.4% 的人认为非常通畅或者比较通畅。选择交通拥堵严重这一选项比例最高的仍然是北京地区，其次是武汉地区。

（五）道路安全性

1. 交通方式安全感受

从总体看，2012 年的公共交通工具安全程度比 2011 年有所增加，大约有 86.1% 的被调查者认为比较安全或者很安全，12.7% 的被调查者选择不太安全，只有 1.2% 的被调查者选择很不安全。

表 16　各城市公共交通安全评价

单位：%

城市	2012 年					2011 年				
	很不安全	不太安全	比较安全	很安全	合计	很不安全	不太安全	比较安全	很安全	合计
北京	1.30	10.90	73.70	14.10	100.00	2.60	12.80	79.30	5.20	100.00
上海	0.60	10.60	76.80	11.90	100.00	0.70	12.10	65.20	22.00	100.00
广州	0.30	17.00	72.10	10.60	100.00	2.60	26.20	53.40	17.70	100.00
成都	3.30	10.50	67.30	19.00	100.00	0.60	13.90	67.10	18.40	100.00
武汉	1.90	13.60	71.40	13.00	100.00	6.40	12.80	73.70	7.10	100.00
沈阳	1.30	17.20	68.20	13.20	100.00	—	9.40	86.30	4.40	100.00
西安	0.60	9.00	76.90	13.50	100.00	2.50	6.90	75.60	15.00	100.00
总体	1.20	12.70	72.90	13.20	100.00	2.10	14.50	70.00	13.40	100.00

2. 驾车安全感受

通过对表 16 和表 17 的比较可以看出，自驾车安全性评价低于乘坐公共交通汽车的安全性，并且这一现象同时体现在 2011 年和 2012 年的调查中。

总体而言，在 2012 年的调查中，认为自驾车很不安全或者不太安全的比例超过半数。而 2011 年这一比例只占 35.5%，因而 2012 年自驾车安全性评价要低于 2011 年。此外，除了北京地区的安全性评价较低之外，其余各城市间差距不大。

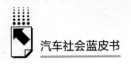

表 17　各城市自驾车安全性评价

态　度		城　　市							合计
		北京	上海	广州	成都	武汉	沈阳	西安	
2012 年	很不安全	6.70	3.50	3.20	7.20	5.80	2.60	1.90	4.50
	不太安全	50.00	47.70	39.10	34.00	42.20	41.10	38.50	43.00
	比较安全	40.40	45.20	54.50	55.60	48.70	50.30	55.10	49.00
	很安全	2.90	3.50	3.20	3.30	3.20	6.00	4.50	3.60
	合　计	100.00	100.00	100.00	100.00	100.00	100.00	100.00	100.00
2011 年	很不安全	9.80	1.00	5.90		13.50	3.10	9.40	5.90
	不太安全	26.20	17.00	57.70	24.10	15.40	11.30	43.80	29.60
	比较安全	58.00	69.20	32.80	60.80	67.30	81.90	45.60	57.70
	很安全	5.90	12.80	3.60	15.20	3.80	3.10	1.30	6.80
	合　计	100.00	100.00	100.00	100.00	100.00	100.00	100.00	100.00

3. 交通事故

图 5 显示的是过去一年有车者发生交通事故的比率，其中 84% 的人表示未发生过交通事故，14% 的人表示发生过一次，另外 2% 表示发生过两次，没有人选择发生过三次或以上。

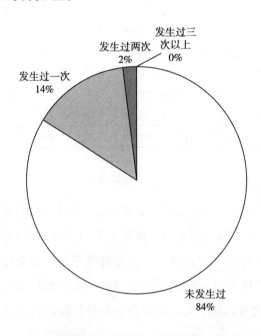

图 5　在过去一年里车主交通事故发生比例

（六）出行与责任承担

当问到是否为了减少环境污染而减少开车次数时，53.2% 的被调查者表示没有减少，44% 的人选择稍有减少，只有 2.4% 的人选择减少很多，另有 0.4% 的人表示几乎不使用了。

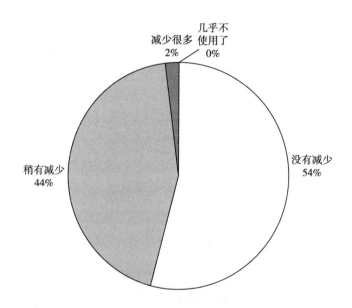

图 6　为减少环境污染少开车的比例

调查显示，2% 的人为了减少环境污染而减少了开车次数，而 44% 的人选择了稍有减少，另外 54% 的人选择了没有减少。

58% 的人表示稍有减少开车次数并选择低碳出行的方式，6% 的人表示减少很多，1% 的人选择了几乎不使用了，另外 35% 的人表示没有减少。

对于征收碳排放费的问题，有 9% 的人表示完全赞同，27% 的人表示比较赞同，41% 的人选择了一般，只有 23% 的人选择不太赞同或者完全不赞同。进一步分析有车者和无车者的态度，发现两个群体在这个问题上具有差异，没有私家车的被调查者对征收碳排放费的支持率要高于有私家车的被调查群体。

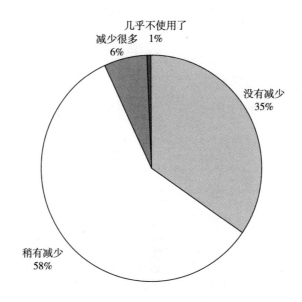

图7　选择低碳出行的比例

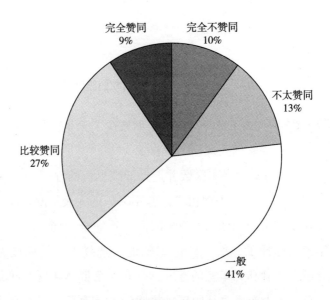

图8　赞成对车主征收碳排放费的比例

表 18　有车者和无车者对车主征收碳排放费的态度

单位：%

	私家车		合计
	没有	有	
完全不赞同	9.10	13.00	10.40
不太赞同	13.90	11.30	13.00
一般	41.40	38.70	40.50
比较赞同	26.70	26.70	26.70
完全赞同	9.00	10.30	9.40
合　计	100.00	100.00	100.00

Survey Report on Development of Auto Society of 2012 in China: Travel and Environment

Wang Junxiu　Quan Jing

Abstract: The respondents' commuter trips are twice everyday, and about 5 and a half days every week. The average distances of commuter trips between the respondents who have private cars and the respondents who have no private cars are significantly different. The respondents without private cars daily traveled 24.24 kilometers, the respondents with private cars daily traveled 35.64 km. The order of cities' commuter trips from long to short are Guangzhou, Beijing, Wuhan, Chengdu, Shanghai, Shenyang and Xi'an. The order of car trip distances from far to near are Chengdu, Shenyang, Guangzhou, Xi'an, Beijing, Wuhan and Shanghai. The average time for waiting for a bus for one-way was of 27.08 minutes, average transfer time was 16.14 minutes, the average traffic jam time was 25.51 minutes. The average time to find parking is 11.86 minutes, the average time of car congestion is 30.35 minutes.

Key Words: Number of commuter trips; Travel distance; Travel mode; Travel efficiency

B.5
2012 年中国汽车社会
调查报告——消费篇

全 静*

摘　要:

　　总体而言,2012 年的被调查者中无车群体的购车意向高于 2011 年,预计 1 年、2 年和 5 年内购买汽车比例都远高于 2011 年,只有 2.8% 的人永远不打算购买,而这一比例在 2011 年为 11.1%。家庭月收入越高,汽车购买意向越高,月收入 1 万元以上的家庭一年内打算买车的比例占 36.1% ~ 47.7%。2012 年有车者的换车意愿高于 2011 年,其中,选择 5 年内打算换车的比例为 53.7%,这一比例在 2011 年只有 31%。被调查家庭一半以上具有汽车购买能力。2012 年的调查显示,被调查的无车家庭总体预想购车价格均值为 15.17 万元,这一值高于 2011 年的 14 万元。

关键词:

　　购买意向　购买潜力　目标价位

一　家庭购车意向

　　调查显示,2012 年的被调查者中无车群体的购车意向高于 2011 年,预计 1 年、2 年和 5 年内购买汽车的比例都远高于 2011 年,只有 2.8% 的人永远不打算购买,而这一比例在 2011 年为 11.1%。

---

　　* 全静,中国社会科学院研究生院。

表 1　2011 年与 2012 年无车者购车意愿

未来购买汽车打算	2012 年		2011 年	
	频率	百分比(%)	频率	百分比(%)
一年内购买	239	23.5	112	11.1
两年内购买	322	31.7	243	24
五年内购买	298	29.3	272	26.9
五年内不购买	129	12.7	274	27
永远不购买	28	2.8	112	11.1
合　计	1016	100	1013	100

　　2012 年不同城市的无车者的购车意向不同，其中北京地区的被调查者没有人选择永远不打算购买，最多人选择的是 5 年内打算购买，占 32.4%；上海地区选择 1 年内打算购买、2 年内打算购买和 5 年内打算购买的比例相似，都在 27% 左右；广州地区 2 年内打算购买的比例最高，占 36.1%，成都地区选择 1 年内和 2 年内打算购买的比例都是 31.7%；武汉地区有 42.6% 的被调查者选择 5 年内打算购买；沈阳地区有 41% 的被调查者选择 2 年内打算购买，而选择 5 年内不打算购买和永远不打算购买的比例较低，共占 8%；西安地区选择 2 年内打算购买的比例最高，占 36.9%。

表 2　2012 年各城市无车者未来购车意愿

单位：%

购买汽车打算	城　市						
	北京	上海	广州	成都	武汉	沈阳	西安
一年内购买	25.00	26.70	24.40	31.70	11.90	27.00	12.60
两年内购买	27.00	27.20	36.10	31.70	26.70	41.00	36.90
五年内购买	32.40	26.20	27.80	21.80	42.60	24.00	32.00
五年内不购买	15.70	16.80	6.80	12.90	14.90	5.00	15.50
永远不购买		3.00	4.90	2.00	4.00	3.00	2.90
合　计	100.00	100.00	100.00	100.00	100.00	100.00	100.00

　　在对无车者的家庭月收入和购车意愿进行交叉分析时发现，除了月收入 1000 元以下和 30001 元以上的被调查者，其余各收入组居民选择永远不打算购买的比例都在 10% 以下，而 20% 月收入 1000 元以下的被调查者和 13.3% 月收入 30001 元以上的被调查者选择了永远不打算购买汽车。但总体而言，月收

入越高，汽车购买意向越高，家庭月收入1万元以上的一年内打算买车的比例在36.1%到47.7%之间。

表3 不同收入无车者未来购车意愿

单位：%

家庭月收入	未来是否有购买汽车的打算					合 计
	一年内购买	两年内购买	五年内购买	五年内不购买	永远不购买	
1000元以下			20.00	60.00	20.00	100.00
1001~2000元			66.70	33.30		100.00
2001~3000元	2.60	21.10	31.60	39.50	5.30	100.00
3001~4000元	9.80	14.60	36.60	29.30	9.80	100.00
4001~5000元	8.20	19.20	46.60	19.20	6.80	100.00
5001~6000元	17.20	21.80	48.30	11.50	1.10	100.00
6001~7000元	8.90	27.80	31.10	24.40	7.80	100.00
7001~8000元	17.60	32.80	29.40	18.50	1.70	100.00
8001~9000元	25.80	33.70	37.10	3.40		100.00
9001~10000元	20.20	44.20	22.50	10.10	3.10	100.00
10001~15000元	36.10	30.40	27.20	6.30		100.00
15001~20000元	47.70	39.10	11.70	1.60		100.00
20001~30000元	46.30	48.80	4.90			100.00
30001元以上	40.00	33.30	13.30		13.30	100.00
合 计	24.70	31.60	28.80	12.30	2.70	100.00

二 家庭汽车更新意愿

调查显示，2012年有车者的换车意愿要远高于2011年，其中，选择5年内打算换车的比例为53.7%，这一比例在2011年只有31%，44.7%的人选择等车况不好的时候换新车，另各有0.8%的人选择一直用到报废再换新车和不再换新车，而2011年此比例分别为11%和7%。

不同城市被调查的有车者对更新汽车的打算也不一样，其中，西安地区5年内打算换新车的人最多，占68.1%，广州地区选择此项的人最少，只有45.5%的人5年内打算换新车；而上海和广州各有2%左右的有车者打算一直用到报废再换新车，其余各城市选择此选项的均为零；武汉地区有6.1%的人选择了不再换新车，沈阳地区选择此项的占2%，其余各城市此选项均为零。

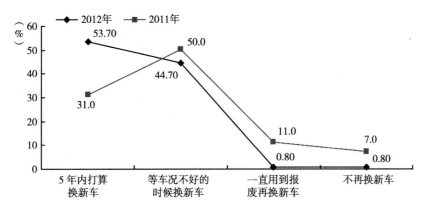

图 1　2011 年与 2012 年有车者更新意愿对比

表 4　各城市家庭汽车更新意愿

单位：%

对现在这辆车 的打算	城　市							合计
	北京	上海	广州	成都	武汉	沈阳	西安	
5 年内打算换	52.50	50.50	45.50	56.90	57.10	59.20	68.10	53.70
车况不好时候换	47.50	47.60	52.50	43.10	36.70	38.80	31.90	44.70
用到报废再换		1.90	2.00					0.80
不再换					6.10	2.00		0.80
合　计	100.00	100.00	100.00	100.00	100.00	100.00	100.00	100.00

　　另外，不同购车时间对是否换车的打算也有影响，选择不再换新车的人，其购车时间都在 2 年以内，而选择一直用到报废再换车的人，其购车时间则在最近 1~3 年区间内，选择 5 年内打算换新车的比例最高的是最近 2~3 年购车的被调查者。

表 5　购买时间与换车意愿

单位：%

购买时间	对现在这辆车的打算				合计
	5 年内换	车况不好时换	到报废再换	不再换	
最近 12 个月	48.90	49.60		1.50	100.00
最近 1~2 年	55.20	42.90	0.90	0.90	100.00
最近 2~3 年	59.10	38.60	2.30		100.00
最近 3~5 年	48.70	51.30			100.00
5 年以前	52.40	47.60			100.00
记不清	100.00				100.00
合　计	53.70	44.70	0.80	0.80	100.00

选择一直用到报废再换新车的被调查者，其所拥有的汽车都是低档（10万元以下）或是中档车（10万~20万元）。除此之外，所拥有的车的档次与对该车的打算之间并没有明显关系。

三 家庭汽车消费潜力

从上文的分析可以看出，各城市被调查的购车意向都较高，但是不同城市的汽车购买潜力不同（见表6）。

表6 不同城市汽车购买潜力

单位：%

城市	是否有购买汽车的经济实力				合计
	可以承担	家人（或亲友）帮助	银行按揭（或借款）	不足以购买	
北京	45.10	20.10	14.20	20.60	100.00
上海	60.40	12.40	13.40	13.90	100.00
广州	50.20	14.10	16.10	19.50	100.00
成都	54.50	14.90	10.90	19.80	100.00
武汉	46.50	7.90	17.80	27.70	100.00
沈阳	49.00	20.00	21.00	10.00	100.00
西安	54.40	5.80	17.50	22.30	100.00
合计	51.60	14.20	15.50	18.80	100.00

其中，上海地区选择"我的家庭收入可以承担购买私人汽车"的比例最高，高达60%；北京地区选择这一项的人最少，只有45.1%，但北京地区选择"如果我购买私人汽车，我的家人（或亲友）会帮助"的比例最高，占20.1%；沈阳地区选择这一选项的比例也有20%，并且沈阳地区选择"如果我购买私人汽车，我会通过银行按揭（或其他途径借款）"的比例也最高，占21%；武汉地区选择"我的家庭收入还不足以购买私人汽车"的比例最高，占27.7%，沈阳地区选择这一选项的被调查者比例最低，只有10%。这也跟上文中沈阳地区高档车比例最高，购车意向较好相印证。

四 汽车消费动机

调查发现，有车者和无车者购买汽车的原因相差不大，只是在个别原因如方便走亲访友、方便出门旅游等选项上稍有差距，无车者选择这两项的比例更高，而有车者选择喜欢汽车这一选项的比例更高。

表7 有车者和无车者的购车动机

单位：人，%

购车原因 *	有车者购车原因			无车者购车原因		
	人数	百分比	个案百分比	人数	百分比	个案百分比
作为上下班(学)的交通工具	442	14.80	88.60	604	14.40	57.60
为了接送子女	238	8.00	47.70	272	6.50	25.90
选择更适合自己的居住环境	149	5.00	29.90	225	5.40	21.40
由于公共交通不方便	156	5.20	31.30	238	5.70	22.70
不能忍受公共交通的不舒适	116	3.90	23.20	190	4.50	18.10
方便走亲访友	237	8.00	47.50	511	12.20	48.70
方便购物	263	8.80	52.70	303	7.20	28.90
方便休闲、娱乐	322	10.80	64.50	540	12.90	51.50
方便出门旅行	362	12.10	72.50	744	17.70	70.90
汽车能带来成功的自信	168	5.60	33.70	132	3.10	12.60
汽车代表着身份地位	152	5.10	30.50	91	2.20	8.70
用汽车赚钱	26	0.90	5.20	30	0.70	2.90
喜欢汽车	236	7.90	47.30	168	4.00	16.00
看周围人都买,自己也买了	69	2.30	13.80	154	3.70	14.70
旧车更新 **	15	0.50	3.00			
车不够用,增加一辆 **	21	0.70	4.20			
因为限号又买一辆 **	6	0.20	1.20			
其他 *	2	0.10	0.40			
总 计	2980	100.00	597.20	4202	100.00	400.60

* 此题为多选 ** 无车者未测量此三项。

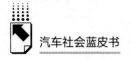

五　汽车目标价位

2012 年的调查显示，被调查的无车家庭总体预想购车价格均值为 15.17 万元，这一值高于 2011 年的 14 万元。各个城市的目标价格有所不同，其中广州地区的无车家庭目标购车花费平均为 17.08 万元，为 7 个城市中的最高值；其后是武汉和上海，其值分别为 16.88 万元和 16.85 万元；北京的无车家庭目标购车花费平均为 14.79 万元，排名第四；成都、沈阳和西安三个地区的平均值最低，分别为 13.69 万元、12.24 万元和 11.47 万元。

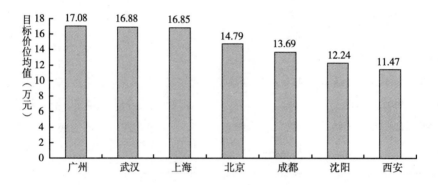

图 2　各城市无车家庭购车目标价位

表 8 显示的是具体情况，可以看到大多数人选择了"10 万（含）～15 万元"或者"15 万（含）～20 万元"，也就是说大部分无车者的购车意愿集中在中低档和中档车上，各个城市有意愿购买高档车的比例都在 10% 以内，有的城市甚至低于 5%，如成都和沈阳。

表 8　各城市无车家庭购车目标价位分布

单位：%

目标价位	城　　市							合计
	北京	上海	广州	成都	武汉	沈阳	西安	
3 万元以下		1.00	3.80		1.90			1.10
3 万（含）～5 万元		1.00		1.00			8.30	1.10
5 万（含）～10 万元	15.60	6.80	7.50	11.80	7.60	15.70	26.60	12.20

目标价位	城 市							合计
	北京	上海	广州	成都	武汉	沈阳	西安	
10 万（含）~15 万元	40.80	31.40	35.20	46.10	21.00	50.00	36.70	36.80
15 万（含）~20 万元	21.30	32.40	22.10	22.50	30.50	23.50	11.90	23.90
20 万（含）~25 万元	12.80	20.30	20.70	11.80	26.70	6.90	11.00	16.40
25 万（含）~30 万元	0.90	1.00	1.40	2.00	3.80	1.00		1.30
30 万（含）~40 万元	7.10	3.90	5.20	2.90	4.80	2.90	5.50	4.90
40 万（含）~50 万元					1.90			0.20
50 万（含）~60 万元		1.40	1.40	2.00	1.90			1.00
80 万（含）~90 万元				0.90				0.20
90 万（含）~100 万元				1.90				0.40
100 万元或以上	1.40	1.00						0.50
合　　计	100.00	100.00	100.00	100.00	100.00	100.00	100.00	100.00

六　选购汽车看重的因素

表9反映的是被调查者对于购买汽车所看重的因素，本调查要求被调查者选择五项。统计结果显示，购车者最看重的因素为品牌声誉好，在所列的33个选项中选择此项的比例为11%，有55%的被调查者选择了这一项；购车者看重的第二个因素是经久耐用，选择此项的比例为9.3%，共有46.4%的被调查者选择了这一项；其他重要的因素还有实惠的价格、燃油经济性和安全性能突出，选择这三项的比例都在7.5%左右，并且各有37%左右的被调查者选择该项。而2011年这一调查排前几名的分别是燃油经济性、实惠的价格、品牌声誉好、经久耐用、故障率低、安全性能突出等，可以看出购车者最注重的因素基本相同，只是两年中各因素的排序略有不同。

而让被调查者在这些因素中选择一个最重要的因素时（单项选择），选择安全性能突出的比例最高，为22.2%；第二是品牌声誉好，占15.4%；经久耐用排名第三，所占比例为11.7%；其后分别是良好的驾驶操控性、实惠的价格、故障率低，所占比例分别为8.7%、7.8%和7.3%。

表9　购车看中因素选择

单位：人，%

购买汽车时看重的因素（选五项）*	人数	百分比	个案百分比
品牌声誉好	851	11.00	55.00
品牌个性突出	114	1.50	7.40
品牌历史悠久	199	2.60	12.90
品牌与身份符合	131	1.70	8.50
经久耐用	718	9.30	46.40
良好的通过性	120	1.60	7.80
强劲的动力	221	2.90	14.30
良好的驾驶操控性	472	6.10	30.50
优美的外观造型	257	3.30	16.60
搭配合理的颜色	37	0.50	2.40
做工精细程度	102	1.30	6.60
配置水平	183	2.40	11.80
工艺较为先进	52	0.70	3.40
内饰配置精美	26	0.30	1.70
车辆空间宽敞	134	1.70	8.70
品牌有责任心	133	1.70	8.60
提车时间长短	6	0.10	0.40
实惠的价格	572	7.40	37.00
燃油经济性	578	7.50	37.30
发动机排放量	223	2.90	14.40
故障率低	469	6.10	30.30
驾驶舒适	349	4.50	22.50
环保特性（低排放、可回收）	195	2.50	12.60
安全性能突出	574	7.40	37.10
维修保养经济性	147	1.90	9.50
售后服务好	459	5.90	29.70
维修方便	150	1.90	9.70
易于保养	119	1.50	7.70
经销商的实力强	11	0.10	0.70
智能科技的配备	50	0.60	3.20
保值性能（转卖残值高）	48	0.60	3.10
车身大小	38	0.50	2.50
其他	2	0.00	0.10
总　　计	7740	100.00	500.00

* 此题为多选。

七 影响汽车消费的其他因素

图 3 显示无车家庭是否会因为高油价而推迟或放弃购买汽车，其中 5% 的被调查者表示会放弃购买，30% 的被调查者表示会推迟购买，而剩余 65% 的人选择了没打算推迟或放弃，仍按原计划购买。

图 4 显示的是无车家庭是否会因为购车成本高或停车不方便决定不买车而改为租车，3% 的被调查者表示肯定会，29% 的人选择了可能会，而 51% 的被调查者选择了可能不会，剩下的 17% 选择了肯定不会。

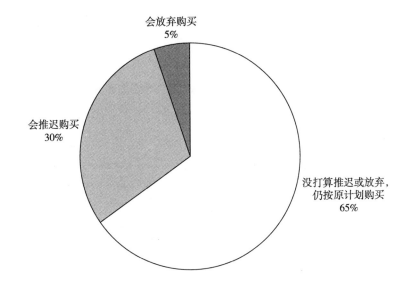

图 3 因油价高推迟或取消购车计划的比例

调查结果显示，无车者因环境污染而考虑购买清洁能源车的比例为 69%，肯定会的占 21%，这一比例要高于 2011 年的数据（67% 选择可能会，11% 选择一定会），而选择可能不会的占 8.8%，肯定不会的比例为 0.8%。

在问到是否会将汽车企业的社会怎方面的表现作为购买时的考虑因素时，19% 的人表示有很大影响，59% 的人表示有点影响，22% 的人会想到这一点，但是不会作为购车的考虑因素。

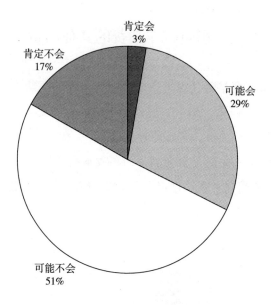

图4　因购车、停车成本高而改为租车的比例

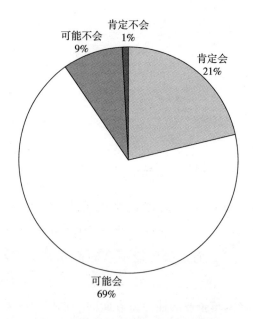

图5　愿意购买清洁能源汽车的比例

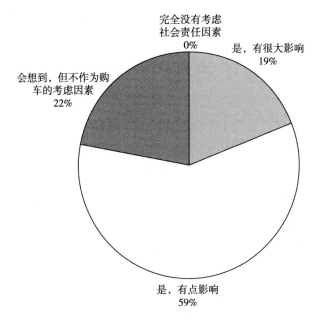

图6　购买汽车时考虑汽车企业履行社会责任表现的比例

Survey Report on Development of Auto Society of 2012 in China: Consume

Quan Jing

Abstract: Respondents had a plan to buy a car in a year, two years, or five years are much higher than in 2011, only 2.8% of people who never intend to buy a car, and in 2011 this proportion was 11.1%. Higher monthly family income, the higher the car purchase intent. For the family monthly income is more than 10000 yuan, the percentages of planning to buy a car in one year are between 36.1% to 47.7%. The proportion of families that have a plan to change a new car in five years was 53.7%, this proportion is 31% in 2011. More than half of the families have the strength of the economy to buy a car. The survey shows that average family expected car prices is 151700 yuan, is higher than in 2011.

Key Words: Purchase intention; Strength of the economy; Target price

B.6

中国汽车社会文明现状与对策探讨

中国汽车社会研究网 *

摘　要：

中国已经跨入汽车社会的门槛，但是驾驶者的汽车文明意识还停留在"后觉醒"时代。一系列的不文明交通行为反映出驾驶者的不健康驾驶心态，也折射出当前社会汽车文明的缺乏。导致目前汽车文明缺乏的主要原因有：我国城市化与机动化的不同步带来的观念滞后；从众心理下的"破窗效应"；中国人落后的汽车意识和观念；驾驶者"重内而轻外"导致的公共道德意识的缺失。要建立更健康有序的汽车文明，必须要有文明的驾驶者，人性化的交通政策以及严厉的法律执行。

关键词：

汽车社会　汽车文明　"后觉醒"时代　中国式过马路

一　汽车社会带来的文明挑战

汽车社会（Auto Society）是工业社会和经济发展到一定阶段，特别是轿车大规模进入家庭后出现的一种社会现象。20世纪60～70年代以来，日本进入汽车普及年代后，发生了大量不同于以往时代的现象，人际关系急剧变化，社会节奏明显加快，日本专家将这种汽车普及带来的新的社会形态命名为汽车社会。在汽车社会里，汽车不仅仅是一种交通工具，更是社会的组成部分，是人的社会属性的扩展和精神活动的延伸。

---

* 中国汽车社会研究网（Research Network of Chinese Auto Society，RNCAS；www. casrn. com）隶属于中国社会科学院社会学研究所，是中国汽车社会研究协作机构。

从发展趋势看，汽车正快速进入中国城镇地区，驶向汽车社会的城市梯队已经形成。对于一只脚已经迈入汽车社会的中国城市，我们看到的却往往是某种现代性带来的矛盾。一方面，汽车突破了距离对人类的限制，改变了生产生活方式、社会结构和社会关系，被视为自由生活的象征；另一方面，汽车数量增长所带来的拥堵、能耗、环境、安全等问题，也被看作是"都市病"的典型征兆。

经过改革开放以来的加快建设，我国的公路基础设施，无论在数量上，还是在质量上，不仅不输给西方发达国家，某些方面甚至达到了世界先进水平。在硬件设施上我们上去了，可从现实情况看，我国的人均汽车拥有量远低于发达国家，但城市交通拥堵状况比国外严重，交通事故也比国外多。

在拥堵和交通事故背后有车辆增长迅速的原因，也有很多人抱怨的相关政策问题及相关部门的管理缺陷。然而，很多交通事故的发生往往都是直接源于不文明的驾驶习惯。凭借庞大消费群体而跨入汽车大国门槛的中国，也正经历一场由于机动车数量激增、用车不文明导致的群体性"癫狂"。

第一次站在汽车社会门前的中国人，通常看到的是这番景象：十字路口，汽车、行人无视交通信号灯，我行我素，红绿灯的警示作用成了"仅供参考"；交通要道，各种车辆胡乱横行，无提示的随意并线串道，导致事故频发；在环路出入口，众多车辆竞相"加塞"，挤作一团，无法按顺序进出；在胡同小路，车辆沿街随意停放，双向车道变成了单行道，道路上停满车辆，四车道变成双车道……

据了解，交通拥堵有 1/3 来自不文明行车。有关部门测算，北京市每天因堵车造成的社会成本达 4000 万元，相当于每年损失 146 亿元。① 我们可以算一笔账，如果京城所有车主都文明行车，消除这个来源于不文明行车造成 1/3 的拥堵，每年至少可减少损失数十亿元。不文明行车不仅造成交通拥堵，也是交通事故的罪魁祸首。2009 年 7 月 28 日发生在北京东五环的重大交通事故便是由于不文明的行车行为所引起的，最终造成 7 死 1 重伤、3 辆车毁损的全国少见的恶性交通事故。

---

① 数据来源：中国社科院数量经济与技术经济研究所。

比拥堵和事故更令人关注的是，校车事件、出租车拒载，以及打砸日系车等由汽车引发的问题成为社会争论的焦点，这表明社会的法律、道德、文化在汽车社会的现实面前还显得准备不足。

（一）校车事件

2011年11月甘肃校车事件中，21人遇难，43人受伤；2011年12月12日，江苏首羡镇校车事件中造成车内23名学生伤亡；2011年12月12日，广东省佛山市顺德事件中，一辆载有59名学生的校巴被一辆货车拦腰撞上，车上37名学生需要入院治疗。校车问题引起社会的广泛关注，孩子上学放学的接送问题让家长忧心忡忡。在《中国汽车社会蓝皮书》编委会2012年与中国汽车社会研究网联合对中国10城市市民开展的调研中，① 对于校车接送孩子上下学赞成的观点仍占主流，82.8%的城市居民赞成校车接送孩子上下学。

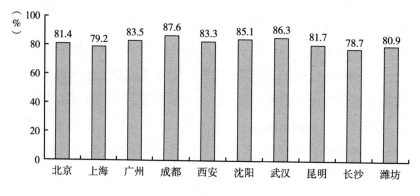

图1　赞成校车接送孩子的居民比例

（二）钓鱼岛事件与打砸日系车

2012年9月，因钓鱼岛事件北京、济南、青岛、广州、深圳、太原、杭

① 调查由"中国汽车社会蓝皮书课题组"与中国汽车社会研究网联合开展，采用了针对网民随机抽样的网络调查方法，调查共覆盖北京、上海、广州、成都、西安、沈阳、武汉、昆明、长沙、潍坊10个城市18~60岁被访者，获得成功样本2091个，后文未标明出处的数据图表均来源于此次调研。

州等 10 多个城市均有规模不一的群众聚集、游行，高喊抵制日货的口号，长沙、广州、西安、深圳等城市部分人以抗日、爱国的名义砸毁了街上近百辆普通市民的日系车，一时间日系车主人人自危，虽然事后砸毁日系车的犯罪分子已被依法逮捕，但仍然让人心有余悸，现在有 15.5% 的城市居民表示仍可能购买日系车。

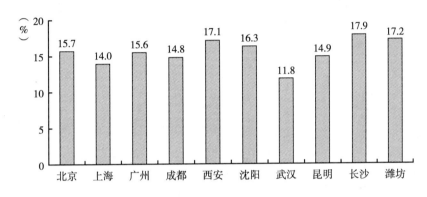

图 2　仍可能购买日系车的居民比例

（三）打车难，出租车拒载

出租车作为公众交通系统的一部分，自 1978 年在广州正式运营至今，行业规范和运营模式经历了多次改革。同时，各城市的出租车数量也大幅增加。然而，时至今日，许多人发现，出租车不那么好打了。早在 2004 年 11 月，国务院办公厅就发布过《关于进一步规范出租车行业管理有关问题的通知》，对价格调节机制、非法运营等各种现象作出了规定和要求，随后，各部委、各省市的相关规定也陆续发布。不过，这些规章制度似乎对行业的规范作用并不大。打车难、打车乱、打车贵，几乎成为人们的共识。[1]

另外，出租车安全也很引人关注，除了深夜乘车的安全问题，大多数出租车司机每天都是长时间开车，疲劳驾驶也容易引起交通事故。

---

[1]　资料来源：搜狐新闻，《全国多地出租车打车难乱贵　数量管制致产业畸形》，《扬子晚报》2011 年 10 月 5 日。

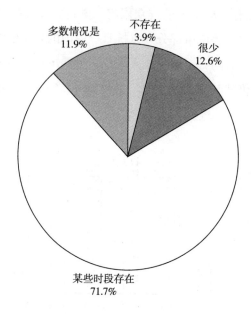

图3　打车困难情况

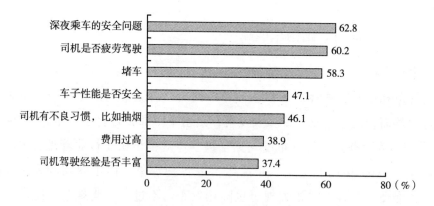

图4　城市居民对搭乘出租车的顾虑

　　从以上事件可以看到，汽车带给人们的烦恼也远超出车与道路、车与能源、车与环境这三对基本矛盾，而扩展到汽车与社会、汽车与人的深层次矛盾之中。目前中国人的汽车文明意识还停留在一个"后觉醒时代"，只有当发生了严重的后果时，人们才会开始关注自己身上那些不文明的驾驶行为和习惯。

二 当今社会的各种不文明驾驶行为

本次调查中,我们针对不同城市的市民询问其认为最不文明的 5 类行为,表1是各种不文明行为中排名前 20 的不良行为。从表中数据可以看出,市民反映最强烈的不文明行为是向车窗外扔垃圾、吐痰的行为。我们经常可以看到公路上散落着矿泉水瓶、食品袋、废纸等五颜六色的垃圾,左侧隔离带已经堆出一条"垃圾防护带",行车不文明之普遍,令人触目惊心。垃圾随手扔出车窗,垃圾破坏的不仅是环境,往往还会直接威胁到交通安全——当前车速度快起来,风卷纸飞,万一恰好遮住后面车辆的前挡风玻璃,危险即时发生。这一扔,扔掉的不是垃圾,而是驾驶者和乘坐者的公共素养、文明素质。

表1 中国 10 大城市不文明交通行为 TOP20

单位:%

排序	不文明行为	比例	排序	不文明行为	比例
1	向车窗外扔垃圾,吐痰	62.5	11	不系安全带	16.8
2	在雨中开快车水溅行人	36.9	12	超载	16.0
3	遇堵车不排队,乱钻乱挤,逆向超车	36.1	13	乱停车	15.1
			14	乱鸣笛	14.1
4	与行人抢道	32.3	15	停车占两车位/不入位/离侧车太近	12.7
5	随意变道、插队	26.4			
6	开车打电话	23.3	16	拐弯、并线不打转向灯	12.5
7	夜间开车不关闭远光灯	22.0	17	猛踩刹车、猛加油门	12.1
8	住宅区鸣笛	21.9	18	超速行驶	11.2
9	故意遮挡号牌	19.4	19	狭窄出入口互不让车	10.8
10	过斑马线鸣笛/不减速	18.3	20	乱闪大灯	9.1

就像这种抛洒滴漏、开车吐痰行为一样,种种不文明行为不仅是汽车使用者对于他人的漠视和对于规则的无视,更有可能带来危险的后果。在不文明行为中,有13种都被市民认为是严重影响交通安全的危险驾驶行为。如与行人抢道、向车窗外乱扔杂物、夜间开车不关闭远光灯等。

随着全国越来越多的城市进入汽车社会,以往只在一线城市出现的交通问题在二线、三线城市逐渐显现，各种不文明的汽车行为也随之出现。从表 2 中 10 个城市的 5 大不文明交通行为中可以看到，不论是交通更发达的一线城市还是相对不发达的三线城市，困扰市民和驾车者的主要不文明交通行为基本相同。

表 2 中国 10 大城市 5 大不文明交通行为排行榜

排序	北京	上海	广州	成都	西安
1	向车窗外扔垃圾，吐痰	向车窗外扔垃圾，吐痰	向车窗外扔垃圾，吐痰	向车窗外扔垃圾，吐痰	向车窗外扔垃圾，吐痰
2	遇堵车不排队，乱钻乱挤，逆向超车	在雨中开快车水溅行人	遇堵车不排队，乱钻乱挤，逆向超车	与行人抢道	遇堵车不排队，乱钻乱挤，逆向超车
3	在雨中开快车水溅行人	遇堵车不排队，乱钻乱挤，逆向超车	与行人抢道	遇堵车不排队，乱钻乱挤，逆向超车	在雨中开快车水溅行人
4	与行人抢道	与行人抢道	在雨中开快车水溅行人	在雨中开快车水溅行人	与行人抢道
5	随意变道、插队	随意变道、插队	开车打电话	超载	随意变道、插队

排序	沈阳	武汉	昆明	长沙	潍坊
1	向车窗外扔垃圾，吐痰	向车窗外扔垃圾，吐痰	向车窗外扔垃圾，吐痰	向车窗外扔垃圾，吐痰	向车窗外扔垃圾，吐痰
2	在雨中开快车水溅行人	在雨中开快车水溅行人	遇堵车不排队，乱钻乱挤，逆向超车	遇堵车不排队，乱钻乱挤，逆向超车	在雨中开快车水溅行人
3	与行人抢道	遇堵车不排队，乱钻乱挤，逆向超车	在雨中开快车水溅行人	随意变道、插队	故意遮挡号牌
4	住宅区鸣笛	随意变道、插队	与行人抢道	在雨中开快车水溅行人	遇堵车不排队，乱钻乱挤，逆向超车
5	遇堵车不排队，乱钻乱挤，逆向超车	与行人抢道	夜间开车不关闭远光灯	夜间开车不关闭远光灯	与行人抢道

在我们对 10 个城市的居民汽车行为调研中，我们还询问了市民对与自己所在城市的汽车文明程度的评价。从城市级别来看，三线城市的市民对于所在城市的汽车文明程度评价相对最高，一线城市居第二位，二线城市市民对自己所在城市的汽车文明程度评价最低。三线城市由于汽车社会发展相对落后，交

通拥堵还不是非常严重，人们对于交通不文明行为也没有那么敏感，因此对自己所在城市的汽车文明程度评价相对较高。一线城市虽然交通拥堵更为严重，但是驾驶者素质相对较高，交通设施和规范也相对健全，所以评价也不是最差。倒是二线城市，汽车保有量猛增，但是交通设施和条件与汽车社会的发展有一定差距，驾驶者的不文明行为在这种背景下就显得更为醒目和突出，所以导致一些二线城市市民对自己所在城市的交通状况并不是很满意。

表3   中国 10 大城市汽车文明程度评估

排名	城市	index	排名	城市	index
1	潍坊	102.2	6	北京	100.2
2	成都	101.9	7	广州	99.6
3	上海	101.4	8	长沙	99.6
4	沈阳	100.8	9	西安	99.2
5	昆明	100.8	10	武汉	94.3

三　不文明行为背后的交通参与者的心态

一个发达的汽车文明主要是由人的优良素质构成的，汽车文明对驾驶员的驾驶技能和品德素质提出了更高的要求。我们从观察到的一些有代表性的交通现象背后也可以一窥当代社会交通参与者的心态。

（一）心态一：车让人还是人让车——开车者与行人的对立

"行人优先"在法律中早有规定，《道路交通安全法》第四十七条规定，机动车行经人行横道时，应当减速行驶；遇行人正在通过人行横道，应当停车让行；机动车行经没有交通信号的道路时，遇行人横过道路，应当避让。发达国家汽车社会里遵循的"行人第一，自行车第二，汽车最后"的道路原则，在中国恰好相反。杭州"富二代"斑马线撞伤行人，河北李启铭大学校园内撞死女生，北京长安街英菲尼迪车主撞死一家两口……恶性事件频发。血的代价无比沉重。占有全球汽车保有量的 2% ~ 3% 的中国，年事故死亡人数却占

世界交通事故死亡人数的 20%。中国不仅是年产销汽车量最多的国家，还是世界上道路交通事故最为严重、死亡人数最多的国家。有车人与无车人之间的矛盾，史无前例地激化且不可调和。为避免路面上的"弱势"，越来越多的人扔掉自行车，选择加入这场"疯狂的游戏"。

（二）心态二："有车族"变"路怒族"——以暴制暴

随着"有车族"的规模日益壮大，因开车而诱发情绪问题的人越来越多，这类人被称为"路怒族"。也许是在马路上受了委屈的人都需要发泄，或者"不文明"的行为可以传染。很多本来是个性情随和的人，但当面对路上不遵守秩序的人时，总是无法抑制内心的不快。如今，"路怒族"们似乎陷入了一场永无休止的恶性循环之中。看到乱"插队"要怒；看到刺眼的疝气灯要怒；看到快速超车要怒；看到突然变道要怒；看到"新手上路"也要怒。于是无法心平气和的有车一族剩下的想法就只有一个——以暴制暴。现代社会普遍工作压力较大，许多人贷款买房买车，身负经济重担，身体和情绪都比较疲惫。如果开车时的"掌控成就感"遭到破坏，如遇到红灯、堵车、行人违规或车辆剐蹭等，人就会产生反攻心理，容易情绪爆发，甚至通过骂粗口、打人、毁物来宣泄心中的愤怒。

（三）心态三："中国式过马路"——交通引发的尴尬

2012 年 10 月，网友"这个绝对有意思"发微博称，"中国式过马路，就是凑够一撮人就可以走了，和红绿灯无关"。当天这条微博被近 10 万名网友转发。"中国式过马路"迅速成为网络搜索高频词汇和媒体关注热点。随后，"中国式开车""中国式接孩子""中国式治堵""中国式造城"等脱胎于"中国式过马路"的词语也迅速流行，"中国式"交通尴尬引发舆论关注。这一问题背后除了与民众交通安全素养有关之外，不少城市交通规划缺乏科学性，管理不够精细化，尤其是人性化的城市公共服务理念缺位是重要原因。"中国式过马路"涉及的交通灯设计，"中国式开车"涉及的道路设计及"中国式接孩子"中公共设施的缺失，从规划技术角度出发来看，属于科学性尚不细致、不周到。

四 汽车文明缺失的原因

何以如此？经济学家梁小民先生道出了原因，他在为《汽车社会》一书所作的序言中写到，"到了欧洲才知道，汽车多少无关紧要，关键是有没有汽车文明"。他进而指出，几乎每个人都有一个汽车梦，但关注汽车文明的人远比想实现汽车梦的人少得多。如果每个人都不关心汽车文明，汽车梦的实现就将是一场灾难，个人的非理性行为将会导致社会的非理性状态。

由此来看，导致目前各种不文明的驾驶行为的根本原因还是伴随着我国城市快速迈向汽车社会，汽车文明却迟迟没有建立起来。具体原因主要有如下几点。

一是社会快速发展带来的观念滞后。美国、德国的城市都是先完成了城市化过程，而后才是机动化过程，这个过程经历了比较长的时间。我国所面临的问题是城市化进程还没有完成的时候，机动化就已来临。这使得一些人在买车、用车的认识上处于一个"滞后"的状态。国人经历了骑自行车阶段，也习惯了任意穿行、灵活多变的交通形态，因此导致了大量违章停车、随意乱穿、不各行其道，其后果是交通秩序混乱、事故频发。在"机动化快过城市化"的大背景下，这种观念滞后带来的影响会越来越广泛。

二是从众之下的"破窗效应"。美国政治学家威尔逊和犯罪学家凯琳提出的"破窗效应"理论认为：如果有人打坏了一幢建筑物的窗户玻璃，而这扇窗户又得不到及时的维修，别人就可能受到某些示范性的纵容去打烂更多的窗户。久而久之，这些破窗户就给人造成一种无序的感觉，结果在这种公众麻木不仁的氛围中，犯罪就会滋生、猖獗。目前中国正处在社会转型过程中，很多规则还未建立或是无法得到贯彻执行，人们的行为往往更易受到其他人和环境的影响。在一个很干净的地方，人们会很不好意思扔垃圾，但是一旦地上有垃圾出现，人们就会（产生从众心理）毫不犹豫地随地乱扔垃圾，丝毫不觉得羞愧，这就是"破窗理论"的表现。

三是国人的落后的汽车观念。在成熟汽车社会中，汽车只是服务于人的代步工具，而不是用来炫耀身份展示价值的物品。在中国人的"汽车意识"里，还没有将汽车当成普通的代步工具，这也就导致在中国"汽车经济"快速发展的时候，人们的"汽车文明"似乎还远未到来。一方面中国消费者在选择汽车时会追求大排量，大规格。另一方面，很多驾驶者有一种先天的优越感和好胜心。马路就是战场，必须分个胜负。我们期待有一天汽车从地位和速度的宝座上退位，重归其交通代步工具的本位，真正在全社会树立起正确的汽车观念与汽车文化。

2012 年年初，温州一辆雅阁车与劳斯莱斯相撞，雅阁车头变形、保险杠脱落，劳斯莱斯车轮毂有点破损、右侧车门剐花，该车从购车到上路，一共花了 1200 万元左右，初步估计雅阁车主大概需要赔偿 200 万元，虽然最后核实为 35 万元赔偿金，但是在社会上还是引起了一阵热议，"豪车屁股摸不得"更成为一时的网络热词。在我们的调查中，60.1% 的城市居民表示听说过此事件，并且在行车过程中会刻意躲避豪车。

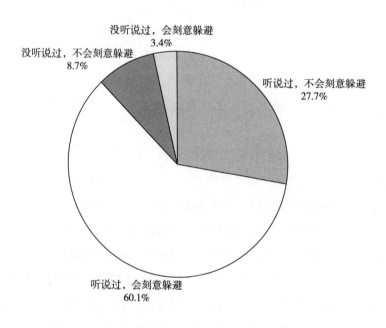

图 5　车主对天价劳斯莱斯事件的态度

四是"重内不重外"的公共意识缺乏。这种公共意识的缺乏表现在两个方面。一方面，驾驶者都认为车是自己的，不能不整洁，车外是大家的，可以脏乱差。所以产生了各种抛洒滴漏、开车吐痰的不良行为。另一方面，中国的汽车消费者往往重视汽车的安全配置和各种被动安全设置，但是却忽略了自己的主动安全驾驶行为。驾驶者的公共意识和觉悟是体现汽车文明程度的主要标志。图一时之快，或图一己之便，将汽车文明甩出车外，说到底还是公共意识的缺乏和薄弱。

五　建设汽车文明的三大要素

汽车文明作为一个综合价值体系，不仅包括行车文明、买车文明、用车文明，还包括实现高效有序的交通管理、公平合理的路权分配、推己及人的文明意识、克制谦让的驾车习惯等，这些都是汽车社会交通文明的应有内容。

因此，建设汽车文明，应该软硬兼施，从三个方面着手。首先是从驾驶者的汽车文明素质入手，其次是回归人本，回归民本，建立人性化的交通规划和规范。再次是完善相关的制度和法规，对违反者进行严厉的制裁。简而言之，笔者认为成熟的汽车文明需要以下三个要素：文明的驾驶者、人性化的交规、严厉的法律。

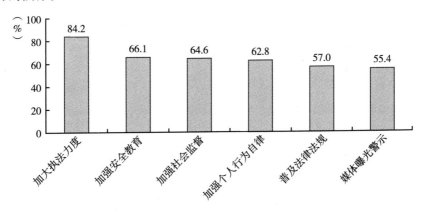

图6　整治不文明驾车行为/危险交通行为最有效的措施

（一）文明的驾驶者

在古代中国，我们的祖先便强调驾车时要有文明修养。周时驾车有"五驭"，相当于今日的"文明驾车规范"。《礼记·曲礼》也有"入国不驰，入里必式""国中以策彗恤勿驱，尘不出轨"的要求，这与现代的交通文明中，要求驾车要避让行人，土路不开快车，过胡同、街巷、村落，减慢速度等都是一脉相传的。在当今社会，要加强驾驶者的汽车文明水平，需从以下三点出发。

首先是强化教育培训提高驾驶人进入门槛。一是完善交通安全宣传教育培训机制。二是对驾校学员要严格把关。三是对驾驶人的再教育常态化。

其次要充分发挥社会舆论的优势，积极利用有效的评价载体，通过赞扬、褒奖或批评、谴责的方式，大力开展"文明汽车"评价活动，形成"行车有序、停车有律"的文明交通环境。一方面开展"最令人感动的驾驶人"等类似活动，带动全社会驾驶文明水平的提高，使遵守交通法规成为良好的社会风尚；另一方面利用网络、报刊、广播等宣传媒介，把随意停车、乱闯红灯、乱鸣喇叭等交通陋习置于社会舆论强有力的监督之下。

此外还应建立相关评价机制。可参照汽车发达国家的做法，建立公民个人信用记录系统，将"文明驾车"记录系统作为子系统，纳入公民个人信用记录主系统，使驾驶人自觉树立相互礼让的文明交通意识。如德国不仅将交通违法计入个人诚信档案，保险公司也会根据驾驶员和车主的违法记录调整相关保险费率。

最后，笔者认为，汽车企业也应该担负起更多的社会责任。目前的汽车企业在宣传品牌时往往过分地强调速度、身份这样的概念，而对安全、规范、公共道德等议题很少涉及。这样汽车消费者在拥有自己的汽车时，往往更看重的是自我的享受和优越感，忽视了他人和公共道德。汽车企业在销售汽车的同时也应该担负起更多的社会责任，培养消费者安全文明的驾驶习惯，帮助消费者建立健康正面的汽车观念。

（二）人性化的政策和规划

在谈到交通秩序时，常有人说，中国人素质不高，交通文明意识较差。我们当然不否认确实存在着一些无视交通规则的现象及不文明的交通消费行为。

但在这种现象的背后，我们是否意识到许多不合理的路网设计，以及政府管理部门的决策失误，给广大市民增添了出行成本，人为制造出一些本可避免的交通障碍，从而导致部分违规现象的出现呢？与汽车的迅猛增长相比，目前政府对汽车管理仍然存在简单化的思维，短期应急处理的方式居多。车多了要修路，当修路的速度满足不了汽车增长的速度，就依靠限行、车牌拍卖来进行限制，是当前中国大多数城市习惯采用的解决方案。汽车社会的管理目标，不是让人不买车、不开车，而是从人本的角度出发，寻找更公平、更有效率的治本之策，建立起包括普通市民在内的，由各利益集团共同参与、监督的城市交通决策及管理机制。这些问题的解决过程其实是汽车社会更深刻、更全面的文明之所在。

（三）严厉的法律

从之前提到的"破窗效应"中，我们可以得到这样一个道理：任何一种不良现象的存在，都在传递着一种信息，这种信息会导致不良现象的无限扩展，同时必须高度警觉那些看起来是偶然的、个别的、轻微的"过错"，如果对这种行为不闻不问、熟视无睹、反应迟钝或纠正不力，就会纵容更多的人"去打烂更多的窗户玻璃"，就极有可能演变成"千里之堤，溃于蚁穴"的恶果。及时严厉地对不良行为进行制止和处罚，是建立一个健康有序的汽车文明秩序必不可少的环节。

公安部近日修订发布的新版《机动车驾驶证申领和使用规定》，严格驾驶员管理、调整驾驶证考核内容、提高惩戒力度等。新修订的《机动车驾驶证申领和使用规定》最为突出的一个特点，就是对机动车的交通违法行为加大了处罚力度。如扣分项由原来的38项增加到52项，又如对司机闯红灯的行为由罚3分改为罚6分，这意味着闯两次红灯就要重新考本，很多人都惊呼这是"史上最严的交规"。

对于这种从严从重处理车辆交通违法的政策，不少有车族有不同看法，有人觉得靠重罚换不来交通安全，甚至有人觉得这样的处罚力度太重，有"苛政"之嫌。但交通事故的发生，基本都与违章驾驶或驾驶经验差有关，尤其在目前城市机动车保有量爆发式增长、道路交通基础设施跟不上机动车数量增

长的大背景下，抬高驾驶准入门槛与交通违章门槛，对车辆交通违法行为进行从严从重处罚，很有必要。交通法规必须具有震慑力，对汽车驾驶员故意违法必须实行"零容忍"，如果它得到严格执行，将有助于提高交通参与者的文明素质，将中国逐步带入汽车文明新时代。

六　结论与建议

总的来看，庞大的汽车销售量并不是汽车社会成熟的标志，汽车社会的发展必须有与之配套的汽车文明。如果没有汽车文明的引导和约束，汽车社会带来的交通事故、交通拥堵、环境污染等问题，可能如同脱缰野马，驶向文明的反面。一个成熟的汽车社会，不仅要在道路建设、城市规划、油料供应、停车场与服务区建设等方面与之相匹配，更必须植根于道德规范和法律规则所构成的汽车文明的土壤之中。

在汽车社会快速发展的当今中国，建设"汽车文明"不仅仅是个人、家庭的自身安全问题，也是关系社会公共安全、涉及法治建设的时代大课题。车轮上的中国，需要从量变完成质变。只有建立起健康有序的汽车文明，汽车社会才会真正带给我们便利与和谐。当然，这也需要我们每个驾驶者、政府部门、汽车企业，还有我们每一位交通参与者共同努力。

The Situations and Countermeasures on Chinese Auto Social Civilization

Research Network of Chinese Auto Society

Abstract： China has begun to enter the auto society, but drivers' consciousness of auto civilization remains in "The era of hindsight". A series of uncivilized traffic behavior reflect not only the driver's unhealthy mentality of driving, but also reflects the current lack of social civilization of automobiles. The reason that leading to the lack of car civilization mainly has following several points: the motorization is asynchronous with the level of urbanization; psychological effect of "broken window effect"; the lag of auto consciousness and concept in china; the idea of "heavy and light outside" led to the lag of the public moral consciousness. To build up a more healthy and orderly auto civilization, there are 3 points: Civilized driver, humanized transportation policy and strict law.

Key Words: Auto society; Auto civilization; "The era of hindsight"; Chinese style of crossing the road; New traffic regulations

汽车社会发展现状

Development of Auto Society

B.7

困惑与出路：2012 年
中国十大热点汽车话题

中国汽车社会研究网 *

摘　要：

　　随着中国进入汽车社会，关于汽车的热点话题越来越多地引起人们的关注和讨论。在过去的 2012 年中，油价、汽车降价、校车安全、新能源汽车、汽车限行限购等话题成为人们最关注的十大热点话题。透过这些话题，我们可以看到市场因素和政策因素对中国汽车社会的影响，而互联网新媒体尤其是社交网络的出现使得这些热点话题的传播出现巨大的变化。

关键词：

　　十大汽车话题　油价　校车安全　尾号限行　摇号购车　社交网络

---

* 中国汽车社会研究网（Research Network of Chinese Auto Society，RNCAS；www. casrn. com）隶属于中国社会科学院社会学研究所，是中国汽车社会研究协作机构。

伴随着中国逐渐进入汽车社会，汽车开始成为人们日常生活中非常重要的组成部分。各种与汽车相关的话题也随之而来，汽车与道路、环境和能源相关的各种矛盾，如行车难、停车难、阴霾天数增加、汽油供应紧张等现象在全国各大中城市蔓延。

　　汽车与社会的话题也开始逐渐超出车与道路、车与能源、车与环境这些基础议题，汽车与社会阶层、汽车与车主身份、汽车与城市建设及管理的诸多矛盾成为新的社会热点。油价的起起落落总会牵动着广大有车一族的神经；关于上海是否应该限制上牌量，北京是否应该限行的争论从未停止；校车安全让人们严重关切交通安全对下一代的影响；还有日本"购买"钓鱼岛引起的砸车事件以及新交规的出台等，很多与汽车相关的事件已经成为超越一个城市或汽车领域的话题。在《中国汽车社会蓝皮书》课题组与中国汽车社会研究网于2012 年开展的以汽车文明为主题的线上调查中，同时也梳理出了 2012 年大家最感兴趣的十大热点汽车话题。① 透过这十大热点话题，我们可以看到中国社会在进入汽车时代后所面临的困惑以及寻找出路的各种努力。

表 1

单位：%

感兴趣的话题		最感兴趣的话题*	
油价	65.2	油价	39.9
汽车降价信息	63.0	汽车降价信息	35.8
校车安全问题	58.1	校车安全问题	23.7
钓鱼岛事件对日系车的砸/烧行为	47.8	新能源汽车发展	18.6
新能源汽车发展	47.4	城市汽车限行政策	15.9
交通规则变化	43.1	交通规则变化	14.6
车展	43.0	钓鱼岛事件对日系车的砸/烧行为	14.5
城市汽车限行政策	41.1	车展	10.5
明星酒驾	41.0	购车摇号、拍卖车牌	10.1
豪车撞人	39.4	汽车节能减排标准	7.8

＊被访者回答最感兴趣的话题时限选三项。

---

① 十大热点汽车话题是根据本次调查中被访者最感兴趣的汽车相关话题排名得出，调查由《中国汽车社会蓝皮书》课题组与中国汽车社会研究网联合发起，采用网络调查的方法，共覆盖了北京、上海、广州、成都、西安、沈阳、武汉、昆明、长沙、潍坊 10 个城市的 18～60 岁的 2091 名被访者，本文所有的数据都取自于该次调查，文中不再交代。

话题一：油价上涨

表2

时 间	成品油价格调整情况
2012 年 11 月 16 日	汽、柴油分别降低 310 元/吨和 300 元/吨，大约每升分别降低 0.23 元和 0.26 元。
2012 年 9 月 11 日	汽、柴油分别上调 550 元/吨和 540 元/吨，大约每升分别提高 0.41 元和 0.46 元。
2012 年 8 月 10 日	汽、柴油分别上调 390 元/吨和 370 元/吨，大约每升分别提高 0.29 元和 0.32 元。
2012 年 7 月 11 日	汽、柴油分别降低 420 元/吨和 400 元/吨。
2012 年 6 月 9 日	汽、柴油分别降低 530 元/吨和 510 元/吨，大约每升分别降低 0.39 元和 0.44 元。
2012 年 5 月 10 日	汽、柴油分别降低 330 元/吨和 310 元/吨，大约每升分别降低 0.24 元和 0.26 元。
2012 年 3 月 20 日	汽、柴油均上调 600 元/吨，大约每升分别提高 0.44 元和 0.51 元。
2012 年 2 月 8 日	汽、柴油均上调 300 元/吨，大约每升分别提高 0.22 元和 0.26 元。

从表1可以看到，2012年国内成品油调价呈现"四涨四跌"的格局。随着中国逐渐进入汽车社会，油价的每次调整不仅牵动着有车一族敏感的价格神经，也会成为社会讨论的热点话题。对于百姓的日常生活来说，油价飙升带来的影响有直接的，有间接的，而大多数影响目前不但会改变人们的生活方式，而且在某种程度上还会降低生活水平。从调研数据来看，城市级别越低，对于油价的话题关注度越高。1960年之前出生的年龄稍大的群体对于油价的关注度也较其他年龄段更高。

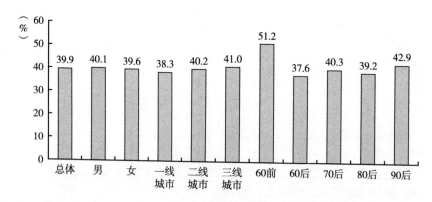

图1 话题关注度——油价上涨

话题二：汽车降价

在遭遇了消费者购买力持续下降、利好政策未出台以及中日关系紧张等一系列事件影响后，国内汽车市场在"金九银十"这个传统销售旺季里的表现并不理想。这种情况下，价格因素持续扮演着企业面对市场困境时的"杀手锏"角色。现在，年关将至，为了冲刺全年的销量目标，进一步降价已经成为近期国内汽车市场的"主旋律"。

据国家发改委价格监测中心对全国 36 个大中城市的监测报告显示，2012 年 9 月，国产乘用车销售价格继续下降，环比下滑 0.1%，而同比下滑达 1.2%。这已是自 5 月份以来，国产乘用车销售价格连续第 5 个月出现环比下降。与往年相比，2012 年国产车价调整周期由 8 个月缩短为 3 个月，汽车厂家不再等到年底销售压力增大时降价，而是以季度为单位进行价格调整。上半年富康、赛欧、吉利、红旗等品牌都在半年内连降两次。

消费者对于汽车降价的关注背后一方面是汽车消费群体的日益扩大，尤其是年轻的"80 后""90 后"进入汽车消费群体。从下图可以看到，"80 后""90 后"对汽车价格的关注度要高于高年龄段群体。另一方面，消费者对产品选择也在日益理性化。购车者不但价格货比三家，而且参照北美、欧洲车市的各种品牌报价，比较不同品牌车型的合理价格比。一些价格居高不下或者新车价格虚高的厂家，在市场的压力下不得不降低产品价格。

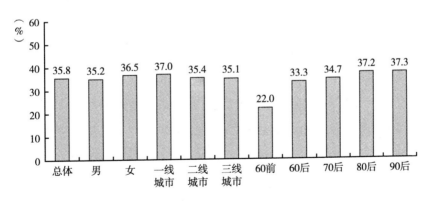

图 2 话题关注度——汽车价格

话题三：校车安全

2011 年 11 月 16 日，甘肃庆阳，一辆核载 9 人实载 64 人的幼儿园校车发生事故，至 17 日已造成 21 人死亡，43 人受伤。校车安全开始引起社会的广泛讨论。这也直接导致了4月5日国务院颁布《校车安全管理条例》，新闻媒体的持续报道使得校车安全成为2012年的热词之一。热议过后，人们仍然对校车安全保持一定的关注。在本次调研中，23.7%的被访者仍然非常关注校车安全问题。三线城市的市民相对而言更加关注这一话题，这也许是因为三线城市相对较差的校车安全条件和混乱的交通状况。从人群来看，"60前"的中老年群体最为关注校车安全问题。这个人群的孙辈大多正处在校车安全影响的人群之中，导致他们的关注度更高。

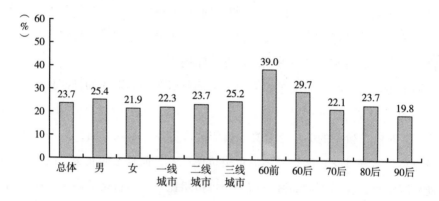

图3 话题关注度——校车安全

话题四：新能源汽车

在石油资源紧张、油价高涨、城市环境日渐恶化的情况下，新能源汽车开始被越来越多地提及。2012年3月，财政部、国税局、工信部联合印发《节约能源使用新能源车船税政策的通知》，对节约能源的车船，减半征收车船税，对使用新能源的车船，免征车船税。2012年4月通过的《节能与新能源汽车产业发展规划（2012～2020年）》中提出，争取到2015年，纯电动汽车和插电式混合动力汽车累计产销量达到50万辆，到2020年超过500万辆。政府的政策推动了产业的快速发展，也提高了社会对新能源汽车的关注度。

如今国内自主厂商也开始试水纯电动汽车，不少自主品牌已经有纯电动车型推出市场，但是消费者在关注这一话题时，更多地还是保持一种观望状态。毕竟总的来说目前相关的基础设施建设还不够好，买了电动汽车，没法充电，这让更多消费者最后还是选择了传统能源汽车。

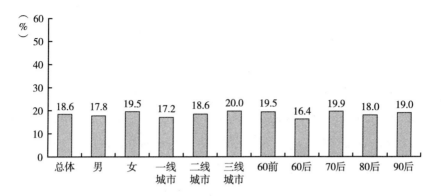

图 4　话题关注度——新能源汽车

话题五：城市汽车限行政策

随着城市交通拥堵的加剧，一线城市普遍出台一系列的措施来缓解交通压力。其中最引起大家关注的措施便是城区的限行政策。北京市于 2007 年 8 月 17～20 日，第一次实行机动车尾号限行，成为国内第一个采取尾号限行治理交通拥堵的城市。此后南昌、兰州、长春、杭州、贵阳、成都等城市，也先后实施过尾号限行措施。城市汽车限行政策成了各大城市的常态。对于城市限行政策也不仅仅是一线城市市民的关注话题，从下表数据可以发现，一线城市市民对该话题的关注度依然相对最高，但是本次调查的二、三线城市居民关注这一话题的市民也大有人在。"90 后"群体对这一话题的关注度在各个年龄段中最高。

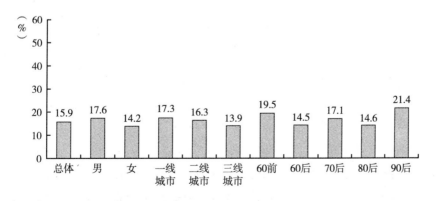

图 5　话题关注度——城市汽车限行政策

话题六：交通规则的变化

2012年10月，不管有车没车、开不开车，很多人都在热议一个话题——公安部10月8日公布的最新修订的《机动车驾驶证申领和使用规定》（以下简称新交规）。闯红灯一次扣6分，不按规定避让校车一次扣6分，故意遮挡车牌一次扣12分……新交规的出台引发广泛议论，感叹规定之严格。尤其是在以往交通秩序相对混乱的二、三线城市，市民面对如此严厉的交规，自然会更多地关注新交规给自己交通出行带来的影响。

这一次交规调整是在中国日益严重的交通拥堵和安全问题背景下提出的。在中国二线乃至部分三线城市，交通拥堵已经成为困扰人们出行的一大难题，更不用说"北上广"这些一线城市的交通窘状。随着车市的发展，道路资源的建设已远远难以满足日益增长的车流，然而比车流增长更可怕的是中国的道路秩序。交规仅仅是中国道路秩序重塑的第一步，正所谓乱世用重典，而只有当全社会的交通参与者都能自觉约束自己的行为时，中国的道路秩序才会真正改观。

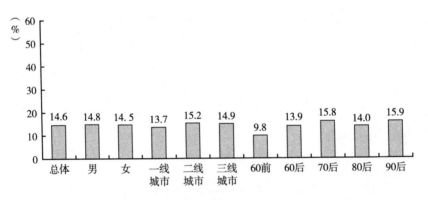

图6　话题关注度——交通规则的变化

话题七：钓鱼岛事件对日系车的砸/烧行为

2012年9月，随着钓鱼岛事件的不断升温，中国民间的反日情绪再次被点燃，成都、西安、长沙等城市却出现了这样一群"爱国者""爱国行为"和"爱国现象"——一些人或闯入带有"日本元素"的店铺肆虐，或成群结队打着"抵制日货"的旗号，在街头冲砸他人的日系车辆。更有一西安市民被人用 U 形钢锁重击头部，致使颅骨被砸穿，当即倒地昏迷。此后几个月，日系车销量大幅下滑，一落千丈。这一系列的"爱国行为"引起了社会的广泛讨论。有 14.5% 的被访者将此次事件列为自己最为关注的汽车话题之一。从城市级别来看，三线城市被访者的比例最高。从年龄结构上来看，"60 后"的被访者对于事件的关注度最高。

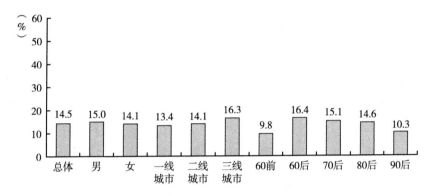

图7 话题关注度——钓鱼岛砸日系车事件

话题八：车展

2012 年，各种车展可谓是你方唱罢我登场，尤其在金九银十的下半年，各地的车展开始扎堆登场。上海、北京达到 A 级，然后广州后来居上。据说重庆、长沙都在办车展。不但是北京、上海和广州这样的大城市，很多二、三线城市也在办车展。中国成为世界上最大的汽车消费市场时，也成了世界上车展最多的国家。层出不穷的车展也吸引了媒体和汽车爱好者的眼球，各大车展不仅赚足了人气，也引起不少话题。从本次调查中可以发现，二线城市的消费者对车展兴趣最大。不仅年轻的"80 后""90 后"群体对于车展有兴趣，购买力雄厚的"60 后"群体对车展也展现出最浓厚的兴趣。

新车的全球首发，概念车代表的未来趋势，车展上的这些汽车元素无疑会吸引大家的目光。不过，当美女车模等汽车之外的话题也越来越多地成为热点，中国的车展也似乎开始有点变味。在车展日益泛滥的今天，中国车展应该告别单一化的车展内容，像世界五大车展那样，打造出自己的品牌和特点。这样也可以引导中国的消费者更多地关注汽车给我们生活带来的改变。

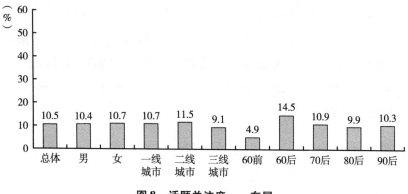

图 8 话题关注度——车展

话题九：购车摇号、拍卖车牌

继北京、上海、贵阳限购之后，7 月，广州正式加入限购行列。8 月 2 日，西安也开始对汽车限购措施征求意见。随着城市道路交通压力的增大，人们对汽车尾气污染问题越来越重视，限购已经成了许多城市的无奈之举。但是无论是北京的摇号购车，还是上海的车牌拍卖，这种行政化的强制限购举措引起了极大争议。一方面，限购令出台后的城市交通状况和空气质量并未出现预期中的改善，另一方面限购令产生的一系列负面效应也让人们开始讨论这项政策的科学性。尤其是在"北上广"三个已经实施限购令的一线城市，人们对于这一话题的关注度明显高于政策宽松的二、三线城市。而限购政策造成影响最大的群体毫无疑问是正准备购买汽车的消费者，"90 后"群体作为汽车消费的最大新生力量，面对限购政策自然也表现出了更多的关注。

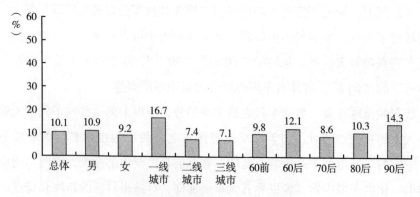

图 9 话题关注度——汽车限购

话题十：汽车节能减排标准

我国面临的能源和环境危机毋庸赘述。2011 年我国已经是全球最大的能源消耗国和二氧化碳排放国；同年我国石油对外依存度已超过 56% 这一警戒线。汽车是能源消耗和二氧化碳排放大户，我国仍处于汽车快速普及期内，随着汽车保有量不断增加，未来我国面对的能源和环境问题将更加突出。正因为局面严峻，节能减排已上升为我国的国家战略，我国政府提出了明确的节能减排目标。汽车业主管部门也制定了相应燃料限值标准，2015 年中国乘用车平均燃料消耗量要降至 6.9 升/百公里，2020 年则要降低到 5.0 升/百公里。

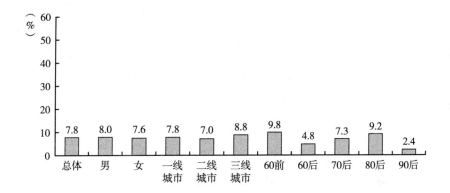

图 10　话题关注度——汽车节能减排标准

综观以上十大话题，我们一方面可以看到发展中的中国汽车社会所面临的各种危机和困惑，另一方面也可以发现整个社会面对解决问题和寻找出路所做的各种尝试和努力。梳理这些热点话题，我们可以发现推动中国汽车社会发展的三个关键词：市场、政策、传播。

关键词一：市场

对于刚刚进入汽车时代的中国人来说，经历这样一个从无到有的汽车化过程，影响最大的还是基础的价格因素。无论是油价的起落，还是汽车价格的走低，关于价格的话题都牵动着国人敏感的价格神经。价格是市场经济最主要的体现，油价的飙升背后是中国日益增长的汽车市场对于能源的巨大需求缺口，而从汽车价格的下跌可看到中国汽车市场日益激烈的竞争和产能过剩带来的库存压力。价格涨跌背后，一方面是汽车消费者日益成熟理性，精打细算；另一

125

方面，也是中国汽车市场在不断变化的市场环境中调整和发展。在中国这样一个发展中的新兴汽车市场，今后一段时间内价格依然会是消费者关注的热点，但是随着市场的日益成熟，人们的关注点无疑将会越来越多元化，未来将会更多地关注个人化的需求和对社会的效益。

关键词二：政策

如果说价格是市场上那只看不见的手，那么政策就是另一只看得见的大手。在中国这样一个政府主导的市场经济体制中，政策无疑永远是讨论的热点。汽车限行限购政策无疑是2012年讨论最多的政策之一，当"北上广"这样的一线城市全面实行汽车限行限购政策之后，很多二、三线城市也开始"蠢蠢欲动"，所有的人都在猜测下一个会是谁。政策出台的背后一方面是日益严峻的交通形势和环境形势的无奈之举，另一方面也考验政策制定者的能力和水平。能否在利弊之间做出最合理的选择，是衡量政策成功与否的标志。各地的限行限购政策的出台还只是一个开始，头痛医头、脚痛医脚之后，还需要从根本上解决问题。如果说汽车限行限购政策是短期内的无奈之举，对于新能源汽车的政策推动和新交规的出台无疑是一个更长期的工程。新能源汽车能够从根本上解决困扰城市的汽车污染问题，而新交规的出台则是从制度上规范汽车驾驶者各种不文明行为的开始。笔者相信对于政策的争议和讨论将会长期持续，而正是这些对于政策的关注和讨论推动着这个社会寻找更好的解决方案。

关键词三：传播

在大众传播时代，话题的传播和扩散离不开媒体的作用。面对越来越复杂的媒体环境，今天的中国汽车消费者又是从哪些媒体渠道获取信息的呢？

从图11的调查数据可以发现，电视节目和广告仍然是最广泛的信息来源。而门户网站为代表的互联网媒体超过了传统的平面媒体，成为人们获取信息的重要媒体渠道。尤其是在一些热点话题的传播方面，互联网媒体往往扮演着极其重要的角色。

在近两年，随着汽车越来越多地进入中国人的生活，对于汽车的关注也越来越多地从经济问题转变成了社会问题。校车安全、钓鱼岛事件中打砸日系车、明星酒家、豪车撞人等一系列由汽车引发的社会议题成了2012年的热点话题。在这些话题的传播和讨论中，互联网媒体尤其是新兴的社交网络往往是

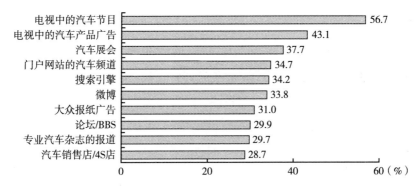

图 11　汽车相关信息获取渠道

话题的发起者和重要的传播者。随着网络社会的发展，未来中国人的汽车生活无疑将与互联网产生密不可分的联系。

Puzzles and Solutions：Top 10 Hot Topics on Auto Society in 2012

Research Network of Chinese Auto Society

Abstract：As china begins to enter the automobile society, more and more people are talking about cars and related topics. In the past 2012, oil price, the car depreciates, school bus safety, new energy vehicles, motor vehicle tail number restricted driving and draw restricted purchase has become the hottest topic that people most concerned. Through this topic, we can see how the market factors and policy factors impact on Chinese auto society, and how the new internet media especially the emergence of the Social Web makes the tremendous change of the propagation of those topics.

Key Words：Top10 topics about auto；Oil price；School bus safety；Tail number restricted driving；Draws restricted purchase；Social web

B.8
中国汽车产业与汽车经济
发展情况（2011～2012）

施凤丹 *

摘　要：

经历了 2009 年和 2010 年井喷式的增长后，2011 年中国汽车市场高位低迷，增速大幅回落；2012 年前三季度有所回暖，逐步理性调整。分车型看，乘用车比重逐年提高，其中 SUV 增幅较大；乘用车市场畅销品牌呈现较大改变；自主品牌受到一定冲击，日系车的市场份额有所回落；而汽车进出口形势开始好转，出口金额和数量再创历史新高。中国汽车产业集中度进一步提高，但是与国际水平相比依然存在较大差距。汽车工业产值和销售产值保持平稳增长态势。汽车拥有量稳步上升，北京摇号限购、上海牌照拍卖等地方政策对其产生较大影响。本文通过大量的数据描述说明了 2011 年和 2012 年前三季度中国汽车产业与汽车经济发展情况，并对其主要特点进行了深入的分析。

关键词：

汽车产销量　自主品牌　产业集中度　汽车拥有量

自 2001 年加入世界贸易组织以来，中国的汽车产业进入了一个崭新的发展阶段。在过去的十年间，从一度低迷到加速提升，从井喷式增长再到调整回归，中国的汽车产业在开放的过程中并未被进口汽车击倒，反而经历了发展最好、速度最快的十年。2011 年，中国汽车产量达到 1841.9 万辆，在全球总产量中的比重高达 23.0%，连续三年位居全球之首。也就是说，目前，世界上

---

* 施凤丹，博士，副研究员，国家统计局统计科学研究所。

大约每4辆新车中就有一辆产自中国。毋庸置疑，中国已经牢牢确立了汽车大国的地位。

一　汽车产销量平稳增长，但增速有所回落

2011年，虽然我国的宏观经济形势总体保持稳定，但由于CPI保持高位运行，银行全面收紧银根，汽车下乡、购置税优惠、汽车以旧换新补贴等与汽车振兴规划配套的市场刺激政策全面结束，日本地震海啸使零部件供应出现短缺，同时燃油价格高启，部分大城市治堵限购，汽车使用成本大幅上升，在这些不利因素的影响下，中国的汽车市场呈现高位低迷状态，汽车产销量分别为1841.9万辆和1850.5万辆，同比分别增长0.84%和2.45%，增速大幅回落；2012年，宏观经济形势基本保持稳定，CPI有所回落，前三季度汽车产销量分别为1413.1万辆和1409.3万辆，同比分别增长7.3%和6.9%，中国汽车市场有所回暖（见图1）。

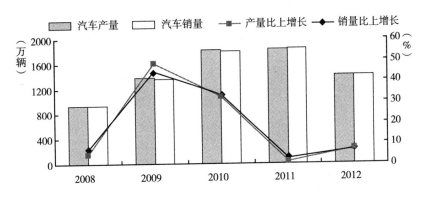

图1　2008～2012年中国汽车产销量及增速***

* 本文中2012年数据均为前三季度数据。

1. 各车型的市场份额发生一定变化

2011～2012年，虽然中国汽车产销数量变化不大，但各车型市场份额发生了一定的变化。2011年，中国乘用车产销量分别为1448.5万辆和1447.2万辆，同比分别增长4.23%和5.19%，在汽车产销量中所占比例分别达78.6%

和78.2%，比上年提高了2.5个和2.0个百分点（见图2）；商用车产销量分别为393.4万辆和403.3万辆，同比分别下降9.94%和6.31%，在汽车产销量中所占比例分别达21.4%和21.8%，比上年下降了2.5个和2.0个百分点。2012年前三季度，中国乘用车产销量分别达到1136.7万辆和1127.0万辆，在汽车产销量中所占比例比2011年均增加了1.8个百分点；商用车产销量分别为276.4万辆和282.3万辆。可见，2011年以来乘用车产销量在汽车产销量中所占比例得到了一定程度的提高。

图2　2010～2012年乘用车及商用车在汽车产销量中所占比例变化情况

从乘用车各车型的市场份额来看，轿车（基本型乘用车）保持稳定增长，2011年轿车的产销量分别为1013.8万辆和1012.3万辆，同比分别增长5.87%和6.62%；2012年前三季度产销分别为789.7万辆和780.9万辆，同比分别增长7.13%和5.69%；2010年以来，轿车占乘用车总产销的比例维持在70%左右（见图3）。SUV（运动型多用途乘用车）和MPV（多功能乘用车）的产销量虽然较小，但近几年增速较快，2012年前三季度，SUV产销分别为146.1万辆和143.7万辆，同比分别增长30.28%和29.02%；MPV产销分别为37.4万辆和36.8万辆，同比分别增长0.72%和1.77%；SUV和MPV在乘用车产销中所占比例从2010年的12.8%和12.8%分别上升至2011年的14.6%和14.4%，2012年前三季度又进一步上升至16.1%。交叉型乘用车出现负增长，在乘用车总产销中所占比重分别从2010年的18.2%和18.1%下滑到2011年的15.6%和15.5%，2012年前三季度又分别下滑至14.7%和14.4%。

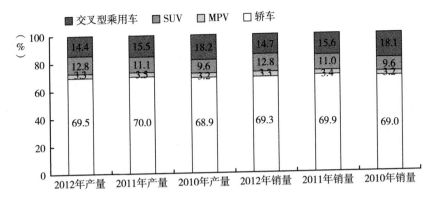

图3　2010～2012年乘用车各车型产销比例变化情况

从商用车各车型的市场份额来看，2012年前三季度，客车产销30.9万辆和30.9万辆，同比增长8.69%和5.13%；货车产销192.0万辆和196.1万辆，同比下降4.33%和5.49%；半挂牵引车产销13.7万辆和14.2万辆，同比下降27.32%和28.39%；客车非完整车辆产销6.0万辆和6.1万辆，同比下降2.61%和2.65%；货车非完整车辆产销33.8万辆和34.9万辆，同比下降22.29%和24.94%。客车（含非完整车辆）呈增长态势，占商用车产销的比例也分别由2010年的10.2%和10.3%上升至2011年的12.3%和12.1%，2012年前三季度又分别上升至13.4%和13.1%（见图4）；货车（含非完整车辆、半挂牵引车）由于出现负增长，2011年和2012年前三季度在商用车中的比例逐年下降。

2. 乘用车市场畅销品牌改变较大

从轿车十大畅销品牌的排名情况来看，2011年美系和德系品牌轿车的表现最为突出。其中在美系品牌中凯越重回榜首，科鲁兹排名首进前三，福克斯再进前十，此外作为年度"黑马"，新赛欧表现也很突出。在德系品牌中朗逸、捷达、宝来、桑塔纳销量继续保持稳定增长。自主品牌仅有夏利名列第八，上年销量冠军F3则退出前十。韩系品牌中悦动地位依然牢固，自上市以来一直稳居前十。2011年销量排在前十位的轿车品牌依次为凯越、朗逸、科鲁兹、捷达、宝来、桑塔纳、赛欧、夏利、悦动和福克斯，其销量分别为25.4万辆、24.8万辆、22.1万辆、21.8万辆、20.7万辆、20.4万辆、

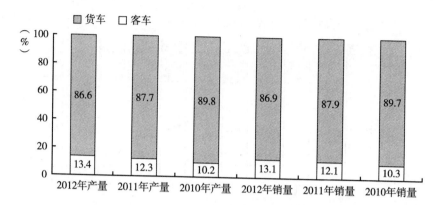

图 4　2010~2012 年商用车各车型产销比例变化情况

19.8 万辆、19.7 万辆、19.1 万辆和 18.9 万辆，共计 212.6 万辆，占轿车销售总量的 21%。2012 年前三季度，销量排在前十位的轿车品牌依次是凯越、赛欧、福克斯、捷达、科鲁兹、帕萨特、宝来、朗逸、桑塔纳和悦动，其销量分别为 21.4 万辆、21.1 万辆、18.8 万辆、18.0 万辆、17.4 万辆、17.3 万辆、16.8 万辆、16.4 万辆、16.2 万辆和 16.1 万辆，共计 179.4 万辆，占轿车销售总量的 23%，占有率有所提高。与 2011 年同期相比，2012 年朗逸降幅趋缓，其他品牌继续保持稳定增长，其中赛欧和帕萨特增速更为显著。

从 SUV 五大畅销品牌的排名情况来看，2011 年哈弗继续稳居榜首，逍客表现异常出色。2011 年销量排在前五位的 SUV 品牌依次为哈弗、本田 CRV、途观、逍客和 IX35，其销量分别为 16.4 万辆、16.0 万辆、12.9 万辆、11.1 万辆和 10.3 万辆，共计 66.8 万辆，占 SUV 销售总量的 42%。2012 年前三季度，销量排名前五位的 SUV 品牌依次为哈弗、途观、本田 CRV、逍客和 RAV4，其销量分别为 19.1 万辆、13.9 万辆、13.2 万辆、9.0 万辆和 8.5 万辆，共计 63.7 万辆，占 SUV 销售总量的 44%，占有率有所提高。

从 MPV 五大畅销品牌的排名情况来看，其变化相对较小。2011 年销量排在前五位的 MPV 品牌依次为景逸、别克 GL8、瑞风、森雅和途安，其销量分别为 7.3 万辆、6.7 万辆、5.8 万辆、4.1 万辆和 3.1 万辆，共计 27.0 万辆，占 MPV 销售总量的 54%。2012 年前三季度，销量排在前五位的 MPV 品牌依次为菱智、别克 GL8、景逸、瑞风和途安，其销量分别为 5.1 万辆、4.8 万辆、4.7 万辆、4.0 万辆和 2.9 万辆，共计 21.5 万辆，占 MPV 销售总量的 58%，占有率有较为明显的提高。

3. 自主品牌受到一定冲击

在乘用车市场上，2011 年自主品牌乘用车的销量为 611.2 万辆，同比下降 2.56%，占乘用车销售总量的 42.2%，较上年同期下降 3.4 个百分点。日系、德系、美系、韩系和法系乘用车的销量分别为 280.7 万辆、238.5 万辆、159.2 万辆、117.2 万辆和 40.4 万辆，在乘用车销售总量中所占比重分别为 19.4%、16.5%、11.0%、8.1% 和 2.8%（见图 5）。2012 年前三季度，自主品牌乘用车的销量为 457.0 万辆，同比增长 2.63%，占乘用车销售总量的 40.6%，占有率比上年下降 1.7 个百分点。日系、德系、美系、韩系和法系乘用车的销量分别为 205.5 万辆、209.7 万辆、129.9 万辆、93.0 万辆和 31.3 万辆，在乘用车销售总量中所占比重分别为 18.2%、18.6%、11.5%、8.3% 和 2.8%。与 2011 年相比，2012 年前三季度日系乘用车的占有率下降了 1.1 个百分点，德系、美系和韩系乘用车的占有率分别提高了 2.1 个、0.5 个和 0.2 个百分点，法系乘用车的占有率基本持平。

在轿车市场上，2011 年自主品牌轿车的销量为 294.6 万辆，同比增长 0.46%，占轿车销售总量的 29.1%，占有率比上年同期下降 1.8 个百分点。日系、德系、美系、韩系和法系轿车的销量分别为 218.7 万辆、215.5 万辆、152.1 万辆、90.9 万辆和 40.4 万辆，在汽车销售总量中所占比重分别为 21.6%、21.3%、15.0%、9.0% 和 4.0%（见图 6）。2012 年前三季度，自主品牌轿车的销量为 209.8 万辆，同比下降 2.50%，占轿车销售总量的 26.9%，占有率比上年下降 2.2 个百分点；日系、德系、美系、韩系和法系轿车的销量分别为 158.1 万辆、182.9 万辆、124.0 万辆、74.2 万辆和 31.3 万辆，在轿车销售总量中所占比重分别为 20.3%、23.4%、15.9%、9.5% 和 4.0%。与 2011 年相比，2012 年前三季度日系轿车的占有率下降了 1.3 个百分点，德系、美系和韩系轿车的占有率分别提高了 2.1 个、0.9 个和 0.5 个百分点，法系轿车的占有率基本持平。

2011 年，销量排名前十位的自主品牌轿车分别为夏利、F3、腾翼 C30、

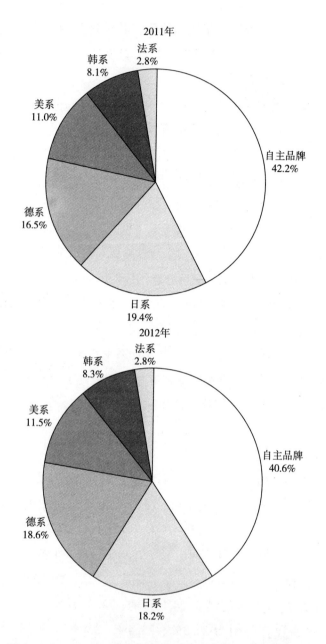

图5 2011~2012年乘用车中自主品牌与进口车系销量比例

QQ、旗云、骏捷、帝豪、奔腾、奔奔和风云，其销量分别为19.7万辆、18.3万辆、15.6万辆、15.1万辆、12.8万辆、11.5万辆、11.3万辆、

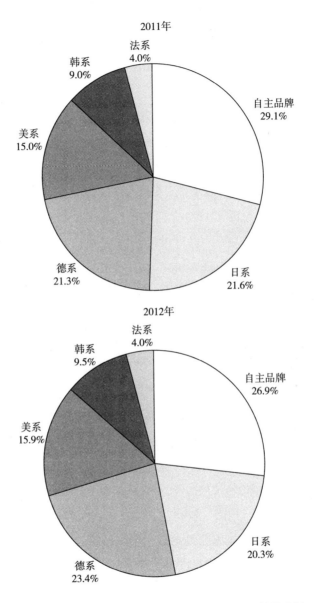

图6 2011～2012 年轿车中自主品牌与进口车系销量比例

11.3 万辆、9.0 万辆和 8.3 万辆。与 2010 年相比，腾翼 C30、帝豪、奔奔和风云增长较快，其他品牌销量同比有所下降，其中 F3、旗云、骏捷和奔腾降幅居前。

4. 汽车进出口再创历史新高

2011 年,汽车商品进出口总额再创历史新高,达到 1430.75 亿美元,同比增长 31.83%,其中进口金额 741.38 亿美元,同比增长 30.77%,出口金额 689.37 亿美元,同比增长 32.99%。

汽车整车出口量回升的趋势明显,2011 年汽车整车出口 84.95 万辆,同比增长 50.03%,出口金额 109.51 亿美元,同比增长 56.74%。出口数量和金额均超过 2008 年,创历史新高。从月度走势看,2011 年 1~2 月的出口增长仍不强,但 3~6 月拉升趋势较明显,6 月是有史以来首度达到近 8 万台,7~9 月本来是相对的淡季,但 2011 年 7 月的出口达到 9 万台,8~9 月逐步回落,11~12 月加速回落。2011 年,出口量排在前十名的企业依次为奇瑞、长城、长安、江淮、东风、上汽、力帆、北汽、吉利和华晨,其出口量分别为 15.9 万辆、8.3 万辆、8.1 万辆、6.8 万辆、6.4 万辆、6.1 万辆、4.3 万辆、4.3 万辆、3.8 万辆和 3.4 万辆,共计 67.3 万辆,占汽车出口总量的 82.6%。与 2010 年相比,以上十家企业的出口均保持了较快速度增长,其中江淮和上汽的出口增速尤为显著。

近两年随着全球金融危机冲击力的缓慢淡化,欧、美、日等成熟汽车市场逐步复苏,而巴西、俄罗斯以及印度等新兴汽车市场也都迎来了高速增长,这些都为中国汽车企业出口提供了机遇。从 2011 年的汽车出口市场看变化较大。巴西市场异军突起,从 2010 年的 2 万辆增长到 2011 年的 10 万辆,成为领军市场。俄罗斯市场从 2010 年的 3.1 万辆增长到 2011 年的 7 万辆,回到主力出口国地位。阿尔及利亚、越南、叙利亚、埃及、伊朗等规模较小的发展中国家依然是出口的主要对象。非洲政局动荡,市场波动较大,2010 年 4 季度中国在利比亚市场出口 1299 辆,而 2011 年 1 季度出口 81 辆,2 季度出口量为零,3 季度出口量为 40 辆,4 季度仍为零。金砖国家成为中国汽车出口的新型潜力市场。

汽车零部件依然是我国汽车出口的主要组成部分,2011 年汽车零部件出口保持 200 亿美元的顺差,零部件出口占据了汽车出口总额的 74.0%。随着新兴经济体需求强劲,这两年中国对南美的巴西、阿根廷、智利等市场出口高增长,同时,对越南、东盟等新兴经济体出口增速较快。

二　企业规模逐步扩大，产业集中度进一步提高

2009 年国务院制定的《汽车产业调整和振兴规划》提出，"2009～2011 年，中国汽车将通过兼并重组，形成 2～3 家产销规模超过 200 万辆的大型汽车企业集团，4～5 家产销规模超过 100 万辆的汽车企业集团，产销规模占市场份额 90% 以上的汽车企业集团数量由 2009 年的 14 家减少到 10 家以内；鼓励一汽、东风、上汽、长安等大型汽车企业在全国范围内实施兼并重组；支持北汽、广汽、奇瑞、重汽等企业实施区域性兼并重组"。

2011 年，几大汽车集团都取得了较高的销量。上汽集团销量接近 400 万辆，东风汽车集团销量超过 300 万辆，一汽和长安集团的销量也均超过 200 万辆，北汽集团销量超过 150 万辆，排名前 10 位企业的销量在总销量中所占比重为 87.0%，基本完成了《汽车产业调整和振兴规划》中既定的目标。2012 年前三季度，汽车销量排在前十位的生产企业依次为上汽集团、东风汽车集团、一汽集团、长安集团、北汽集团、广汽集团、华晨汽车、长城汽车、奇瑞汽车和江淮汽车，以上十家企业的销量分别为 328.4 万辆、232.7 万辆、198.0 万辆、140.4 万辆、120.2 万辆、54.6 万辆、45.3 万辆、43.5 万辆、41.3 万辆和 35.7 万辆，共计销售 1239.9 万辆，占汽车销售总量的 88.0%，与 2011 年相比，占有率提高了 1 个百分点。可以说，中国汽车产业已经基本形成了上汽、东风、一汽和长安四大汽车集团的寡头卖方垄断集团，产业集中度得到了较为显著的提高。

1. 乘用车市场

2011 年销量排在前十位的乘用车生产企业依次为上汽通用五菱、上海通用、上海大众、一汽大众、东风日产、北京现代、奇瑞、重庆长安、一汽丰田和比亚迪，其销量分别为 121.8 万辆、118.6 万辆、116.6 万辆、103.5 万辆、80.9 万辆、74.0 万辆、63.4 万辆、54.3 万辆、52.9 万辆和 44.9 万辆，共计销售 830.8 万辆，占乘用车销售总量的 57.4%。与 2010 年相比，重庆长安、比亚迪和奇瑞呈一定下降，其他企业保持增长，其中东风日产增速居前。2012 年前三季度，乘用车销量排在前十位的企业为上海通用、上汽通用五菱、一汽

大众、上海大众、东风日产、北京现代、重庆长安、一汽丰田、奇瑞和长安福特，其销量分别为99.8万辆、98.6万辆、97.4万辆、94.9万辆、63.5万辆、59.6万辆、41.0万辆、40.9万辆、40.3万辆和33.9万辆，共计销售670.0万辆，占乘用车销售总量的59.5%，与2011年相比，占有率提高了2.1个百分点。

从轿车市场看，2011年销量排在前十位的轿车生产企业依次为上海通用、上海大众、一汽大众、东风日产、北京现代、奇瑞、吉利、长安福特、神龙和一汽丰田，其销量分别为111.9万辆、100.5万辆、97.6万辆、66.5万辆、58.6万辆、46.9万辆、43.3万辆、41.5万辆、40.4万辆和40.0万辆，共计销售647.2万辆，占轿车销售总量的63.9%。2012年前三季度，销量排在前十位的轿车生产企业依次为上海通用、一汽大众、上海大众、东风日产、北京现代、长安福特、吉利、神龙、一汽丰田和奇瑞，其销量分别为94.1万辆、90.8万辆、78.2万辆、52.2万辆、48.9万辆、33.7万辆、31.7万辆、31.3万辆、30.5万辆和29.2万辆，共计销售520.4万辆，占轿车销售总量的66.6%，与2011年相比，占有率提高了2.7个百分点。

2. 商用车市场

2011年销量排在前十位的商用车生产企业依次为东风、北汽福田、一汽、金杯、江淮、江铃、重汽、重庆长安、长城和南汽，其销量分别为64.8万辆、63.2万辆、27.9万辆、27.3万辆、27.1万辆、18.4万辆、15.9万辆、13.5万辆、12.2万辆和11.4万辆，共计销售281.6万辆，占商用车销售总量的69.8%。与2010年相比，一汽、重汽和重庆长安下降较快，北汽福田缓慢下降，其他企业则呈现不同程度的增长，尤其是金杯股份和长城的增速最快。2012年前三季度，商用车销量排在前十位的企业依次为北汽福田、东风、江淮、金杯股份、一汽、江铃、重汽、南汽、长城和上汽通用五菱，其销量分别为46.0万辆、41.8万辆、21.2万辆、18.3万辆、16.8万辆、13.9万辆、10.7万辆、10.1万辆、10.0万辆和9.4万辆，共计销售198.3万辆，占商用车销售总量的70.2%，与2011年相比，占有率提高了0.4个百分点。

从货车市场看，2011年，货车（含非完整车辆、半挂牵引车）销量排在前十家的生产企业依次为北汽福田、东风、一汽、江淮、金杯、重汽、重庆长安、江铃、长城和陕汽，其销量分别为 60.6 万辆、60.4 万辆、27.5 万辆、24.4 万辆、18.3 万辆、15.9 万辆、13.5 万辆、12.7 万辆、12.2 万辆和 10.8 万辆，共计销售 256.1 万辆，占货车销售总量的 72%。与上年同期相比，一汽、重汽和重庆长安的下降幅度较为明显，北汽福田和陕汽下降幅度较小，其他企业基本呈现增长趋势，尤其是金杯和长城的增速最快。

从客车市场看，2011 年，客车销量排在前十家的企业依次是华晨金杯、江铃、郑州宇通、南京依维柯、北汽福田、金龙联合、苏州金龙、厦门金旅、安凯和少林，其销量分别为 9.0 万辆、5.7 万辆、4.7 万辆、3.9 万辆、2.6 万辆、2.5 万辆、2.3 万辆、2.3 万辆、1.4 万辆和 1.3 万辆，共计销售 35.6 万辆，占客车销售总量的 77.2%。与上年同期相比，北汽福田呈现小幅下降，其他企业均呈现出不同程度的增长，尤其是安凯和南汽依维柯的增速最快。

3. 分地区情况

2011 年，上海的汽车产量达到 191.57 万辆，比上年增长 12.76%，继续在全国领跑，比位于第二的重庆高出了 24.9 万辆。吉林、北京、广东、广西、湖北和安徽等地分别以 155.68 万辆、150.46 万辆、150.28 万辆、142.35 万辆、131.90 万辆和 117.03 万辆的产量位居第三至第八位，其中湖北和安徽的产量低于上年。2011 年以上八省市的产量共计 1205.91 万辆，占全国总产量的 65.5%，占有率比 2010 年提高了 0.12 个百分点。

就轿车市场而言，上海以 174.2 万辆，9.03% 的增速依然领跑，比位居第二的广东高出 53.6 万辆，吉林以 119.73 万辆位居第三，重庆、北京、天津、安徽和湖北等地分别以 93.67 万辆、67.18 万辆、65.23 万辆、61.30 万辆和 52.95 万辆的产量位居第四至第八位，其中安徽的产量低于上年。2011 年以上 8 省市的产量共计 754.86 万辆，占全国总产量的 74.5%，占有率比 2010 年提高了 0.44 个百分点。

综上所述，虽然中国汽车产业集中度得到了逐步提升，但是我们也不得不正视目前存在的一些问题，比如当前国内企业集团虽然在慢慢做大，但是实力相对还不够强；在整车领域，目前还没有形成具有国际影响力的大型汽车集

表 1　2011 年各省（区、市）汽车、轿车产量及增长情况

单位：万辆，%

省　份	汽车		轿车		省　份	汽车		轿车	
	产量	比上年增长	产量	比上年增长		产量	比上年增长	产量	比上年增长
全　国	1841.64	0.83	1012.67	5.75	河　南	36.58	55.53	1.40	-27.08
北　京	150.46	0.13	67.18	7.92	湖　北	131.90	-16.40	52.95	0.46
天　津	75.69	2.55	65.23	2.69	湖　南	16.19	-2.59	11.63	14.24
河　北	72.11	1.51	19.79	41.66	广　东	150.28	11.53	120.60	8.21
山　西	0.61	90.63	—	—	广　西	142.35	4.20	8.87	21.51
内蒙古	3.65	-29.26	—	—	海　南	15.20	11.76	10.23	10.12
辽　宁	75.54	6.74	44.37	6.45	重　庆	166.64	3.23	93.67	9.98
吉　林	155.68	-5.16	119.73	6.76	四　川	12.86	26.70	—	—
黑龙江	18.17	-26.65	0.71	-64.85	贵　州	1.28	52.38	0.04	-77.78
上　海	191.57	12.76	174.20	9.03	云　南	9.72	-4.61	—	—
江　苏	80.38	8.04	38.35	22.21	西　藏	—	—	—	—
浙　江	30.63	-4.01	27.07	-1.10	陕　西	55.67	-14.63	38.68	-25.79
安　徽	117.03	-1.55	61.30	-2.08	甘　肃	2.06	-0.48	2.06	-0.48
福　建	18.64	-4.41	9.85	-7.77	宁　夏	—	—	—	—
江　西	34.35	-7.86	7.83	2.49	青　海	—	—	—	—

数据来源：《中国统计年鉴》。

团；在核心零部件领域，缺乏具有一定规模、国际知名的集团；目前国内汽车的技术水平与国际先进企业相比还存在较大差距。中国汽车产业应该坚持发展大集团，但并非单纯打造数量上的大集团，而是应该寻求企业实力和品牌效应的提升，打造实力上的大集团。

三　汽车工业产值和销售产值保持平稳增长态势

2011 年，我国汽车行业规模以上企业工业总产值达到 49994.9 亿元，同比增长 16.8%；销售产值达到 49220.2 亿元，同比增长 16.7%，均高于 2011 年 9.3% 的 GDP 增长速度，从而巩固了汽车行业在我国国民经济

140

中的支柱产业地位。图 7 为 2007～2011 年中国汽车工业产值及增长情况。

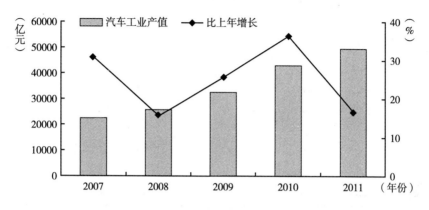

图7　2007～2011 年汽车工业产值及增长情况

分地区看，各省市增速均有所回落。广东省以广汽集团和东风日产为主的整车生产在 2011 年保持微增长，同时汽车零部件制造业增长达 16.1%，成为拉动广东省汽车产值增长的主要力量，2011 年广东省的汽车工业产值达 4860 亿元，比上年增长 9.3%，继续保持全国第一，并且将与第二名山东省的差距从 2010 年的 26 亿元拉大到 2011 年的 252 亿元。作为近几年汽车工业发展较快的省份，山东省在相关鼓励性政策退出后影响尤为明显，2011 年整车生产比上年减少 11.1%，工业产值只比上年增长 4.2%，增幅较慢，与第三名吉林省的差距缩小到了 100 亿元以内。吉林省汽车制造以一汽集团为主，2011 年汽车零部件产值增幅达到 37.2%，工业产值比上年增加 15.2%，实现了较为平稳的增长。作为传统的汽车零部件制造基地，江苏省一举超越湖北和上海两个整车制造大省成为第四名，2011 年江苏省在保持零部件生产高速增长的情况下，以东风悦达起亚和南汽集团为主的整车制造业也有 31.4% 的高速增长，江苏省工业产值比上年增长了 27.1%，发展较快。上海市为传统整车制造基地，2011 年上海通用与上海大众的销量在全国汽车生产企业中位居前两名，但相对来说发展有所减缓，工业产值比上年增长 13.3%。湖北省继续保持汽车零部件产值的较快增长，工业产值比上年增长 17.0%（见表 2）。

表2　2011年分地区汽车工业产值

单位：亿元，%

省　份	2011年	2010年	比上年增长	省　份	2011年	2010年	比上年增长
全　国	49631	42498	16.8	浙　江	2786	2245	24.1
广　东	4860	4446	9.3	北　京	2261	1948	16.1
山　东	4608	4420	4.2	辽　宁	1941	1483	30.9
吉　林	4508	3914	15.2	安　徽	1888	1546	22.1
江　苏	4181	3290	27.1	河　南	1685	1232	36.8
上　海	4144	3658	13.3	天　津	1623	1525	6.4
湖　北	4005	3423	17.0	广　西	1427	1264	12.9
重　庆	3281	2785	17.5	河　北	1305	1019	28.0

数据来源：《中国统计年鉴》。

四　汽车拥有量稳步上升，地方政策对其影响较大

虽然2011年汽车产销量波动不大，但汽车拥有量顺利冲破9000万辆大关，从2010年的7801.83万辆上升到9356.32万辆，增幅达19.9%，比上年回落了4.3个百分点；私人汽车拥有量顺利冲破7000万辆大关，从2010年的5938.71万辆上升到了7326.79万辆，增幅达23.4%，比上年回落了6.4个百分点（见图8）。

从人均水平看，2011年中国每千人拥有69.4辆汽车，其中54.4辆为私人汽车，分别比上年增长19.4%和22.8%。如表3所示，2011年各地的每千人汽车拥有量相差迥异：北京以233.1辆高居首位；天津紧跟其后，却只有140.8辆，约为北京的60%；浙江也突破了100辆大关，达到120.2辆，紧跟其后；最低的是江西，只有38.2万辆，仅为北京的16.4%。而从私人汽车千人拥有量来看，北京依然名列前茅，达到191.9辆；第二名的天津为114.7辆，约为北京的60%；最低的是江西，只有26.1万辆，仅为北京的13.6%。

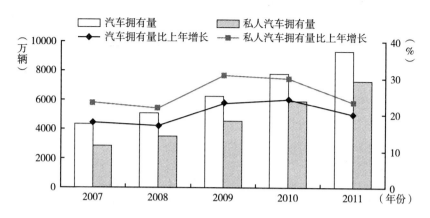

图8　2007年以来中国汽车拥有量及增长情况

表3　2011年各省（区、市）每千人汽车拥有量及增长情况

单位：辆，%

省　份	汽车		私人汽车		省　份	汽车		私人汽车	
	拥有量	比上年增长	拥有量	比上年增长		拥有量	比上年增长	拥有量	比上年增长
全　国	69.4	19.4	54.4	22.8	河　南	53.4	25.6	40.9	30.4
北　京	233.1	1.7	191.9	1.3	湖　北	43.3	19.6	32.2	24.1
天　津	140.8	15.6	114.7	18.6	湖　南	39.2	21.9	32.3	25.3
河　北	83.9	22.4	70.5	25.5	广　东	86.7	15.7	71.0	17.9
山　西	82.2	18.5	64.1	22.7	广　西	40.4	22.5	30.2	28.6
内蒙古	93.9	23.7	75.8	27.0	海　南	54.5	20.6	40.5	25.1
辽　宁	81.4	20.2	57.2	25.8	重　庆	44.4	12.1	30.8	19.8
吉　林	66.6	19.6	51.4	23.3	四　川	52.4	18.9	42.5	21.8
黑龙江	60.3	18.6	44.9	23.2	贵　州	39.3	18.1	30.6	21.4
上　海	83.0	8.8	51.0	13.3	云　南	60.5	19.0	49.3	22.2
江　苏	85.5	22.1	67.0	26.0	西　藏	65.7	18.9	43.2	17.6
浙　江	120.2	20.8	97.9	23.5	陕　西	63.2	23.8	49.5	28.4
安　徽	43.3	23.0	29.9	30.2	甘　肃	41.2	24.0	27.2	31.9
福　建	64.5	20.9	51.0	23.9	宁　夏	70.1	27.5	48.4	36.6
江　西	38.2	24.1	26.1	33.3	青　海	83.4	27.2	64.8	32.5

数据来源：《中国统计年鉴》。

　　地方政策对汽车产业有着非常显著的影响。2011年，为了缓解机动车保有量增长速度，北京出台了以摇号方式无偿分配小客车指标的政策，全年机动

车放牌量为 24 万，平均每月 2 万个。受该政策的影响，2011 年北京每千人汽车拥有量仅增加了 3.9 辆，每千人私人汽车拥有量仅增加了 2.5 辆，增幅分别为 1.7% 和 1.3%，远低于全国平均水平。而在人均 GDP 和居民人均收入最高的上海，由于采取严格的私车额度拍卖政策，2012 年 9 月汽车牌照平均成交价已高达 6.6 万元，大大增加了购车成本，2011 年上海私人汽车拥有量的人均水平大约仅相当于北京的 1/4，也比全国平均水平低 7.2%。

参考文献

国家统计局编《中国统计年鉴（2012）》，中国统计出版社，2012。

国务院发展研究中心产业经济研究部等编《中国汽车产业发展报告（2010）》，社会科学文献出版社，2011。

康凯、王军雷：《2011 年汽车工业经济运行分析》，《汽车工业研究》2012 年第 8 期。

李邵华：《2011 年汽车工业经济运行情况及 2012 年市场预测》，《轮胎工业》2012 年第 5 期。

恽海、曹莹：《2011 年国内汽车产业发展分析》，《汽车工业研究》2012 年第 9 期。

《2011 年全年中国汽车行业进出口分析报告》，http://auto.sohu.com/20120206/n333832194.shtml。

中国汽车工业协会统计信息网，http://www.auto-stats.org.cn。

Report on Automobile Industry and Economic Development in China, 2011 - 2012

Shi Fengdan

Abstract: After the explosive growth during 2009 and 2010, China's automobile market downturn highly in 2011, with the growth rate dropped sharply; and rational adjustment gradually in the first three quarters of 2012. The proportion of passenger cars increased year by year, and SUV grew highly. Best-selling brand in passenger car market changed significantly. The share of independent brand cars dropped and that of Japanese cars fall simultaneously. Automobile import and export situation began to get better, export value and quantity hit a record high. China's automobile industry concentration further improved, but still had a large gap compared with the international level. Automobile industrial output and sales value kept steady growth. Car ownership go steadily up, and local policies, such as license-plate lottery in Beijing and license auction in Shanghai, affect automobile market widely. This paper mainly descript China's automobile industry and automobile economic development during 2011 and the first three quarters of 2012 through plenty of data, and analyzed its main features deeply.

Key Words: Car production and sales; Independent brand; Industrial concentration; Car ownership

B.9

2012 年中国社会不同阶层
家庭汽车拥有现状分析

王俊秀　全　静*

摘　要：

本研究采用中国民生指数研究调查数据，该数据对全国各个省、市、自治区家庭基本情况进行了调查，调查样本量为 51100 人，本文选取其中与汽车有关的题目进行统计分析，对 2012 年中国社会不同阶层的家庭汽车拥有现状进行描述。文章从地域因素、社会经济地位因素、个人因素三个方面对不同家庭的汽车拥有状况进行分析，发现经济因素是影响家庭小汽车拥有率的重要原因之一，职业和就业状况也影响家庭小汽车拥有率，个人受教育程度对家庭小汽车拥有率有正向影响。从汽车拥有的结果来看，家庭小汽车拥有对生活满意度和休闲度都有正向影响。

关键词：

社会分层　家庭汽车拥有

当购入私家车日渐成为一种趋势，小汽车的拥有对于一个家庭而言，不再只是一种交通工具，而是一种生活方式和消费观念的改变，也是一种社会阶层的象征，其符号化意义日渐明显。

20 世纪中叶，汽车生产带来了资本主义世界的"福特主义"，大规模生产和一致性成为商品主流，而 90 年代出现的"后福特主义"则在一定程度上成

---

* 王俊秀，博士，副研究员，中国社会科学院社会学所中国汽车社会研究网（Research Network of Chinese Auto Society，RNCAS；www. casrn. com）；全静，中国社会科学院研究生院。

为对此种消费和生产方式的反思，不同的社会阶层或社会群体有着不同的消费欲望。汽车这种商品的高昂售价决定其只能是某些阶层和群体的所有物，因而无可避免地成为一种炫耀性消费，成为一种符号。因而有学者提出汽车的拥有可以作为阶层划分的一种标准，并且认为汽车消费能反过来促进中产阶层的形成。[①] 但该文只是一种理论分析，并没有进行相关的实证调查来验证相关假设。

有学者通过对武汉市私家车购买决策的影响因素进行问卷调查，构建了消费者购买行为的决策模型，将消费者的决策过程分为消费者效用的影响（消费者评价商品对自己的效用高低）和消费者成本的影响，得出"对消费者购车决策有显著影响的重要因素是油耗、价格、售后服务质量、车型和配置"的结论。[②] 另有学者对深圳地区进行实证调查，认为深圳居民个人小汽车拥有率与居民个人收入具有良好的正相关关系，即随着人均年收入的增高，人均小汽车拥有率也相应增高。[③] 但是，由于以上调查样本均不具有代表性，因而其结论无法进行推广。总的来说，目前国内从阶层角度来研究家庭汽车拥有状况及原因分析定量的文章较少。

2011 年的中国民生指数课题显示，汽车拥有者具有很强的阶层特性，经济和地位是主要的决定因素，主要因素包括受教育程度、行业职业特点、经济收入、户口等。[④]

本文选取了 2012 民生指数研究调查中与汽车拥有相关的题目进行分析，主要从涉及社会分层的各因素来分析其与家庭小汽车拥有之间的影响关系。阶层的划分标准有多维的也有单一的，并且社会分层的标准并不是统一的，马克思从生产资料占有的角度来划分资产阶级和无产阶级，而韦伯则从市场竞争关系上通过财富、声望、权力三维的标准来进行阶级分层。其后，布迪厄等人则从阶级的后果的角度来进行社会分层，并在场域和习性的基础上提出"品位"

---

① 李超：《当汽车遭遇"中产阶层"》，《汽车观察》2005 年第 9 期。

② 张国方、徐剑力：《私家车购买决策影响因素的实证分析》，《汽车工业研究》2008 年第 15 期。

③ 庄焰、吕杰、曾松：《深圳经济特区居民小汽车拥有率与居民收入的相关关系分析》，《中国科技信息》2007 年第 5 期。

④ 王俊秀主编《中国汽车社会发展报告（2011）》，社会科学文献出版社，2011。

的概念来描述处于不同阶级场域的生活方式，包括审美、消费、身体等。考虑到数据库的可行性，本文将从地域因素、社会经济地位、个人因素几大类来描述不同阶层的家庭与其小汽车拥有之间的关系。

一　样本情况描述

本次调查样本量为 51100 人，其中男性为 24837 人，占 48.8%，女性为 26163 人，占 51.2%。居住地为城镇者有 31824 人，占 62.3%，居住地为农村者有 19276 人，占 37.7%。被调查者年龄在 18～75 岁之间，各年龄段分布、被调查者受教育程度分布等如表 1 所示。

表 1　样本基本情况

性别	频率	百分比（%）	居住地	频率	百分比（%）
男	24937	48.8	城镇	31824	62.3
女	26163	51.2	农村	19276	37.7
合计	51100	100.0	合计	51100	100.0
年龄	频率	百分比（%）	受教育程度	频率	百分比（%）
18～19 岁	772	1.5	不识字或识字很少	2026	1.5
20～29 岁	10630	20.8	小学	5384	20.8
30～39 岁	11868	23.2	初中	13597	23.2
40～49 岁	11936	23.4	高中、中专或技校	13936	23.4
50～59 岁	8115	15.9	大学专科	8431	15.9
60～69 岁	5791	11.3	本科	7038	11.3
70～75 岁	1988	3.9	硕士或博士研究生	688	3.9
合　计	51100	100.0	合　计	51100	100.0

在被调查的 51100 个样本中，有小汽车的家庭为 10170 个，占样本总量的 19.9%，有经营性汽车、面包车的家庭为 4865 个，占调查样本总量的 9.5%，即有 14383 个家庭拥有小汽车或者经营性汽车、面包车（其中有 652 个家庭既拥有小汽车也拥有经营性汽车、面包车），占总调查样本的 28.1%。

二　地域因素

表 2 是全国 31 个省市自治区的家庭小汽车拥有状况分析，其中拥有小汽车比例最高的地区为北京市，拥有小汽车的被调查者比例为 47.1%；其次是浙江省，拥有小汽车的被调查者比例为 42.2%；其后是天津和上海，分别有 42% 和 38.9% 的被调查者拥有小汽车；而湖北省、黑龙江省和甘肃省是家庭汽车拥有率最低的三个省，其小汽车拥有率分别为 12.50%、12.40% 和 9.90%。

表 2　各省市自治区的家庭小汽车拥有状况

省市自治区	小汽车拥有状况		总计
	有小汽车	没有	
北京市	580	652	1232
	47.1%	52.9%	100%
天津市	483	668	1151
	42.0%	58.0%	100%
河北省	494	1271	1765
	28.0%	72.0%	100%
山西省	253	1169	1422
	17.8%	82.2%	100%
内蒙古自治区	249	989	1238
	20.1%	79.9%	100%
辽宁省	222	1381	1603
	13.8%	86.2%	100%
吉林省	184	1029	1213
	15.2%	84.8%	100%
黑龙江省	170	1204	1374
	12.4%	87.6%	100%
上海市	495	777	1272
	38.9%	61.1%	100%
江苏省	527	1547	2074
	25.4%	74.6%	100%
浙江省	727	997	1724
	42.2%	57.8%	100%

续表

省市自治区	小汽车拥有状况		总计
	有小汽车	没有	
安徽省	235	1346	1581
	14.9%	85.1%	100%
福建省	236	1183	1419
	16.6%	83.4%	100%
江西省	280	1218	1498
	18.7%	81.3%	100%
山东省	701	1534	2235
	31.4%	68.6%	100%
河南省	375	1871	2246
	16.7%	83.3%	100%
湖北省	209	1457	1666
	12.5%	87.5%	100%
湖南省	298	1489	1787
	16.7%	83.3%	100%
广东省	650	1980	2630
	24.7%	75.3%	100%
广西壮族自治区	253	1218	1471
	17.2%	82.8%	100%
海南省	207	914	1121
	18.5%	81.5%	100%
重庆市	221	1139	1360
	16.3%	83.8%	100%
四川省	313	1668	1981
	15.8%	84.2%	100%
贵州省	250	1051	1301
	19.2%	80.8%	100%
云南省	379	1055	1434
	26.4%	73.6%	100%
西藏自治区	229	853	1082
	21.2%	78.8%	100%
陕西省	225	1162	1387
	16.2%	83.8%	100%
甘肃省	124	1132	1256
	9.9%	90.1%	100%

续表

省市自治区	小汽车拥有状况		总计
	有小汽车	没有	
青海省	155	897	1052
	14.7%	85.3%	100%
宁夏回族自治区	180	895	1075
	16.7%	83.3%	100%
新疆维吾尔自治区	265	972	1237
	21.4%	78.6%	100%
总　计	10169	36718	46887

以上是全国各省市自治区的家庭小汽车拥有比例数据，为探究其中的相关关系，我们将地域划分为东中西部城市和城乡两种。

1. 东中西部地区

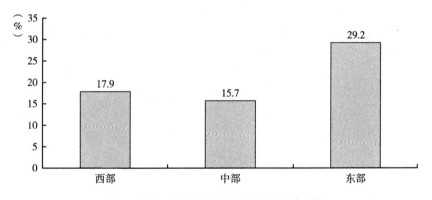

图1　东中西部地区拥有小汽车的家庭比例

本次调查共包含31个省、市、自治区，其中东部地区有11个：上海、北京、广东、浙江、海南、辽宁、河北、山东、江苏、福建、天津；中部地区有8个：山西、黑龙江、河南、江西、湖南、湖北、安徽、吉林；西部地区有12个：新疆、西藏、广西、宁夏、云南、甘肃、内蒙古、青海、陕西、重庆、贵州、四川。调查人数分布情况，西部居民总人数为15874人，中部居民总人数为12787人，东部居民总人数为18226人。

其中，东部地区拥有小汽车的家庭比例最高，达到29.2%；其次是西部地区，比例为17.9%；中部地区的比例最低，为15.7%。

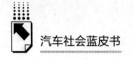

2. 城乡分布

图 2 是城乡家庭小汽车拥有状况，除了分析中缺失的 4213 个样本，在本次调查中，共有 30616 个城镇居民和 16271 个农村居民。城镇地区拥有小汽车的家庭比例为 26.3%，农村地区拥有小汽车的家庭比例为 13.1%。但是，由于民生指数研究课题的数据获得是通过电话访谈的方式，有电话的农村家庭通常经济水平相对较高，因而调查所得农村家庭小汽车拥有比例可能要高于实际情况，可以看出城乡之间的小汽车家庭拥有率差异较大。

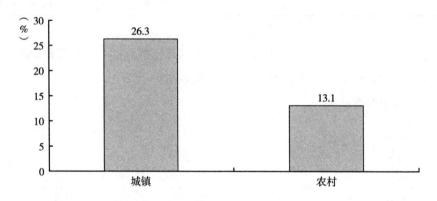

图 2　城乡家庭的小汽车拥有状况

三　社会经济地位因素

1. 家庭收入

将城镇被调查者的家庭月收入进行分组，分析结果如图 3，拥有小汽车家庭比例最低的是家庭月收入在 1000 元以下组和 1001～2000 元组，其比例为 11.8% 和 10.5%；比例最高的是家庭月收入在 15001～20000 元组，该组收入者拥有小汽车的家庭比例为 62.0%，在该组之前，拥有小汽车的家庭比例随着家庭月收入的增加而增加，但在该组之后，家庭月收入的增加并不带来家庭拥有小汽车比例的增加。

如图 4 所示，从农村家庭年收入在 3501～7500 元组开始，农村家庭年收入与家庭小汽车拥有率之间呈现正相关，并且年收入在 200001 元以上的样本量只有 148 个，因而我们不对其进行更细致的分组。这是城乡收入与家庭小汽车拥有率之间的差异。

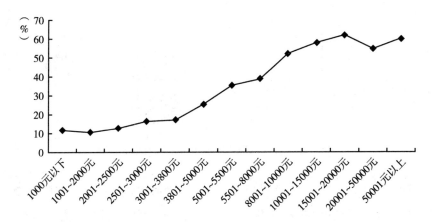

图 3　城镇家庭月收入与小汽车拥有比例的关系

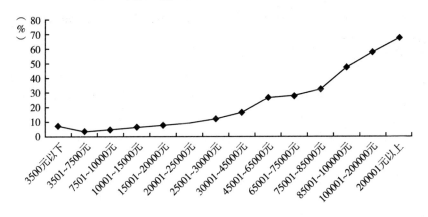

图 4　农村家庭年收入与小汽车拥有比例的关系

2. 住房状况

住房状况是衡量个人或家庭经济地位的一个重要因素，不同的住房状况显示出一个人在其所生活的地区的大致社会经济地位。本次调查将城市住房状况分为自有住房、租赁私房、租赁公房和其他四大类，其被调查者数量分别为 23413 人、4769 人、2088 人和 346 人。从图 5 中可以看出，城市住房状况为自有住房者的小汽车家庭拥有率最高，为 30.5%，其余住房状况者的小汽车家庭拥有率之间相差不大。

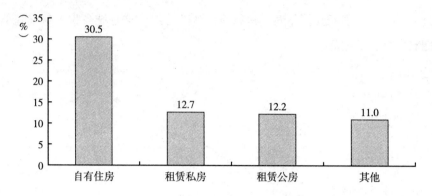

图5 城市住房状况与家庭小汽车拥有率的关系

图6显示的是农村住房状况与家庭小汽车拥有率的关系。在被调查的三类住房拥有者中，自有住房者有14242人，其家庭小汽车拥有率为13.6%，在三者中比例最高；租赁房者共1782人，其家庭小汽车拥有率为9.6%，在三者中比例最低；其他类型的住房拥有者为247人，拥有小汽车的家庭比例为10.5%。

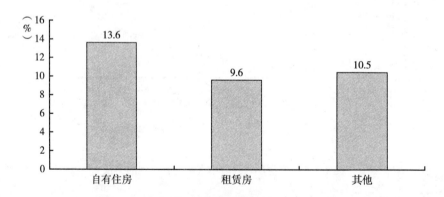

图6 农村住房状况与家庭小汽车拥有率的关系

3. 职业

本次调查将职业分为7个类别，分别是国家机关党群组织、企事业单位负责人，专业技术人员，办事人员和有关人员，商业、服务业人员，农、林、牧、渔、水利生产人员，生产、运输设备操作人员及有关人员和不便分类的其他从业人员。其中前三类是我们通常所定义的一个社会的中产阶级。

表 3 中可以看到，家庭小汽车拥有比例最高的职业是国家机关党组织、企事业单位负责人，被调查的总人数为 1685 人，小汽车拥有率为 45.1%。办事人员和有关人员的家庭小汽车拥有比例排名第二，为 31.3%，总人数为 5806 人。其后是专业技术人员，在 5707 位被调查者中，31.1% 的家庭拥有小汽车。而家庭小汽车拥有率最低的是农、林、牧、渔、水利生产人员，只占 7.9%。

从表 3 中可以看出，中产阶级及以上的家庭小汽车拥有率要明显高于其余阶层。

表 3　农村住房状况与家庭小汽车拥有率的关系

职　业	小汽车拥有状况		总　计
	有小汽车	没有	
国家机关党群组织、企事业单位负责人	760	925	1685
	45.1%	54.9%	100%
专业技术人员	1776	3931	5707
	31.1%	68.9%	100%
办事人员和有关人员	1819	3987	5806
	31.3%	68.7%	100%
商业、服务业人员	2332	7019	9351
	24.9%	75.1%	100%
农、林、牧、渔、水利生产人员	614	7176	7790
	7.9%	92.1%	100%
生产、运输设备操作人员及有关人员	357	1698	2055
	17.4%	82.6%	100%
不便分类的其他从业人员	190	720	910
	20.9%	79.1%	100%
总　　计	7848	25456	33304

4. 户口状况

不同于其他国家，中国的特殊历史背景决定了户口对于个人有着不一样的含义，它象征着一个人的身份。是农民还是市民，决定了一个人在教育、就业、社会地位等一系列问题上有着不同的处境，城乡分割的福利政策也赋予其经济的含义。

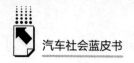

表4　户口状况与家庭小汽车拥有率的关系

汽车拥有状况	户口状况				总计
	本市（县）非农业户口	本市（县）农业户口	外地非农业户口	外地农业户口	
有小汽车	6626	2290	706	547	10169
	26.2%	14.3%	28.1%	18.0%	100%
没　有	18665	13747	1809	2497	36718
	73.8%	85.7%	71.9%	82.0%	100%
总　计	25291	16037	2515	3044	46887

本次调查共分四种户口状况：本市（县）非农业户口、本市（县）农业户口、外地非农业户口和外地农业户口。由表4可以看出，非农业户口的被调查者其家庭汽车拥有率高于农业户口的被调查者，而本市（县）与外地户口之间的差别不大。

四　个人因素

1. 受教育程度

受教育程度是一个人的文化资本，是多维度分层标准中的一个重要因素。它影响着个人和家庭的社会经济地位，因而在考察阶层与家庭小汽车拥有的相互关系时，是一个不可忽略的因素。

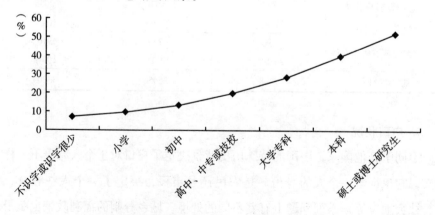

图7　受教育程度与家庭小汽车拥有率的关系

图 7 可以很明显地看出受教育程度和家庭小汽车拥有率之间有着正相关关系，在 46887 个有效样本中，不识字或识字很少的人占 1803 个，拥有小汽车的被调查者为 7.4%，是所有被调查者中比例最小的群体；其次是受教育程度为小学的被调查者，总数为 4736 人，拥有小汽车的家庭比例为 9.5%；受教育程度为高中、中专或技校的被调查者总数为 11837 人，拥有小汽车的家庭比例为 20.1%；而大学专科的总被调查人数为 8117 人，拥有小汽车的家庭比例为 28.7%；受教育程度为本科的被调查者总数为 6866 人，拥有小汽车的家庭比例为 40.0%；拥有小汽车的家庭比例最高的是硕士或博士研究生，被调查人数只有 678 人，但其拥有小汽车的比例高达 52.1%。

　　综上所述，随着受教育程度的增加，拥有小汽车的家庭比例也逐渐增加，二者相关关系明显。

2. 就业状况

表 5　城镇就业状况与家庭小汽车拥有率的关系

城镇就业状况	小汽车拥有状况		总计
	有小汽车	没有	
未就业	1896	8426	10322
	18.4%	81.6%	100%
国有经济单位职工（包括党政机关和事业单位）	2746	5420	8166
	33.6%	66.4%	100%
城镇集体经济单位职工	325	897	1222
	26.6%	73.4%	100%
城镇个体或私营企业主	1351	2310	3661
	36.9%	63.1%	100%
城镇个体或私营企业被雇者	1234	4279	5513
	22.4%	77.6%	100%
城镇自由职业者	259	868	1127
	23.0%	77.0%	100%
城镇离退休再就业人员	32	103	135
	23.7%	76.3%	100%
外资或港澳台企业员工	199	271	470
	42.3%	57.7%	100%
总　　计	8042	22574	30616

　　表5显示的是城镇就业状况与家庭小汽车拥有率之间的关系。可以看出，外资或港澳台企业员工的小汽车拥有比例最高，为42.3%；其次是城镇个体或私营企业主，有36.9%拥有小汽车；排名第三的是国有经济单位职工（包括党政机关和事业单位），拥有小汽车的比例为33.6%；未就业者小汽车拥有率最低，只占该群体的18.4%。

表6　农村就业状况与家庭小汽车拥有率的关系

农村就业状况	汽车拥有量		总计
	有小汽车	没有	
未就业	47	259	306
	15.4%	84.6%	100%
务农	555	6738	7293
	7.6%	92.4%	100%
务农以及各类定期、不定期零工	307	2716	3023
	10.2%	89.8%	100%
镇政府机关、事业单位	364	1508	1872
	19.4%	80.6%	100%
各类乡镇集体企业、私营企业企业主	415	810	1225
	33.9%	66.1%	100%
各类乡镇集体企业、私营企业被雇者	351	1727	2078
	16.9%	83.1%	100%
其他形式的农村就业	88	386	474
	18.6%	81.4%	100%
总　　计	2127	14144	16271

　　表6是农村就业状况对家庭小汽车拥有率的影响，不同于城镇被调查者，就业状况为务农的被调查者的家庭小汽车拥有比例最低，只有7.6%，并且正如前文所提到的，由于调查方式的特殊性（电话访谈），数据所呈现的农村家庭小汽车拥有率很有可能高于实际农村家庭小汽车拥有率，因而我们可以认为务农的农村居民其小汽车拥有率是很低的。这一低比例在其他农村就业状况的被调查者中情况类似，只有各类乡镇集体企业、私营企业企业主的家庭小汽车拥有率较高，为33.9%，远高于其余农村就业状况者。

五 家庭小汽车拥有与生活状况

1. 家庭小汽车拥有与生活满意度

图 8 显示的是家庭小汽车拥有与否与生活满意度之间的关系，两条折线分别表示有小汽车和没有小汽车的居民对生活满意程度五种选项的选择结果。图中可以明显看出有小汽车的被调查者平均生活满意度高于没有小汽车的被调查者。

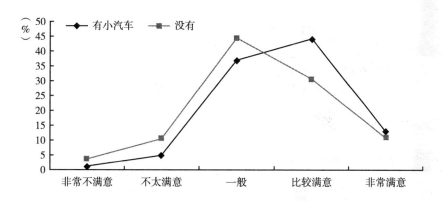

图 8　家庭小汽车拥有与生活满意度的关系

其中，3.8% 的没有小汽车的被调查者对生活非常不满意，人数为 1393 人，而这一比例在有小汽车的被调查者中只占 1.2%，人数只有 123 人；有小汽车的被调查者中对生活不太满意的比例是 4.9%，没有小汽车的被调查者对生活不太满意的比例为 10.5%；56.9% 的有小汽车的被调查者选择对生活满意（包括非常满意和比较满意），而该比例在没有小汽车的被调查者中只占 41.3%。

2. 家庭小汽车拥有与休息度

使用汽车的最初动机是使生活更便捷，但是从图 9 中我们并未发现家庭汽车拥有与休息度之间的相关性。休息度与个人和家庭的生活节奏有关，这其中可能有复杂的影响关系，本文暂不对此进行更多的探讨，可以在进一步的研究中对此进行深入分析。

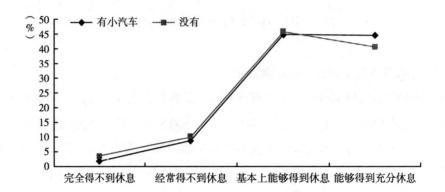

图9　家庭小汽车拥有与休息度的关系

3. 家庭汽车拥有与休闲度

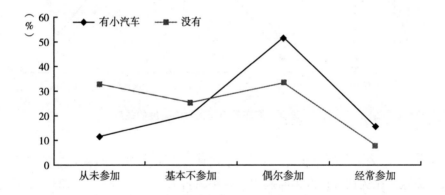

图10　家庭小汽车拥有与休闲度的关系

图10是对本次调查中家庭小汽车拥有与休闲度之间的数据分析。不同于休息度,休闲度与有无小汽车的交叉表显示出二者的相关性。有小汽车的被调查者从未参与和基本不参加休闲活动的比例分别为11.6%和20.6%,而没有小汽车的被调查者选择这二者的比例为32.9%和25.5%。有小汽车的被调查者选择偶尔参加和经常参加的比例分别为51.9%和15.9%,而没有小汽车的被调查者选择这二者的比例为33.4%和8.1%。可以认为,有小汽车的被调查者平均休闲度高于没有小汽车的被调查者。

五　结论与讨论

本文系从 2012 年的中国民生指数课题中选取部分问题，以探讨当今中国社会不同阶层家庭的小汽车拥有率问题，属于描述性统计，由于样本量很大，因而文章所得的以下结论也具有一定的推广意义：

1. 经济因素是影响家庭小汽车拥有率的一个重要原因

首先，对东中西部地区、城乡居民分别进行区分，发现东部居民家庭小汽车拥有率远高于西部和中部地区，而西部和中部地区之间家庭小汽车拥有率相差不大。城镇居民的家庭小汽车拥有率远高于农村居民。这是地区总体经济状况对当地家庭小汽车拥有率的影响。

其次，无论是农村还是城镇，自有住房者其家庭小汽车拥有率都高于其他住房状况者。这一点似乎印证了现今很多人对"有车有房"者的阶层定义。

在经济因素方面，最为直观的是收入，而本文的研究结果显示，在城镇地区，家庭小汽车拥有率在一段区间内会随着家庭收入的增加而增加，但收入达到一定程度之后，这一规律便不再明显；而在农村地区，收入的增长到达一个很高的水平之后，其对家庭小汽车拥有率的影响仍然是正向的。

2. 职业和就业状况也影响家庭小汽车拥有率

分析职业和就业状况，我们发现国家机关党群组织、企事业单位负责人，专业技术人员，办事人员和有关人员以及城乡个体或私营企业主这几类人的家庭小汽车拥有率较高，这使我们开始思考关于中产阶级和汽车拥有的关系问题。

中国社会正处在一个不断变革的"转型期"，我们很难通过收入的多少来定义"中产阶级"这一群体，要想研究这个群体的特性，通常采用的区分方法是运用职业划分的方法，在李璐璐和李升的《"殊途异类"：当代中国城镇中产阶级的类型化分析》一文中，作者用职业为"管理人员、技术人员、事务人员以及私营企业家（包括个体经营者）"来定义"中产阶级"。由此，借鉴这种定义方式，本文的分析可以得出"中产阶级的家庭汽车拥有率较高"

的结论。

3. 个人受教育程度对家庭小汽车拥有率有正向影响

通过对不同受教育程度者的家庭小汽车拥有率进行分析,得出受教育程度越高其家庭小汽车拥有率越高的结论。

教育程度作为文化资本的一个重要指标,在布迪厄的分层和再生产理论中占据重要地位,他认为资本共分为三种形式:经济资本、社会资本和文化资本,而文化资本的三种表现形式分别为身体化的形态、客体化的形态和制度化的形态,其中身体化的形态就是体现在人们身心中根深蒂固的那些性情倾向,受教育程度是其重要的指标。

受教育程度这种文化资本影响一个人的阶层分布,同时也影响着家庭小汽车的拥有率,本文尚未深入研究这三者之间具体的相互关系,可留待以后进一步分析。

4. 家庭小汽车拥有对生活满意度和休闲度都有正向影响

调查数据显示,拥有小汽车的家庭成员其平均生活满意度要高于没有小汽车的家庭成员,并且拥有小汽车的家庭成员其平均休闲度也明显高于没有小汽车的家庭成员。但是这一点在休息度上表现得并不明显。

通过以上几个结论,可以发现小汽车的拥有似乎处在社会分层因素和社会分层结果之间的一个"暧昧"的位置,但可以确定的是,它与二者之间都有着明显的相关性。不同的经济条件是社会分层的重要因素,因而具有不同的消费能力的不同阶层者其购买小汽车的能力不同,但同时,不同阶层的消费者其消费品位也迥异,而在商品变得越来越符号化,人变得越来越客体化的今天,汽车的符号意义也越来越明显。正如凡勃伦提出的"炫耀性消费"概念,汽车是一种具有阶层象征的商品,它划定了穷人与有车者之间的界限。

但又如布希亚所言,不同阶层的人都在致力于向上层品位靠拢,而"消费者在消费中体验其自由、抱负和选择……其力求区别于他人的努力必然使自己进入超出自身范围的一般差异秩序中……通过在差异秩序中占据一席之地,每个人都会觉得其独特的社会地位是绝对的……但(社会的)差异秩序却一仍如旧",这又是一种无可避免的悖论。

An Analysis on Possession of the Private Car
in Different Social Stratification
of China in 2012

Quan Jing   Wang Junxiu

Abstract: Based on the data from China Livelihood Index, which investigated the basic information of 51100 samples throughout the whole country, this report selected the related questions to analyze the possession of private car in different social stratification of China in 2012. This report describes families of China with unequal geographical factors, socio-economic status factors and personal factors have different possession of private car in 2012. The analysis finds that economic factors impact on the family car ownership significantly. The occupation and employment situation also impact the possession of family car. And one's education level has a positive influence of the family car ownership rate. As the results of car possess, the possession of family car have a positive influence on life satisfaction and leisure degree.

Key Words: Social stratification; Possess of family car

B.10

2012 中国汽车消费趋势报告

肖明超*

摘 要:

汽车产业在 20 世纪 80 年代有过高速增长,当时汽车产品长期供不应求,而汽车工业也饱受短缺经济的困扰。低速增长的 90 年代,汽车工业发愁的是消费能力不足;2001 年入世以后,是汽车工业真正的黄金十年,近年汽车保有量在一线城市,乃至二、三线城市已经趋于饱和。那么,在 2012 年汽车消费又出现了哪些新的变化和趋势呢? 准车主们在选购汽车时有哪些考虑因素? 来自"驾驭中国"的一项对北京、上海、郑州、济南、西安、长沙、苏州、昆明等 8 个城市的调查,对中国准车主的消费趋势进行了详细解读。

关键词:

汽车消费 汽车偏好 准车主 影响因素

引 言

2010 年以来,中国汽车市场从井喷式的发展中逐步调整回归,据中国汽车工业协会统计分析,2012 年 1~10 月中国乘用车销量达到 1257.08 万辆,其中轿车销量达到 871.31 万辆。[①] 据粗略统计,中国市场上汽车品牌有 100 多个(不含具体的车型品牌),已经成为全世界拥有汽车品牌最多的国家,即便如此,仍有新的汽车品牌源源不断出现。相比成熟的欧美市场,中国汽车品牌已经出现严重过剩的局面,美国市场除了通用、福特、克莱斯勒三大汽车公司外,只有日韩和

---

* 肖明超,新生代市场监测机构副总经理。

① 中国汽车工业协会统计信息网 http://www.auto-stats.org.cn。

少数欧洲汽车品牌，而年产销规模上千万的欧洲，除了占据统治地位的欧洲品牌，外来者也只有少数日韩系车，连美系车都很难见到。在中国，汽车产业和品牌集中度也越来越高，汽车市场的竞争日益激烈，据中国汽车工业协会的统计，2011 年销量排名前十的汽车企业上汽、东风、一汽、长安、北汽、广汽、奇瑞、华晨、江淮和长城的销量已经占全国汽车销售总量的 87%，集中度较上年进一步提升。[①]除了国产品牌和合资品牌，还有很多外资品牌也在中国市场占有一席之地。

近年来，度过井喷式发展阶段的中国汽车市场，消费逐渐理智化，汽车销量增长率逐年放缓，未来汽车市场消费情况仍显扑朔迷离。来自中国最大的准车主渠道运营商——"驾驭中国"于 2011 年启动了针对中国准车主汽车消费的"中国准车主汽车消费风向标研究"项目，通过连续性追踪的方式研究预测中国的汽车消费趋势，2012 年 9～10 月，该项研究针对北京、上海、郑州、济南、西安、长沙、苏州、昆明等 8 座城市的准车主，抽取了代表性的驾校，针对在驾校学车并打算在未来 1 年买车的消费者进行了调查，共完成有效样

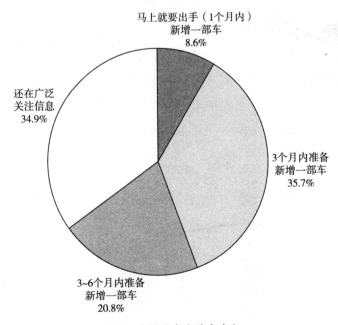

图 1 中国准车主购车意向

---

① 孙金凤：《中国能容下多少汽车品牌？大品牌仍然一统天下》，《北京晨报》2012 年 2 月 21 日。

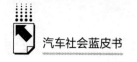

本 1085 个，通过深入挖掘准车主的人群变化及其对汽车消费的现实需求、偏好，从消费者的角度寻找未来汽车消费市场的变化趋势。

一 不断变化的中国汽车购买人群

随着中国经济的高速发展，汽车在城市居民的生活里已经越来越普遍，在很多家庭里，拥有多辆汽车并不罕见，在本次调查中，20.5% 的有车一族家庭里都有 2 辆汽车，换车也已经变得很平常。在过去的 2012 年中国的购车人群发生了一系列新的变化。

（一）人群高端化

调查显示，中国准车主人群覆盖了最具购买力的群体，制造业、批发和零售业、信息传输、计算机服务和软件业（含电信和互联网服务业）、建筑业（包括装饰装修）等行业从业人员都是准车主的主要成员。而从职务上看，公司/企业管理者、白领人群、私营业主、中高级专业信息/技术/工程人员是准车主集中度比较高的群体。这些人在消费上较为活跃，也是每个城市中收入较高的群体。在本次调查中，各级别城市准车主排行前五的主流职务都比较集中，一线城市中，企业/公司一般职员是准车主的主力军，在准车主职务中的比例高达 29.7%；在二线城市中，私营业主占准车主人群的比例最大，高达 31.0%；而

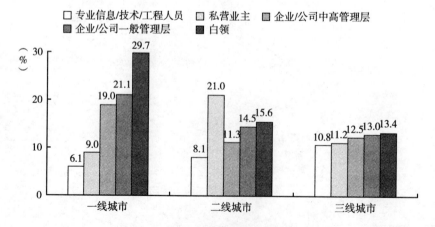

图 2　不同级别城市准车主的职务

三线城市里五类职务的准车主的具体分布与一、二线城市存在较大的差别。

  同时，准车主人群也是城市中最具有购买力和活力的群体，属于城市中的高收入群体，本次调查中，个人月收入平均达 6723.5 元，家庭月收入达 15660.2 元，也可以说，中国汽车社会的主要参与人群是每个城市中的中产阶级，这些人的意见和汽车消费方式以及今后的汽车使用方式都是值得关注的。

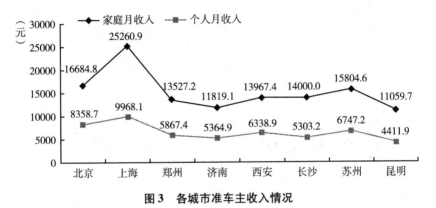

图3 各城市准车主收入情况

  学历：中国城市准车主的 3.9% 拥有研究生及以上学历，51.1% 拥有大学本科学历，25.0% 拥有大专学历，合计为 80.0%。2010 年拥有大专以上学历的准车主仅为 65%，准车主高学历、高收入特征越来越明显。

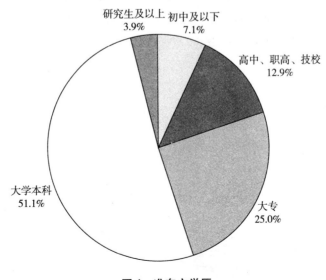

图4 准车主学历

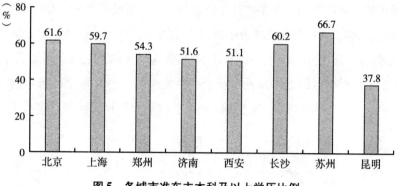

图5 各城市准车主本科及以上学历比例

从职业、收入、学历三方面看，中国城市准车主都属于城市中产阶级，不但汽车消费力强大，对汽车的需求、购车看重因素也有更高的品味。

（二）男女日益"平等"：女性消费群兴起

过去汽车是男人热衷的消费品，大多数汽车品牌宣传广告的宣传对象也是以男性为主，但是近年来女性也逐渐成为准车主当中的生力军，以往以男性为主体的汽车消费群，正在向男女均衡发展。特别是一线城市中，女性准车主的比例达55.8%，甚至超过男性准车主的比例，世界各大汽车厂商都已经注意到了这一发展趋势，开始有意识地专为女性消费者开发有特色的汽车产品，随着女性购车比例的逐渐增加，相信在未来的几年里女性对购车的影响也会越来越大。同样，女性对于汽车社会的广泛参与也需要引起关注。

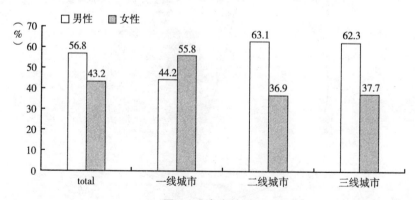

图6 准车主性别

（三）汽车消费者年轻化："80 后""90 后"成消费主力

准车主年轻化的一个体现是未婚人群占有很大比例，2012 年城市准车主中未婚人群的比例为 41.1%，其中 23.3% 的准车主已经工作了几年，但还没结婚；11.4% 的准车主刚毕业走向社会，这两类人群都是未来 5 年汽车消费的主力人群。

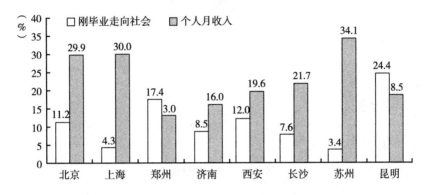

图 7 各城市重点未婚准车主生活状态

就年龄而言，城市准车主的平均年龄为 29.8 岁，2011 年为 30.0 岁。随着城市级别的下沉，准车主年龄同步下降，三线城市中 30 岁以下的准车主已经占到 66.3% 的比例。

"奔三"的"80 后"成为汽车消费的主力，对于汽车而言，年轻人的消费观将直接影响未来汽车消费市场的发展，不少汽车制造商已把"80 后"看作自己不可缺少的消费群体，针对"80 后"也采取了种种营销举措，获得了一定成效，汽车社会同样需要关注这些新一代群体的意见，80 后比前代人更会搜罗知识和信息，比前一代人更具有消费欲望，也比前代人有更多扩展见识和探索组合知识的热情，需要引起重视。另外，2012 年"90 后"也开始进入职场，部分品牌已经将目光投向"90 后"，在未来 10 年，"90 后"将成为汽车消费的生力军。

三线城市的 30 岁以下准车主所占比例最大，高达 66.3%；二线城市 30 岁以下准车主比例为 56.2%；一线城市 30 岁以下准车主比例为 54.2%。由于限购等原因，二、三线城市居民购车比一线城市更容易，而且去驾校学车程序也更简单，年轻人也就更多地加入准车主的行列。

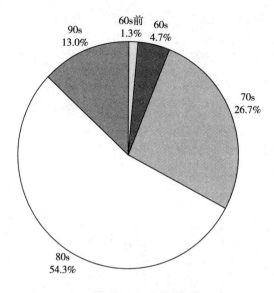

图8 准车主年龄代际

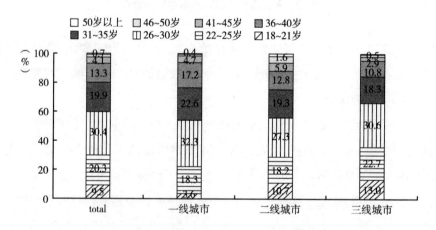

图9 各级别城市准车主年龄段分析

二 准车主汽车购买意向

近年来"北上广"等一线城市受到治堵政策、油价上调和停车难这几个问题的困扰，牵制了其汽车市场的消费增长，而经济发达的二线、三线城市在收入水平提高和消费结构升级的带动下，对不同档次汽车的需求逐渐提高，成为了中国汽车消费的主要增长区域。

（一）车型偏好的区域区隔明显

在本次调查中，准车主们平均对比过 4.05 款车型，其中小型车、中型车、紧凑型车仍为较受准车主欢迎的车型。进一步细分城市级别来看，一线城市对于紧凑型车、中高级车的偏好度比二、三线城市更为明显，二线城市对于小型车的偏好度高于其他城市，三线城市消费者对于大型车/豪华车、SUV 的偏好度高于一线城市。

区域汽车产品的消费需求差异说明，中国各地区的区域文化直接影响汽车消费的区域版图，针对这种不同区域的消费差异，不同的汽车品牌在不同的区域里，既要保持品牌的全国一致性，又要保持在各地的差异化，对于交通问题的管理也需要根据各地的汽车拥有现状进行个性化规划和政策的制定。

表 1　中国准车主期望购买的车型

单位：%

购车类型	Total	一线城市	二线城市	三线城市
微型车	6.1	2.9	2.7	9.8
小型车	28.9	17.9	37.6	32.5
紧凑型	35.0	41.6	33.9	31.1
中型车/中级车	15.4	22.9	13.4	11.2
中大型车/中高级车	5.0	8.6	2.2	3.9
大型车/豪华车	0.8	0.7	0.5	10.0
SUV	8.1	4.7	9.1	10.0
跑车	0.3	0.7		0.2
新能源车	0.2		0.5	0.2

（二）SUV 呈现消费潜力

尽管 2012 年国内乘用车销量增速放缓，但 SUV 仍然一枝独秀，根据中国工业协会最新发布的 2012 年 10 月份汽车销售数据，SUV 在 1～10 月已经累计销售了 160.41 万辆，累计同比增长 27.3%，远超乘用车整体市场 6.9% 的同比增长率；而在乘用车市场中，SUV 的市场占有率为 12.7%，已经成为继中级车市场之后的第二大细分市场。面对一个增速如此高的市场，各大车企加紧了新产品的投入，据不完全统计，2012年各大厂家推出的全新或改款SUV产品超过60款。

在本次调查中，11.3%的准车主表示出倾向于购买SUV，尤其在二、三线城市，更多人愿意购买SUV，而性能好、内部空间大是SUV最吸引准车主的地方，正如中国机械联合会执行副会长张小虞所说，导致SUV市场的增长主要有三大需求，第一是用户对于行车安全性的更高要求；第二是中国消费者对汽车的追求已经演变成丰富多彩的生活方式；第三是SUV可以满足消费者更加个性化的需求。在不同代际人群中，年轻人特别是"90后"对于SUV的需求更为突出，年轻人市场也将成为SUV下一个重要的市场。

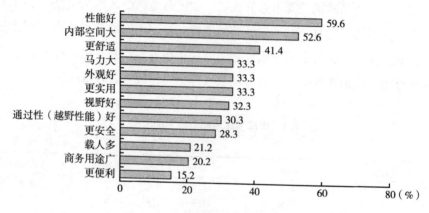

图10　准车主倾向购买SUV的原因

在SUV的产地上，42.3%的SUV准车主希望购买合资品牌，23.7%希望购买纯进口品牌，2.1%希望购买本土品牌，本土品牌的基础比较薄弱。而在价位上，预购的平均价位在23.6万元，20.2%的SUV准车主预购价位在30万元以上。

（三）购车考虑因素多样化

尽管汽车在城市居民的生活里已经不是一件稀罕的产品，甚至很多家庭拥有不止一辆汽车，但是汽车仍然是一件比较大的消费品，准车主们在选购时需要考虑各方面的因素。准车主最注重的是品牌声誉，口碑的力量可以代表很多方面的表现——性价比、质量、售后服务等。其次，是燃油经济性，在CPI日益走高的岁月中，油价高企成为车主们无法回避的痛。同时，安全性、发动机

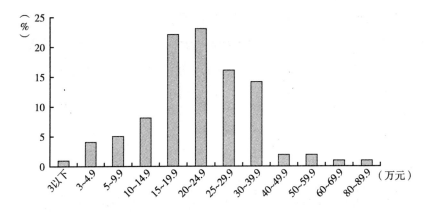

图 11　SUV 准车主价位偏好

排放量、外观造型也是准车主所看重的。在与消费者沟通的过程中，如何呈现更多的汽车品牌的信息内涵，成为能否吸引消费者的关键，单纯的品牌曝光已经很难满足准车主的需求。

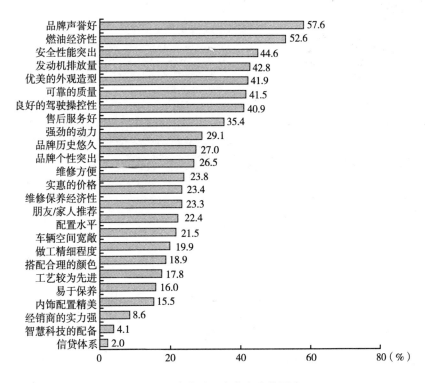

图 12　准车主购买汽车考虑的因素

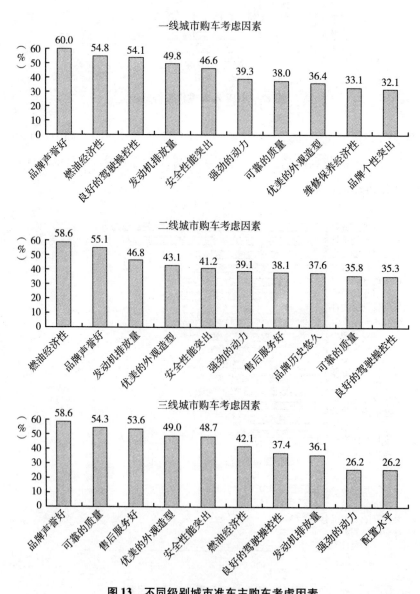

不同级别城市准车主在购车时考虑的因素也有差别，一线城市对于驾驶操控性关注度高，而对外观的关注度明显低于二、三线城市；二线城市最为务实，将燃油经济性提升至首位，对于发动机排放量的关注也高于一线和三线城市；三线城市看重安全和售后服务，对于燃油经济性、发动机排量、强劲动力的关注低于总体。

图13　不同级别城市准车主购车考虑因素

（四）汽车购买价格预期提高

本次调查中，准车主家中已有汽车的平均价位在 191440.0 元，而预购价位为 203135.2 元。预购价位主要集中在 5 万 ~39.9 万元之间，分布有 10 万 ~14.9 万元和 30 万 ~39.9 万元两个波峰，5 万 ~9.9 万元、15 万 ~24.9 万元的比例也在 10% 以上。与已有车价位相比，在 30 万 ~39.9 万元中型车市场有较大幅度的增长。

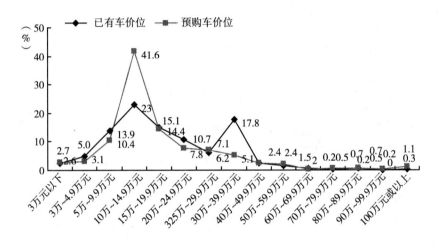

图 14　准车主已有及预购价位分布

（五）预购车产地：首选合资品牌

中国汽车行业在由合资品牌一家独大发展到自主品牌与合资品牌交锋之后，正在迎来合资、自主以及合资自主品牌"三强争锋"的格局。但是，目前合资品牌依然是消费者的首选，40.3% 的准车主愿意选购合资品牌，28.1% 准车主愿意选购纯进口车，只有 22.8% 的准车主愿意购买本土品牌。

从各级市场看，一线城市准车主愿意购买合资品牌的比例最大，有56.3%；二线城市预购本土品牌的比例较高，达到 25.7%。从年龄层面上看，年龄越小，愿意购买本土品牌的比例越低，"90 后"愿意购买纯进口车的比例已经超过购买合资品牌的比例，高达 30.4%。

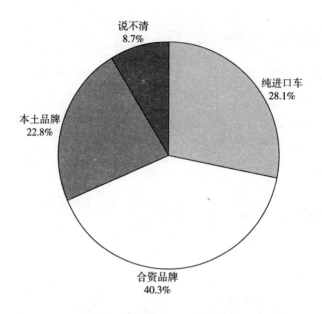

图 15　准车主购车意向——产地

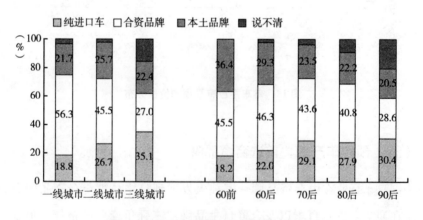

图 16　不同准车主群体购车意愿——产地

在中国汽车政策导向和汽车市场井喷的背景下，越来越多的国内合资车企不再仅仅满足于引进车型，而是着力在中国汽车市场进行研发，打造更符合中国消费者喜好的车型和更加符合中国市场特点的品牌。

但是，缺乏自有技术依然是制约中国自主汽车品牌发展的最大瓶颈，几十年来中国汽车行业依靠市场换技术之路并不顺利，目前合资车企的核心技术依旧掌握在外方企业手中，中国汽车产业要谋求在中国市场和国际市场长远发展的主动权，培育出过硬的自主品牌，就必须努力突破跨国公司的技术垄断与封锁，大力开展自主创新，掌握具有核心技术的知识产权，这样才能培育中国人自己的知名品牌，中国汽车才有可能在激烈的市场竞争中立于不败之地。

（六）高端品牌平价车型受欢迎

高端品牌汽车一直以来都是有钱人的"玩具"，对普通百姓而言它们都是奢侈品，大家会敬而远之，但是 2012 年以来，很多高端豪华品牌汽车厂家都推出了面向中低端市场的车型。对于这种现象，消费者如何看待呢？调查显示，45.8% 的准车主表示支持，认为豪华车此举可以让更多人接触高端品牌，15.3% 的准车主认为高端品牌的产品肯定是好的。而有 38.6% 的准车主会考虑购买这些高端品牌推出的低价位车，特别是二线城市购买这类汽车的意愿最高，年龄越小，越倾向于购买高端品牌较低价位的产品。

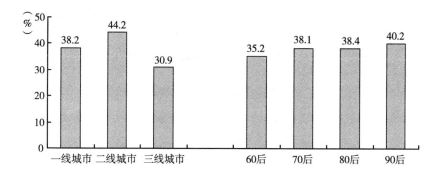

图 17　不同准车主群体考虑购买高品牌低价位车的比例

（七）二手车消费市场发力

国内汽车保有量的增加，以及汽车市场的迅速扩大和相关政策的不断完善，为国内二手车市场发展奠定了坚实的基础。中国汽车流通协会常务副会长兼秘书长沈进军在中国汽车流通协会第四届四次理事会工作报告中说，据协会不完全统计，国内二手车交易量（以乘用车为主）从 2000 年的 25.2 万辆增加

到 2011 年的 433.2 万辆，增长了 17 倍，2012 年 1～9 月，全国二手车交易量达到 347.7 万辆，同比增长 14.2%，远高于同期新车增长幅度，协会预计 2012 年全年二手车交易量将突破 500 万辆，占当年乘用车新车销量的 1/3 左右。

本次调查中有 26.4% 的准车主表示可以考虑购买二手车，二、三线城市比一线城市对于二手车的需求强烈。国家商务部在 2012 年 8 月份已经正式下发《二手车鉴定评估规范（征求意见稿）》，预计新规 2013 年将正式实施。新规要求，未来在进行二手车交易时，旧车必须有第三方鉴定机构做出的包括车身、发动机和底盘、路试等一系列检查，并配以包含建议售价和评分的检测报告，这些政策的实施也将促进二手车市场的增长。

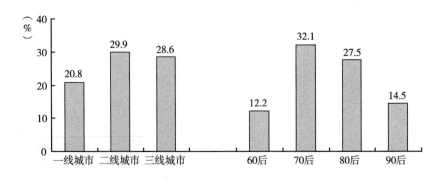

图 18　不同准车主群体考虑购买二手车的比例

三　准车主汽车信息获取方式：立体化传播变得愈加重要

汽车已经成为城市居民日常生活中的常见产品，无论是有实际购车需求的人，还是汽车爱好者，抑或普通老百姓，人们对于汽车相关产业信息、品牌故事、车界动态、政策法规、维修保养、交通路况等汽车信息的需求日益增加，尤其是准车主，收集汽车信息是一件非常迫切的事情。

调查发现，中国消费者对于汽车的了解程度并不深，有 41.1% 的城市准车主认为自己了解很多汽车相关的知识，39.5% 的城市准车主认为自己熟悉汽车的各项性能指标，35.8%的准车主认为自己对汽车的内部结构非常了解，而56.4%的准车主认为自己对于关注的汽车品牌比较了解。同时，准车主对于汽车信息的需求也非常多样化，车型介绍是准车主最想要进一步了解的信息，其次是品牌介绍和汽车价格的变动。

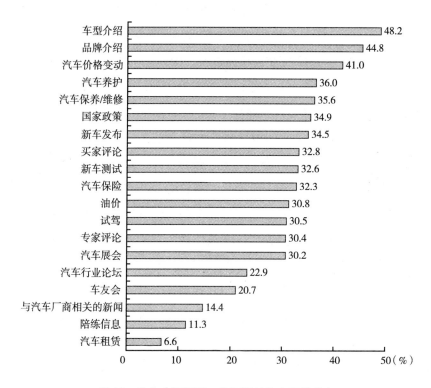

图 19　准车主需要进一步了解的汽车相关信息

在日常生活中，准车主们获取汽车信息的主要渠道是各种各样的媒体，庞大的需求催生了欣欣向荣的汽车媒体市场。

我国报纸上最早的有关汽车的报道可见于 20 世纪初。早在 20 世纪 20 年代初期，《申报》在每周星期三的"本埠增刊"上开设了以"汽车新闻"为标题的专栏新闻。1984 年，中国汽车工业总公司创办了《中国汽车报》，结束了我国没有专业汽车报纸的历史。现在汽车报纸的类型有专业汽车报纸、传统报纸汽车专版/专刊。

我国第一本汽车杂志是 1955 年交通部创办的《汽车译丛》。1986 年，中

国汽车工程学会创办了我国第一本面向大众的汽车杂志——《汽车之友》，普及汽车知识，宣传汽车文化。《汽车之友》的出现填补了国内大中汽车杂志媒体的空白。随着我国汽车产业的不断发展，新的汽车杂志应运而生。与此同时，汽车杂志由过去的单纯技术介绍转变为大众化的消遣读物。

汽车广播即以交通广播为代表的广播媒体。上海人民广播电台在1991年开办交通广播，是我国第一家以服务大众交通、传播汽车信息为主的广播。1991～2000年，成立了42家交通广播电台，国内几乎所有省会城市及直辖市相继开办了交通广播。进入新千年，全国各地交通广播不断涌现，截至目前，全国各省、自治区（西藏地区除外）、直辖市都开办了交通广播。根据全国广播媒体频率一览表（《2009～2010中国广播研究报告》第306～333页）统计，目前，我国共有176家汽车广播。汽车广播的目标受众是交通的参与者，包括开车人和坐车人，也包括与所有交通活动有关的人群。[①]

汽车电视是指面向有车族和爱车族、专门提供汽车类资讯的电视媒体。在我国，汽车电视节目已走过十余年的发展历程，"形成了以省市区和卫视的汽车栏目为主体、城市台汽车电视专栏为辐射状连接的基本框架"。我国的汽车电视分布集中在京津、长三角、珠三角和两湖地区。

网络汽车媒体是基于网络的汽车信息和有关汽车服务的传播平台。我国最早的网络汽车媒体成立于20世纪90年代，到现在，我国汽车网络媒体总数已超过500家。网络汽车媒体的主要功能是传播汽车资讯，提供相关服务，搭建互动平台。网络汽车媒体的类型有：专业汽车网站、门户网站汽车频道、汽车生产商或经销商的公司网站、社交网站中的汽车媒体。

除了上述各种媒体，人们获得汽车消息的渠道十分广泛，比如充斥在人们生活空间中的各种广告、4S店推广册/销售员介绍等，另外，与家人朋友同事的交流也是人们获得汽车信息的重要渠道。在本次调查中，人们关注过的汽车媒体呈现出多样化的特征，亲朋好友、同事交流是使用最普遍的信息渠道。相比较而言，线下渠道的普及型更强。全国性的垂直类汽车网站和门户网站的汽

---

① 《中国广播听众及其收听行为新趋势》，《2009～2010中国广播研究报告》，中国传媒大学出版社，2010。

车频道是仅有的两个进入使用前十名的线上渠道，但是在最信任的渠道里，全国性的垂直汽车网站排行第二。

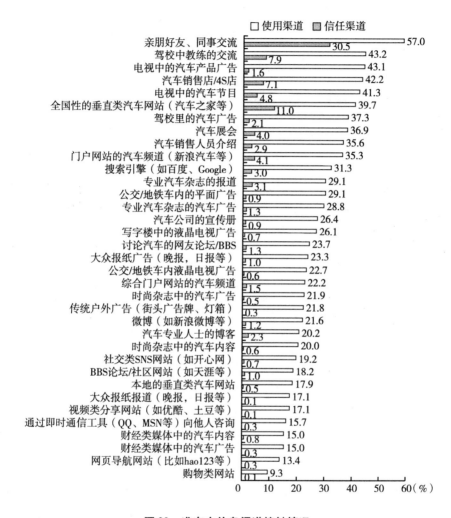

图例：□ 使用渠道　■ 信任渠道

渠道	信任渠道	使用渠道
亲朋好友、同事交流	57.0	30.5
驾校中教练的交流	43.2	7.9
电视中的汽车产品广告	43.1	1.6
汽车销售店/4S店	42.2	7.1
电视中的汽车节目	41.3	4.8
全国性的垂直类汽车网站（汽车之家等）	39.7	11.0
驾校里的汽车广告	37.3	2.1
汽车展会	36.9	4.0
汽车销售人员介绍	35.6	2.9
门户网站的汽车频道（新浪汽车等）	35.3	4.1
搜索引擎（如百度、Google）	31.3	3.0
专业汽车杂志的报道	29.1	3.1
公交/地铁车内的平面广告	29.1	0.9
专业汽车杂志的汽车广告	28.8	1.3
汽车公司的宣传册	26.4	0.9
写字楼中的液晶电视广告	26.1	0.7
讨论汽车的网友论坛/BBS	23.7	1.3
大众报纸广告（晚报，日报等）	23.3	1.0
公交/地铁车内液晶电视广告	22.7	0.6
综合门户网站的汽车频道	22.2	1.5
时尚杂志中的汽车广告	21.9	0.5
传统户外广告（街头广告牌、灯箱）	21.8	0.3
微博（如新浪微博等）	21.6	1.2
汽车专业人士的博客	20.2	2.3
时尚杂志中的汽车内容	20.0	0.6
社交类SNS网站（如开心网）	19.2	0.7
BBS论坛/社区网站（如天涯等）	18.2	1.0
本地的垂直类汽车网站	17.9	0.5
大众报纸报道（晚报，日报等）	17.1	0.1
视频类分享网站（如优酷、土豆等）	17.1	0.1
通过即时通信工具（QQ、MSN等）向他人咨询	15.7	0.3
财经类媒体中的汽车内容	15.0	0.8
财经类媒体中的汽车广告	15.0	0.3
网页导航网站（比如hao123等）	13.4	0.3
购物类网站	9.3	0.1

0　10　20　30　40　50　60（%）

图20　准车主信息渠道接触情况

在对汽车信息的关注渠道上，不同级别城市有较大的差别。一线城市获取汽车信息比较依赖网络渠道，全国性垂直类汽车网站、门户网站的汽车频道、驾校渠道都是准车主最关注的渠道。口碑传播在二、三线城市效果更显著，亲朋好友、同事交流是最重要的信息渠道，二、三线城市准车主对搜索引擎的使用也比一线城市要显著。另外，二线城市更注重线下渠道，汽车展会、汽车销售店/4S 店的比例分别为 43.9% 和 36.9%，二线城市准车主有更多的时间能够到现场了解汽车，到店率与成交率更容易转化。三线城市准车主更相信电视信息，电视中的汽车产品广告、电视中的汽车节目是他们获取汽车信息的第二、三类渠道，三线城市准车主更容易受到汽车品牌在电视上投放的广告和进行的公关活动的影响。

附表　不同级别城市准车主汽车信息关注渠道

一线城市		二线城市		三线城市	
全国性的垂直类汽车网站（太平洋汽车网等）	56.8%	亲朋好友、同事交流	55.6%	亲朋好友、同事交流	60.9%
驾校中教练的交流	56.5%	汽车展会	43.9%	电视中的汽车产品广告	50.6%
门户网站的汽车频道（新浪汽车等）	53.2%	汽车销售店/4S 店	36.9%	驾校中教练的交流	43.7%
亲朋好友、同事交流	52.2%	电视中的汽车产品广告	35.3%	电视中的汽车节目	43.5%
电视中的汽车节目	47.8%	门户网站的汽车频道（新浪汽车等）	33.2%	汽车销售店/4S 店	41.5%
驾校里的汽车广告	46.8%	汽车销售人员介绍	32.6%	驾校里的汽车广告	39.1%
汽车销售店/4S 店	46.8%	专业汽车杂志的汽车广告	29.9%	全国性的垂直类汽车网站（太平洋汽车网等）	33.4%
汽车销售人员介绍	42.1%	专业汽车杂志的报道	29.4%	汽车销售人员介绍	32.4%
汽车展会	41.7%	全国性的垂直类汽车网站（太平洋汽车网等）	27.8%	汽车展会	30.5%
专业汽车杂志的报道	38.8%	搜索引擎（如百度、Google）	27.3%	搜索引擎（如百度、Google）	29.7%
专业汽车杂志的汽车广告	38.5%	电视中的汽车节目	26.7%	公交/地铁车内的平面广告	29.5%
电视中的汽车产品广告	37.4%	大众报纸广告（晚报，日报等）	26.2%	汽车公司的宣传册	24.6%
搜索引擎（如百度、Google）	36.3%	驾校中教练的交流	22.5%	写字楼中的液晶电视广告	24.3%
公交/地铁车内的平面广告	35.6%	写字楼中的液晶电视广告	21.9%	门户网站的汽车频道（新浪汽车等）	24.1%
汽车公司的宣传册	33.8%	汽车专业人士的博客	20.9%	讨论汽车的网友论坛/BBS	23.8%
综合门户网站的汽车频道	32.7%	讨论汽车的网友论坛/BBS	20.3%	微博（如新浪微博，区别于博客）	22.9%

续附表

一线城市		二线城市		三线城市	
写字楼中的液晶电视广告	31.7%	驾校里的汽车广告	19.3%	专业汽车杂志的报道	22.4%
社交类 SNS 网站（如开心网）	31.7%	汽车公司的宣传册	19.3%	专业汽车杂志的汽车广告	21.6%
传统户外广告（街头广告牌、灯箱）	30.9%	时尚杂志中的汽车广告	18.7%	大众报纸广告（晚报，日报等）	21.4%
汽车专业人士的博客	28.8%	公交/地铁车内的平面广告	18.7%	公交/地铁车内液晶电视广告	20.9%
时尚杂志中的汽车内容	28.4%	公交/地铁车内液晶电视广告	18.2%	时尚杂志中的汽车广告	19.4%
公交/地铁车内液晶电视广告	28.4%	本地的垂直类汽车网站	18.2%	综合门户网站的汽车频道	18.4%
时尚杂志中的汽车广告	27.7%	微博	17.6%	传统户外广告（街头广告牌、灯箱）	18.2%
本地的垂直类汽车网站	27.3%	传统户外广告（街头广告牌、灯箱）	16.0%	大众报纸报道（晚报，日报等）	17.0%
讨论汽车的网友论坛/BBS	25.9%	时尚杂志中的汽车内容	15.5%	时尚杂志中的汽车内容	16.2%
财经类媒体中的汽车广告	24.8%	大众报纸报道（晚报，日报等）	15.0%	BBS 论坛/社区网站（如天涯等）	16.2%
大众报纸广告（晚报，日报等）	24.1%	BBS 论坛/社区网站（如天涯等）	15.0%	通过即时通信工具(QQ、MSN 等)向他人咨询	15.7%
财经类媒体中的汽车内容	23.7%	综合门户网站的汽车频道	15.0%	视频类分享网站	15.2%
BBS 论坛/社区网站（如天涯等）	23.4%	社交类 SNS 网站（如开心网）	14.4%	汽车专业人士的博客	14.0%
视频类分享网站	23.4%	网页导航网站（比如 hao123 等）	13.4%	网页导航网站（比如 hao123 等）	13.8%
微博	22.3%	通过即时通信工具(QQ、MSN 等)向他人咨询	12.3%	社交类 SNS 网站（如开心网）	12.8%
大众报纸报道（晚报，日报等）	18.7%	财经类媒体中的汽车内容	11.8%	财经类媒体中的汽车广告	11.5%
通过即时通信工具(QQ、MSN 等)向他人咨询	18.0%	视频类分享网站	11.8%	本地的垂直类汽车网站	11.3%
购物类网站	15.5%	购物类网站	9.1%	财经类媒体中的汽车内容	10.6%
网页导航网站（比如 hao123 等）	12.9%	财经类媒体中的汽车广告	8.0%	购物类网站	5.2%

准车主的汽车消费观念受到媒体的影响颇深，无论是对于汽车品牌的认知、汽车性能的介绍，还是汽车品牌形象的感知，品牌需要通过媒体的宣传在准车主心目中形成立体形象。汽车信息传播和汽车品牌的塑造需要线上线下结合，需要将信息传递与现场体验相结合，才能更好地影响准车主的认知。对于汽车社会和汽车文明的教育也需要采取相应的立体化传播策略，才能真正让未来的车主成为汽车文明的建设者。

四　结论与建议

在中国这样一个拥有世界上最多人口的国家里，汽车消费的大众化浪潮所带来的社会影响将是深远的、广泛的，汽车消费影响的不止是一国的经济和产业，对人们的生产和出行方式、居住选择、生活方式等都会有所影响，甚至影响到一国的文化。越来越多的中国家庭开始了有车生活，在汽车社会逐步成型的过程中，人们发现"车"与"社会"的矛盾也越来越突出，中国向汽车社会的转型必将是一个充满纷争和痛苦的过程。

在汽车消费人群方面，年轻一代的消费需求在逐渐显现，中国汽车消费低龄化已经是个不争的事实，汽车在产品设计、市场营销方面更多地要迎合年轻人的口味，以往汽车的"高端""稳重"的形象已经不能再通吃市场；女性的消费力也在逐渐增加，女性在家庭中的消费决策力不容小觑，以往汽车品牌、经销商都是在与男性消费者"沟通"，而对于新的目标群体，改变已经迫在眉睫；二手车市场的需求量也在加大，面对的又是另外一群消费者。越来越多类型的准车主加入到购车大军中，汽车企业需要用新的方式与消费者进行沟通。

油价上涨、限购限行、城市拥堵、交通事故带来的负面影响层出不穷，但是，中国进入汽车社会的潮流是无法阻挡的。在汽车市场高速发展的二、三线城市，厂家纷纷加大对市场的网点布局，寄希望于二、三级市场进一步拉动整体车市的高速增长。

一个成熟的汽车社会不仅仅表现在汽车的数量上，更重要的是要有汽车文明的建立，让人们不但有车，而且还知道如何正确买车、用车，自觉地将行为与整个社会的发展联系起来，而这需要政府政策、市民自律等多方面的努力。

对于政府相关决策部门而言，必须关注人的需求变化，把握人的需求，合理地引导消费者的需求，才能在此基础上建立规范的、文明的汽车社会秩序。而对于汽车企业而言，同样需要去关注消费者的需求，关注消费者跟汽车之间关系的变化，并针对消费者需求形成有效的营销策略，并要站在汽车社会参与者的角度，履行应尽的社会责任，才能推动汽车市场的良性发展。

2012 Trends Report of Automobile Consumption

Xiao Mingchao

Abstract: The automobile industry had increased rapidly in the 1980s when the car product demand exceeded supply for a long time, and then the automobile industry also suffered worry of shortage economy. In the 1990s with low speed growth, the concern about auto industry was the lack of consumption ability; after China's entry into WTO in 2001, automobile industry experienced the real tengolden years. In recent years, the quantity of cars in the first-line cities, even in the two or three-line cities has tended saturated, then what are the new changes and trends of automobile consumption in 2012? What factors are in the consideration of prospective owners in the purchase? Therefore, a investigation from 'Driving life' in Beijing, Shanghai, Zhengzhou, Ji'nan, Changsha, Suzhou, Xi'an, Kunming collected information from 875 prospective owners samples, in order to explain potential consumption trend in detail.

Key Words: Automobile consumption; Motor preference; Prospective owners; Influence factors

B.11
中国汽车媒体概况

祁晓玲*

摘　要：

近年来，随着我国汽车工业不断发展、居民汽车消费日益高涨，人们对于汽车产业信息、车界动态、政策法规、维修保养、交通路况等信息日益关注，催生了大批汽车媒体。本文首先从汽车报纸、汽车杂志、汽车广播、汽车电视、汽车网站这五个方面简要介绍了我国汽车媒体的基本情况，然后重点分析了不同媒体特征与栏目设置的匹配度、汽车媒体融合的现状以及汽车媒体的利益取向。在文章的最后，笔者预测了汽车媒体数字化、移动化和自媒体不断发展的趋势。

关键词：

汽车媒体　媒体融合　利益取向　发展趋势

一　汽车媒体类型

（一）汽车报纸

1. 汽车报纸简介

我国报纸上最早有关汽车的报道可见于 20 世纪初。早在 20 世纪 20 年代初期，《申报》在每周星期三的"本埠增刊"上开设了以"汽车新闻"为标题的专栏新闻。刚开始时篇幅较少，并以商业短讯的形式出现，后来增设为"汽车周刊""汽车专刊"。

---

* 祁晓琳，中国社会科学院研究生院。

1984 年，中国汽车工业总公司创办《中国汽车报》，结束了我国没有专业汽车报纸的历史。1999 年，《中国经营报》开创"汽车专栏"，是国内首家为汽车产业专门开辟版面的报纸。2000 年，《经济日报》创办汽车专刊，国内其他财经类报纸紧随其后。随着政府对私人购车政策的放开，大部分省、市的综合报纸也先后开创汽车专版。

2. 汽车报纸的类型

汽车报纸大致分为专业汽车报纸和传统报纸汽车专版/专刊两大类，后一类又可分为财经类报纸汽车专版/专刊和综合类报纸汽车专版/专刊。

（1）专业汽车报纸

目前，在全国范围内发行的专业汽车报纸有《中国汽车报》《汽车周报》《车友报》和《汽车时尚报》等。

专业汽车报纸主要为周报；受众定位为车主、爱车人以及汽车业相关人员；功能定位为传播汽车行业信息，引导汽车消费，维护消费者权益，服务受众生活。

（2）传统报纸汽车专版/专刊

财经类报纸，如《第一财经》《上海证券报》《21 世纪经济报道》《每日经济新闻》《财经时报》《经济参考报》《中国经济时报》《时代周报》《中华工商时报》《中国联合商报》等均设有汽车专版或者汽车专刊。

综合类报纸开设汽车专版或者汽车专刊的有《中国青年报》《新京报》《京华时报》《北京晚报》《北京晨报》《北京日报》《北京青年报》《广州日报》《南方都市报》《南方日报》《新快报》《深圳特区报》《新闻晨报》《东方早报》《华西都市报》《成都晚报》《重庆晚报》《天府早报》《潇湘晨报》《重庆时报》《重庆晨报》《楚天都市报》《大河报》《天津日报》等。

3. 汽车报纸实例

（1）《中国汽车报》

1984 年 1 月 7 日，《中国汽车报》在长春创刊，其主办单位中国汽车工业总公司对其定位为"技术类行业报"；1995 年，《中国汽车报》划归机械工业部主管，实现了从汽车企业报到行业报的转变；2000 年，《中国汽

报》进入《人民日报》体系，成为最权威、最专业、最具影响力的汽车行业报纸。

《中国汽车报》出版日期为每周一，八开报，每期六十四个版，彩色印刷，定价 6 元。《中国汽车报》的读者对象涉及国内汽车厂家、零部件厂家、汽车贸易公司、汽修汽保企业和机械、交通、城建、能源等相关行业从业人员以及大量的汽车消费者和汽车爱好者。《中国汽车报》本着做"中国汽车社会舆论领袖"的办报理念，划分为"要闻""国际汽车""商用汽车""汽车零部件"和"轿车消费""新能源汽车"六大版块，从厂商与环境、产业竞争、厂商与消费者三个层面，实现对汽车新闻的全面表达与解读①。

（2）《新京报》汽车周刊

《新京报》创刊于 2003 年 11 月 11 日，是《光明日报》和《南方日报》两大报业集团联合主办的综合类大型城市日报。汽车周刊是《新京报》旗下最大的行业类周刊，它自《新京报》创刊伊始成立，至今已有 9 年历史。

《新京报》汽车周刊位于报纸 B 叠，逢周一出版。汽车周刊秉承《新京报》"负责报道一切"的办报理念，设"一周谈""新车""厂商""龙虎榜""本地商圈""超级汽车""车友""驾驶""对话""金手套"等版块，坚持以独立的立场客观报道汽车新闻，传播汽车资讯。

（二）杂志

1. 汽车杂志简介

我国第一本汽车杂志是 1955 年交通部创办的《汽车译丛》，但由于经济条件所限，《汽车译丛》的受众面很窄。1986 年，中国汽车工程学会创办了我国第一本面向大众的汽车杂志——《汽车之友》，普及汽车知识，宣传汽车文化。《汽车之友》的出现填补了国内大众汽车杂志媒体的空白。随着我国汽车产业的不断发展，新的汽车杂志应运而生。与此同时，汽车杂志由过去的专业

---

① 查国伟：《永远追求创新——〈中国汽车报〉的成功密码》，《传媒》2007 年第 7 期。

性、学术性向通俗化、大众化转变。

2. 汽车杂志的类型

按照汽车杂志的目标定位和受众定位的不同，可以大致将其划分为大众汽车杂志和汽车学术期刊。

（1）大众汽车杂志

大众汽车杂志的受众定位是汽车的终端消费人群以及广大汽车爱好者；功能定位在报道国内、国外汽车新闻，进行汽车性能的测试评价，为买车人提供最新信息。这类杂志强调内容的大众化和实用性，相比而言，受众数量大于汽车学术期刊，占据了汽车杂志发行量和广告量的绝大部分份额。

目前我国国内的大众汽车杂志有《汽车之友》《车主之友》《汽车导购》《轿车情报》《中国汽车画报》《动感驾驭》《汽车与你》《汽车杂志》《汽车博览》《汽车导报》《汽车族》《汽车驾驶员》《座驾》《家用汽车》《越玩越野》《汽车知识》《世界汽车》《车迷》《大众汽车·汽车旅行》《车时代》《汽车与运动》《车王》等四十余种。

此外，在我国公开发行的大众汽车杂志还有英国广播公司授权万华媒体出版发行的简体中文版《汽车测试报告》以及来自美国的《四驱车》《名车志》等。

表1　2011年下半年汽车杂志销售量排名

杂志	北京	上海	郑州	长春	武汉
汽车之友	1	1	1	1	1
车主之友	2	2	3	2	2
汽车导购	3	3	2	3	3
中国汽车画报	4	5	5	4	5
轿车情报	5	4	4	5	4
动感驾驭	6	6	6	8	6
汽车与你	7	7	7	7	7
汽车杂志	8	9	8	6	10
名车志	9	8	11	11	11
汽车博览	10	11	10	9	9

资料来源：据北京世纪华文国际传媒咨询有限公司（CCMC）数据整理。

（2）汽车学术期刊

与大众汽车杂志不同，汽车学术期刊旨在探讨汽车理论，分析汽车行业，论述汽车工业宏观研究的理论，介绍汽车及相关行业的新技术、新发展和新趋势；其目标受众为汽车及相关行业的技术人员、科研人员以及相关企业的高层管理人员。

目前国内的汽车学术期刊主要有《汽车工程》《汽车电器》《汽车技术》《汽车工业研究》《汽车科技》《汽车工艺与材料》《国际汽车设计与制造》《专用汽车》《汽车维护与修理》等。

3. 汽车杂志实例

（1）《汽车之友》

《汽车之友》由中国汽车工程学会主办，创刊于 1986 年 1 月，是我国最早的大众汽车杂志。创刊初期，《汽车之友》为双月刊，16 开黑白印刷；1994年，《汽车之友》改为月刊；1999 年，《汽车之友》改为大 16 开本；2004 年起，《汽车之友》改为半月刊，成为国内大众消费类汽车杂志唯一的半月刊。

《汽车之友》目前每期发行量为 35 万册，单册定价 10 元。《汽车之友》设置"新闻""财经评论""专题""试车""新车""科技""运动""专栏"等栏目，以丰富的信息量，专业、客观的分析，及时、准确的报道赢得了广大忠实读者。根据北京世纪华文国际传媒咨询有限公司对于 2011 年下半年汽车杂志销售量的统计，《汽车之友》在北京、上海、长春、武汉、郑州等城市的销售量和市场份额均居首位。

（2）《车主之友》

《车主之友》的前身是 1985 年农业机械杂志社创办的《拖拉机汽车驾驶员》。《车主之友》正式创刊于 2000 年 8 月，由北京卓众出版有限公司发行，其核心受众是有车一族，同时辐射学生和汽车爱好者。

《车主之友》现为月刊，每期发行量 30 万，定价为 15 元。《车主之友》下设"关注""汽车试驾""专业测试""品牌""车主说车""量产车""概念车""车主学堂""车主超市""Q&A""车大夫""汽车改装""新技术""赛事""新车志"等栏目。与传统的单纯说教模式不同，《汽车之友》坚持打造双向互动模式，给受众提供表达平台。

（3）《汽车技术》

《汽车技术》创刊于 1970 年，是由中国汽车工程学会和长春汽车研究所共同主办的大型应用技术类期刊。《汽车技术》覆盖汽车、汽保等几大行业，及时提供具有较高学术价值和使用价值的汽车科技信息。其目标受众为汽车及相关产业的工程技术人员、管理人员、车辆使用者以及相关专业的在校师生。

《汽车技术》为月刊，每月 24 日出刊，每期定价 8 元。《汽车技术》设有"综述""产品介绍""设计、计算、研究""测验测试""材料、工艺、设备""使用、维修""知识讲座""汽车问与答""小知识、小经验""信息"等栏目。

（三）汽车广播

1. 汽车广播简介

汽车广播指以交通广播为代表的广播媒体。上海人民广播电台在 1991 年开办交通广播，是我国第一家以服务大众交通、传播汽车信息为主的广播。1991～2000 年，国内共成立了 42 家交通广播频率，几乎所有省会城市以及直辖市相继开办交通广播。进入新千年，全国各地交通广播不断涌现，截至目前，全国各省、自治区（西藏地区除外）、直辖市都开办了交通广播。根据全国广播媒体频率一览表（参见《2009～2010 中国广播研究报告》第 306～333 页）统计，目前，我国共有 176 家汽车广播。

汽车广播的目标受众是交通的参与者，包括开车人和坐车人，也包括所有与交通活动有关的人群。因为广播具有很高的伴随性，受众可以一边开车或者一边乘车收听广播。赛立信媒介研究对流动听众的调查显示，驾车人士的广播接触率高达 99.2%，比电视接触率高 10%；大约 2/3 的驾车人士每天收听广播，平均每天收听广播的时间为 190 分钟，是普通听众的 2.5 倍。①

---

① 《中国广播听众及其收听行为之新趋势》，《2009～2010 中国广播研究报告》，中国传媒大学出版社，2010。

2. 汽车广播的类型

汽车广播类型可以按行政区域等级划分为国家级汽车广播、省级汽车广播、市级汽车广播和县级汽车广播。本文按照汽车广播是否是单纯的汽车广播进行如下分类。

（1）单纯的交通广播

这类广播以交通广播、交通频率或者交通频道命名，在全国广播媒体频率一览表中，共有92家。

一般而言，绝大部分省级广播电台的交通频道都属于单纯的交通广播，如北京人民广播电台交通广播、天津人民广播电台交通广播、上海人民广播电台交通频率、重庆人民广播电台交通频率、河北人民广播电台交通广播、山西广播电视台交通广播、辽宁广播电视台交通广播、吉林人民广播电台交通广播、江苏广播电视总台交通广播网、浙江广播电视集团交通之声等。此外，许多省会城市以及其他大城市也开设专门的交通广播。

（2）交通音乐广播

这类广播设有专门的为司机服务的板块节目，播放即时路况以及其他交通信息，也会安排大量时段播出音乐节目。在全国广播媒体频率一览表中，有41家交通音乐广播。

（3）交通文艺广播

这类广播除了播放交通信息，也会穿插一些文艺类节目。在全国广播媒体频率一览表中，有18家交通文艺广播。

（4）交通经济广播

这类广播在播放交通信息的同时，也会安排专门的经济节目。在全国广播媒体频率一览表中，有10家交通经济广播。

（5）其他类型

此外，全国广播媒体频率一览表中，还有交通娱乐广播、交通旅游广播、交通生活广播、交通体育广播、交通新闻广播、交通环保广播等。

图1　交通广播类型①

---

① 据全国广播媒体频率一览表（《2009～2010中国广播研究报告》第306～333页）统计。

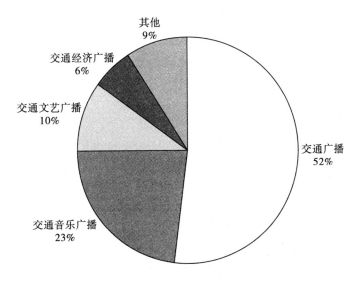

图1　汽车广播分类

3. 汽车广播实例

（1）北京人民广播电台交通广播

北京人民广播电台交通广播是由北京人民广播电台和北京市公安交通管理局合办的，创办于1993年12月18日，频率为FM103.9。据中国广播研究报告的数据显示，北京人民广播电台交通广播在北京地区收听率和市场份额均位于首位。

北京人民广播电台交通广播的节目由以下内容构成：新闻、服务信息、知识性专题、服务性专题、娱乐性专题。新闻节目立足北京，关注国内国际交通信息动态。该频道在整点和半点时播报路况信息，整点报告天气情况。目前，北京人民广播电台交通广播设置的节目有"新闻早报""新闻直通车""一路畅通""警法时空""旅途""单聊那些事""音乐来了""行走天下""蓝调北京""有我陪着你"等栏目。

（2）南昌人民广播电台交通音乐之声

南昌人民广播电台交通音乐之声频率FM95.1，是南昌人民广播电台旗下收听率和市场份额最高的节目。该节目全天24小时立体声播出。以新闻、交通信息、即时路况、天气预报等内容为骨架，立足交通和汽车生活、精选音乐

服务移动人群。

该频率每天 9 档整点新闻，及时报道国内国外信息，另外，逢整点和半点由记者和主持人在交通指挥中心和闹事街头播报路况，服务驾车人士。南昌人民广播电台音乐之声下设的交通类节目有"爱上车生活""951 交通热线""爱车有道""滴滴叭叭下班啦""节奏高速路"；音乐类节目"音乐狂欢场""经典唱片""音乐早餐""乐来乐动听"；新闻类节目"早安南昌""951 听天下""新闻播报"；服务类节目"健康家园""家住南昌"；以及"休闲驿站""生活大爆炸""在清华听演讲"。

（3）珠海人民广播电台交通文艺频率

珠海人民广播电台交通文艺频率创办于 2000 年 1 月 1 日，频率 FM87.5，主要受众是机动车驾驶员和乘客。交通文艺频率"以法规宣传、交通疏导、音乐欣赏、娱乐参与为办台的根本宗旨和基本手段，以交通服务为节目的动脉，以音乐娱乐为节目的静脉，并以此贯穿于节目的整体设置当中。"①

珠海人民广播电台交通文艺频率的交通类节目"875 路况""道听途说""私家车""新手上路""车来车往""车来福""爱车天天汇"；文艺类节目"苏醒晨光""安聚乐夜""美丽三人行""三味书屋""让音乐飞一会""带上音乐去旅行""声活秀"等；以及"安居新主义""亲子方程式""生活一品煲"等。

（4）厦门广播电视集团经济交通广播

厦门广播电视集团经济交通广播开播于 1994 年 12 月 25 日，频率 FM107、AM1278。厦门经济交通广播每天 19 小时直播即时路况、交通话题、市场动态和生活资讯。

厦门广播电视集团经济交通广播设置的交通类栏目有"路况播报""107 汽车俱乐部""的士一家亲""爱车天天汇""我爱我车""汽车风云榜""交通现场""交通提""交通情报站"等；其设置的经济类节目有"房地产广场""商道""财经时间""职场人生""IT 风汇""酒店风云"等。

---

① 嘉瑞传播，http：//www.jiarui.cc/cn/meitijianjie.asp？mtid=4120。

（四）汽车电视

1. 汽车电视简介

汽车电视是指面向有车族和爱车族，专门提供汽车类资讯的电视媒体。严格地讲，我国目前尚无完整意义上的汽车电视。此处的汽车电视指汽车电视节目，即"专门以汽车或汽车相关的上下游环节为主题的电视节目，囊括汽车资讯、汽车购买使用、汽车保养乃至汽车文化等诸多领域的内容。"[①]

在我国，汽车电视节目已走过十余年的发展历程，"形成了以省市区和卫视的汽车栏目为主体、城市台汽车电视专栏为辐射状连接的基本框架。"[②] 据不完全统计，我国目前共有120余档汽车类电视节目；其中影响力较大的有北京电视台的《我爱我车》、旅游卫视的《梅卿快车道》、东方卫视的《车世界》等。

2. 汽车电视实例

（1）北京电视台《我爱我车》

《我爱我车》是北京地区唯一的汽车类专业电视节目。节目紧扣北京生活频道围绕衣食住行、服务大众生活的宗旨，为受众提供有关"行"的服务。节目首播时间为每周五23：00，重播时间为次周五14：35，节目时长近30分钟。《我爱我车》的功能定位是满足观众购车、卖车、用车、赏车的需求，受众定位是高中及以上文化程度，20～55岁已经买车、即将买车以及喜欢车的观众。

《我爱我车》包括五个基本版块："试驾"，记者亲身体验，介绍车辆的配置和性能；"文明驾驶系列幽默短片"，普及文明驾驶知识；"搞笑视频"；"普利司通爱车俱乐部绿动之旅"，倡导观众节能环保，爱护环境、爱护家园；"潮说车事"，传递车坛最新资讯。此外，《我爱我车》还会介绍一些用车、养车的知识。

---

① 周欣欣：《汽车类电视节目收视分析》，http：//www. csm. com. cn/index. php/knowledge/showArticle/ktid/1/kaid/784. html。
② 查军：《汽车网络媒体的报道现状及发展对策研究》，华东师范大学硕士学位论文，2007。

（2）东方卫视《车世界》

《车世界》由车·世界共同传媒制作，在东方卫视于每周日17：00播出，节目时长30分钟。节目的受众定位是高学历、高收入、热爱汽车的年轻群体。《车世界》的节目口号是"速度有限，想象无限"。

《车世界》节目分为四个版块："车界风云"，网罗车界资讯，纵览一周车坛大事；"风云现场"，直击品牌盛典，体验精彩现场；"特别关注"，聚焦明星车型，关注品牌动向："特别推荐"，聚焦品牌热点，直击精彩事件。

（五）网络汽车媒体

1. 网络汽车媒体简介

网络汽车媒体是基于网络的汽车信息和有关汽车服务的传播平台。网络汽车媒体的主要功能是传播汽车资讯，提供相关服务，搭建互动平台。与其他汽车媒体相比，网络汽车媒体的信息来源更加多元化，信息表现形式更加多样化；信息容量更大，时效性更强；受众的参与程度更高，互动性更强。

2. 网络汽车媒体的类型

（1）专业汽车网站

我国的专业汽车网站有汽车之家、太平洋汽车网、中国汽车网、易车网、我爱我车网、车讯网、汽车天下、世界汽车网、汽车点评网等。这类汽车网站信息全面、测评专业、搜索引擎快速有效，因而受到广大车迷的青睐。

（2）门户网站汽车频道

许多门户网站，如新华网、凤凰网、人民网、新浪、搜狐、网易、腾讯、和讯等都开设了汽车频道。门户网站的汽车频道主要提供有关汽车的新鲜资讯和一些用车的信息。

（3）传统汽车媒体网络版

很多汽车报纸、汽车杂志、汽车电视、汽车广播都成立了专门的网站。一般而言，传统汽车媒体的网络版所提供的内容多为原媒体内容的电子版，与专业汽车网站、门户网站汽车频道相比信息量小，受众少。

（4）汽车生产商或经销商的公司网站

大众、奥迪、奔驰、现代、宝马、奇瑞、比亚迪等汽车品牌都成立了自己的官方网站。与上述三种网络汽车媒体不同，汽车生产商或经销商的公司网站发布的内容往往只是本品牌的信息，因此受众较少。

（5）社交网站中的汽车媒体

上述四种网络汽车媒体以及汽车报纸、汽车杂志、汽车广播、汽车电视中有很大一部分在社交网站如微博上建立了自己的主页。

二　汽车媒体特点与栏目类型的匹配分析

（一）各种汽车媒体的特点

1. 汽车报纸

汽车报纸的优点有：第一，受众投入程度高，可以对信息进行完整的理解。第二，强制性低，受众可以根据自身兴趣选择要读的信息。第三，受众群体素质较高。第四，具有较高的权威性。第五，定价较低，受众较为广泛。

汽车报纸的缺点有：第一，表现形式单一，文字与画面静止，缺乏视觉冲击力。第二，汽车报纸多为每周发行，时效性差，且寿命较短。第三，单向传播，缺少与受众的互动。第四，印刷质量低，图像的还原能力差。

2. 汽车杂志

汽车杂志的优点有：第一，受众人口较为固定。第二，受众在阅读时投入程度高，阅读时间长，可以加深理解。第三，发行周期长，可反复阅读，有大批的二手读者。第四，色彩还原能力卓越，图像的视觉冲击力强。第五，受众的选择性强、兴趣高。

汽车杂志的缺点有：第一，高昂的成本、较高的定价限制了发行量和覆盖面。第二，汽车杂志多为月刊，发行周期长，传播速度慢，时效性差。第三，单向传播，缺乏与读者的互动。

3. 汽车广播

汽车广播的优点有：第一，汽车广播每天播出，且可以根据事件的重要程度随时插播信息，更新速度快，时效性强。第二，覆盖面广，不受时间和空间

的限制。第三，信息传播依赖的载体为声音，声情并茂，可以保证信息的通俗性和传真性。第四，受众可以一边开车、工作一边收听广播，具有很高的灵活性。第五，传播过程有很强的时间线性，具有强制性。第六，汽车广播大多为当地电台所创办，具有很强的针对性。

汽车广播的缺点有：第一，信息稍纵即逝，受众难以对技术性的信息留下深刻印象。第二，听众的选择性差，只能依时间顺序收听。第三，听众的投入程度较低。第四，传播载体仅限于声音，表现形式单一。

4. 汽车电视

汽车电视的优点有：第一，声、画、文字结合，具有强烈的真实性和现场感，对受众的冲击力最强。第二，表现手法具有包容性，信息的承载能力很强。第三，覆盖面广，影响力大。第四，受众多在家里观看，环境自由宽松。

汽车电视的缺点有：第一，信息量大，占据受众的视觉和听觉，使受众没有时间进行深入的思考。第二，讯息转瞬即逝，难以保存。第三，电视节目庞杂，受众跳跃换台，注意力分散。第四，节目的地理定位能力差。

5. 汽车网站

汽车网站的优点有：第一，信息量大，表现形式极为多样。第二，信息来源广，发布快，传播迅速，时效性高。第三，传者与受者之间双向互动方便，便于信息交流。第四，强大的搜索和对比功能，方便受众获取信息。

汽车网站的缺点有：第一，由于网络的开放性、信息来源参差不齐，公众的信任度不高。第二，信息海量，但受众的注意力有限。第三，存在安全和隐私问题。

（二）汽车媒体的栏目类型

1. 资讯类

资讯类栏目传递车坛动态，为受众提供最新的汽车相关信息。这类栏目主要包括国内外新车发布、国内汽车行业政策信息、车市价格变动、销售和关注排行等。

2. 指南类

指南类节目包括购车指南和用车指南两个方面。购车指南主要介绍汽车价格、参数等信息，普及消费知识。用车指南主要介绍汽车保养、维修、美容、配件、保险等方面的知识，帮助受众形成良好的用车习惯。

3. 维权类

维权类栏目主要曝光行业黑幕，解决受众在买车用车过程中受到的不公正待遇以及在维修售后服务过程中遇到的问题，维护受众的合法利益。

4. 试驾类

试驾类栏目主要对新车和知名品牌车的性能、配置和功能进行测试与评定。由记者或者是车迷亲身体验驾驶乐趣，介绍汽车性能，提高受众对产品的认知度。

5. 公益类

公益类栏目主要以环保和文明驾驶为主题，倡导受众关注环境问题，形成文明的驾驶习惯，促进人与自然、人与人的和谐共处。

6. 故事类

故事类栏目主要通过讲述人与爱车的感人故事，从人文的角度展现汽车生活。

7. 娱乐类

娱乐类栏目主要包括汽车音乐、车模和一些车坛的其他花边信息。内容和形式轻松，放松受众身心，增加汽车媒体的趣味性。

（三）匹配性分析

汽车媒体的特点和具体栏目的内容这两个方面共同决定传播效果。由上面的分析可以看出，汽车报纸在权威性的信息传递上具有独到的优势，如维权类和公益类栏目；汽车杂志则善于传递需要高程度投入的信息，如指南类栏目；汽车广播在信息的时效性和使用的灵活性上优于其他媒体，因而比较适合资讯类和娱乐类的栏目；汽车电视以其声画冲击力为试驾类栏目提供了良好的平台；汽车网站则在传播的迅速快捷、平台的便利智能以及互动的方便有效占据优势，适合资讯类、指南类栏目。

表3 不同汽车媒体对特定栏目的匹配度比较

栏目类型		汽车报纸	汽车杂志	汽车广播	汽车电视	汽车网站
资讯类		☆		☆☆		☆☆☆
指南	购车		☆☆			☆☆☆
	用车	☆☆	☆☆☆	☆	☆	☆
维权类		☆☆☆	☆☆		☆	
公益类		☆☆☆	☆☆			☆
试 驾					☆☆☆	
故 事			☆		☆☆	
娱 乐				☆☆☆	☆☆	

三 汽车媒体融合

（一）汽车融合媒体定义

"美国新闻学会媒介研究中心主任 Andrew Nachision 将'融合媒介'定义为：'印刷的、音频的、视频的、互动性数字媒体组织之间的战略的、操作的、文化的联盟'"①。

汽车媒体融合指以汽车信息为轴心，充分综合各种汽车媒体的优势、弥补其中的不足，把汽车报纸、汽车杂志、汽车广播、汽车电视、汽车网络等媒体的人力、财力、内容多方面进行全面整合。汽车融合媒体可以实现资源共享与利益最大化，满足受众的不同需求，增强媒体的竞争力。

（二）汽车媒体融合的类型

1. 传统汽车媒体之间的融合

比较常见的有汽车报纸与汽车杂志之间的融合，如《中国汽车报》与《汽车族》《汽车与运动》《家用汽车》《商用汽车新闻》四份杂志同属于中国

---

① 蔡雯：《新闻传播的变化融合了什么——从美国新闻传播的变化谈起》，《中国记者》2005 年第 9 期。

汽车报社；汽车广播与汽车电视之间的融合，如湖南电视台风影车都与FM1061 交通广播融合。

2. 传统汽车媒体与网络的融合

（1）汽车报纸与网络的融合：绝大部分汽车报纸（包括专业汽车报纸和传统报纸的汽车专版）都成立了电子报；一些影响力较大的报纸还与专业汽车网站进行融合；此外，很多汽车报纸还开设了微博，实时传递信息，与受众进行互动。

（2）汽车杂志与网络的融合：一些汽车杂志创办了电子杂志自行通过网络发行。还有一些电子杂志平台如 ZCOM、iebook 等将不同发行商出版的汽车杂志整合到统一的界面和检索系统中供受众选择浏览。

（3）汽车广播与网络的融合：一些省级的汽车电台成立了网站，受众可以进行在线收听，查看节目表；受众还可以在在线广播网站如电台世界、广播台上点播汽车广播节目。

（4）汽车电视与网络的融合：一些汽车节目如北京电视台的《我爱我车》设立了专门的网站，受众可以点播节目、查看节目预告、进行互动。

四　汽车媒体的利益取向

（一）三种利益取向

1. 媒体利益取向

媒体利益取向认为，媒体与其他企业一样，都是商业运营的公司，其主要作用是为公司的所有者和股东们赚取利润。衡量媒体公司业绩好坏的标准是销售业绩、广告收入。媒体生产"双重产品"：首先将产品卖给消费者，然后将与消费者接触的渠道卖给广告商。总体上来讲，大众传播媒体的主要收入来自于广告商。因此，这种取向的汽车媒体满足汽车厂商、汽车销售商和汽车服务业主的需求，向受众宣传有关汽车的产品和服务信息，以获取大额广告费用。

2. 受众利益取向

受众利益取向认为，受众具有独立性和自主性，他们是传播媒体的真正

"主人"。受众寻求对自己有用的信息，对媒介有制约作用，并且影响传播效果。媒体的首要目标是满足受众的需求，实现和维护受众的利益。持有这种取向的汽车媒体围绕受众的多种需求，为受众提供全面权威的汽车资讯；指导受众购车、用车；揭露汽车行业的黑幕，维护受众的利益。

3. 公共利益取向

公共利益取向认为，媒体是一种公共资源。媒体的功能在于告知资讯、进行教育和促进社会整合。[①] 与媒体利益取向、受众利益取向不同，公共利益取向中媒介活动的最终受益者规模最大，是普遍的大众；其活动的目标是服务大众，满足、提高普遍的大众福利。公益类栏目体现了汽车媒体的公共利益取向。

表4 三种利益取向比较

	媒体利益取向	受众利益取向	公共利益取向
媒体的定义	是一种商品：一方面，媒体向受众销售信息；另一方面，媒体向广告商推销受众	是一种服务，旨在满足受众的需求	是一种公共资源，服务于大众
媒体的首要目标	为媒体自身赢取利润	满足受众需求	满足、提高普遍大众的福利
受众的定义	消费者	媒体的使用者	公民
媒体活动的最终受益者	媒体自身	受众	普遍的大众，整个社会
衡量媒体是否成功的标准	利润的多少	受众需求是否得到满足	是否服务于公共利益

（二）我国汽车媒体的利益取向现状

从我国汽车媒体的栏目设置和表现形式上可以看出，绝大部分的汽车媒体是受众利益取向，即以服务受众、满足受众需求为目标。三种利益取向之间不是全然对立的，可以看出，许多媒体兼顾媒体利益、受众利益和公共利益，争取媒体、受众和社会的共赢。

---

① 大卫·克罗图、威廉·霍伊尼斯：《运营媒体》，董关鹏、金城译，清华大学出版社，2007。

五 汽车媒体的发展趋势

（一）数字化

数字化即将文字、图像、声音、视频等输入计算机系统将其转换为数字信号，并对其进行组织、加工和储存。汽车媒体数字化的主要表现形式有数字汽车杂志、数字汽车报纸、数字汽车电视等。

"数字互动杂志是基于流媒体技术、Flash 动画、tvc 视频、音频、web 控件、3D 技术和超级链接等多媒体技术，强调互动性和利用点对点技术推送的网络杂志。"① 与以往的"电子版杂志"不同，数字互动杂志可以针对受众的不同需求，提供内容定制服务；其表现形式具有极大的包容性，文本、图片、视频、音频、超链接等都可以融入其中，信息承载能力强；通过网络发行，成本低、时效性强；受众可以与信息发布者进行即时互动。结合前面的分析可见，数字互动杂志可以克服传统杂志的诸多缺陷，可以极大地拓展汽车杂志的内容、扩大其受众面，因而将成为汽车媒体数字化的一个重要方面。

（二）移动化

移动化指"运用移动通信与无线互联网平台的互补融合技术，使得互联网数据能够通过移动终端贴身随性的使用。"② 汽车媒体移动化，就是向手机、平板电脑等便携移动终端进行转移，方便受众即时便捷获取信息。

随着平板电脑和智能手机的不断普及，越来越多的媒体采取移动化策略以满足受众的需求。汽车媒体的移动化趋势主要表现为两个方面：第一，汽车报纸、杂志开始通过适合手机、平板电脑的阅读平台或者应用程序发行。第二，汽车网站专门开设手机、PAD 版网页，方便受众通过移动电子设备流览网页内容。

---

① 赵星星：《媒体新势力——数字互动杂志》，《知识经济》2010 年第 18 期。
② 王侯：《中国纸媒数字化困境及出路初探》，复旦大学硕士学位论文，2009。

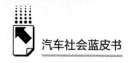

（三）汽车自媒体将进一步发展

谢因波曼和克里斯威理斯在 2003 年给自媒体下的定义"We Media 是普通大众经由数字科技强化，与全球知识体系相连之后，一种开始理解普通大众如何提供与分享他们本身的事实、他们本身的新闻的途径。"与传统媒体相比，自媒体具有平民化、交互性、门槛低、即时传播等特点。我国的自媒体主要有个人主页、博客、Qzone、微博和微刊等。

常见的汽车自媒体有汽车微博和汽车微刊。其创建者主要是传统汽车媒体、汽车生产和销售商、汽车售后服务商等。汽车微博的主要内容为车界资讯和购车、用车信息。汽车微刊自 2012 年 8 月出现以来，已涵盖车界资讯、汽车配件、买车、租车、试驾、竞技、改造、设计、维修与保养、驾驶培训、汽车娱乐等方面的内容。可以预见，汽车自媒体内容不断拓展，表现形式将更加丰富，受众规模将不断扩大。

Brife Intruduction of Motor Media in China

Qi Xiaolin

Abstract：With increasing consumption of motors in China nowadays, people pay closer attention to motor industry, motor news, policies and regulations about motor, repairment and maintenance of motor, traffic message and so on, which hasten the appearance of motor media. To begin with, this paper introduce motor media, including motor newspaper, motor magazine, motor broadcast, motor television, motor website. In addition, the paper analysis characters of each media, the current situation of motor media convergence and interest orientation of motor media. Moreover, the author forecast the development tendency of motor media such as digitization, mobilization and the growing of we media.

Key Words: Motor media; Media convergence; Interest orientation; Development tendency

汽车政策与法规

Auto Policies and Law

B.12

2012 中国道路交通热点
政策公众态度报告

中国汽车社会研究网*

摘　要：

随着我国城市机动车保有量的剧增，为保证行车、行人的交通安全，以及治理机动车剧增带来的环境污染，我国出台了一系列交规政策。本研究组通过合理抽样，对北京、上海、广州、成都、西安、沈阳、武汉、昆明、长沙、潍坊10个城市的居民进行调查，并以中立的态度解读中国城市居民对2012年修改的交通法律法规、2012年热点事件的看法和态度。

关键词：

交通管理政策　交通规则　公众意见　改进建议

---

* 中国汽车社会研究网（Research Network of Chinese Auto Society, RNCAS; www. casrn. com）隶属于中国社会科学院社会学研究所，是中国汽车社会研究协作机构。

引　言

在中国的一线城市，乃至二线、三线城市，汽车的保有量已经逼近城市汽车最大容量，据统计，截至 2012 年 10 月，我国机动车保有量达 2.38 亿辆、机动车驾驶人达 2.56 亿人，近五年来每年平均新增机动车 1600 多万辆，新增驾驶人 2000 多万人。北京等大城市已经出现严重的超负荷现象，随着汽车的大量增加，城市居民的出行半径得到了极大的扩张，但随之而来的是交通、污染、能源短缺等"城市病"。近年来，汽车带来的以路权为代表的社会公平问题层出不穷，中国交通安全事故数量居高不下，并且，80% 以上的道路交通事故因交通违法导致。面对严峻的交通发展形势，从中央到地方，近几年，都出台了针对道路交通安全治理的政策，无论是限行还是限购，或者是治理酒后驾驶，或者是宣传教育，治理道路交通安全问题已经刻不容缓。

为了解中国公众对于政府出台的各项道路交通安全治理政策和措施的意见，《中国汽车社会蓝皮书》课题组与中国汽车社会研究网于 2012 年开展了一项以汽车文明为主题的线上调查，调查以 18～60 岁城市居民为对象，共覆盖了北京、上海、广州、成都、西安、沈阳、武汉、昆明、长沙、潍坊 10 个一、二、三线城市，共获得 2091 个有效样本，本文力求以中立的态度，对中国城市居民对交通政策、交通环境的态度进行完整解读。

中国已经进入了汽车社会，但是，中国的交通事故率偏高，交通事故死亡人数位列世界第一（见表1）。

表1　中国与成熟汽车社会对比

	中国	日本	德国	美国
总人口（亿）	13.7	1.2	超过 0.8	3.1
每千人汽车保有量（辆）	63	560	543	770
公路密度（辆/公里）	806	12442	12442	2663
持有驾照人数（人）	1 亿左右	8000 万	6500 万	2.09 亿
每年交通死亡人数（人）	超过 10 万	不足 5000	3657	32788

中国机动车数量占世界 1.9%，车祸死亡人数占世界 15%，且每年增加 4.5%。截至 2012 年 10 月，全国发生较大交通事故 574 起，死亡 2496 人；重大交通事故 24 起，死亡 361 人。全国 15 个省均有重大交通事故发生。疲劳驾驶、超速、超载、违法占用对向车道、安全监管漏洞是造成事故的主要原因，这些数据都在说明，中国是汽车大国，但还不是汽车文明大国，中国离汽车文明社会还有一定距离。

如何建立一个文明的汽车社会，政策制定者、交通管理者、社会公众、媒体、汽车相关企业、驾车者都是重要的参与者，其中，政策制定者对整个汽车社会的发展方向起着重要的引导作用。2005 年 10 月，联合国大会通过了一项决议，呼吁各国政府将每年 11 月第三个星期日作为世界道路交通事故受害者纪念日，2011～2020 年为"道路安全行动 10 年"，目标是通过全球共同行动，减少因道路交通事故造成的人员伤亡。为深入推进"文明交通行动计划"，广泛发动全社会共同关注交通安全，大力提升全民交通安全意识、法制意识和文明意识，公安部决定，将每年 12 月 2 日定为"交通安全日"，2012 年全国第一个交通安全日的主题是"遵守交通信号，安全文明出行"。

除此之外，各级政府都在积极响应，将道路交通安全治理列入政府的重要工作，仔细盘点，会发现近年与交通相关的政策有以下几个趋势。

趋势一：安全教育从娃娃抓起。让年轻一代从幼时就养成良好的交通观念和习惯，保证未来的交通环境，也可以从侧面影响孩子的家长。美国在 1928 年起就在保育院、幼儿园开设专门课程。德国在小学安排专门的交通法规和交通安全知识的课程。日本自 1970 年起，从幼儿园开始进行系统的安全教育，规定每月一天为"交通安全指导日"。法国 1950 年起规定儿童从幼儿园开始接受培训，中小学安排专门课程，每月有半小时交通知识教育和一个半小时技术训练，自 1997 年开始在中小学中正式提出交通安全终身教育的概念。新加坡建有许多特殊的儿童公园，定期向小学生开放。公园里设有模拟的城市道路，使孩子们从小养成遵守交通规则的良好习惯。阿根廷建起了儿童法规学校，学校里建有一座微型的现代城市，内有 800 米长的高速公路及其出入口，有人行道、自行车专用道、铁路与公路交叉口和停车场等设

施，还竖立了各类交通标志牌。学校每天对 400 名小学生进行交通安全教育。在我国，公安部、教育部也要求民警每学期到中小学校进行两次以上的交通安全宣传。

趋势二：酒后驾驶严重处理。酒后驾车一直是交通事故最主要最恶劣的原因之一，并且造成的后果最为严重，世界各国对于酒后驾车的惩罚都非常严厉。德国对酒后驾驶处罚据累加次数而升级，最严重的情况下，驾驶员将被终身禁驾。更重要的是，一旦在德国被禁驾，在欧洲其他国家同样不能驾车。在美国，酒后驾车一经查实立即逮捕，并列入个人档案。有的州甚至将醉酒驾车以"蓄意谋杀"定罪。日本对酒后驾驶处罚还有"车辆提供罪""酒水提供罪"及"同乘罪"等新罪种。波兰警方抓到醉酒驾车的司机，就把他们的姓名、年龄、所驾驶汽车的型号和牌照、被扣地点、近照等资料，都上传至警方专设的网站，再发给全国各大报刊，在指定的版面上曝光。这对司机今后找工作、做生意都会有负面影响。而在我国，也将对于查获的酒驾驾驶员实施扣12 分的处罚。

趋势三：交通管理的智能化＋人工化。在中国大部分城市，交通疏导完全依靠信号灯＋监控拍照的模式，但是此类设备管住了机动车辆，却管不住行人，因为没有针对行人的有效惩罚措施。"中国式过马路，与红绿灯无关，凑够一小撮人就可以走了"。在北京等大城市，交警之外的交通协管员成了维持城市交通的一支主要力量。交通管理无论是完全的智能化，还是完全的人工化，在现阶段都是不现实的，仍然需要智能机器和人工的合作管理。

趋势四：解决人权与路权的博弈。2011 年 11 月 16 日，甘肃省青阳县榆林子镇发生一起重大交通事故，一辆大翻斗运煤货车与一辆接送孩子的校车相撞，导致 20 多人遇难。这件事引起了社会的强烈关注，校车运行亟须"标准化"。在美国，坐校车的安全系数是坐家庭轿车和公共汽车上学的 40 倍，校车纳入政府反恐怖安全监视系统的保护范围，而在中国，此次事故才让人们真正重视起了校车安全的问题，温家宝总理认为"把校车安全问题真正纳入法制的轨道。这样才能引起人们的重视，并且从根本上解决问题。要通过中央、地方和社会各界共同努力，使校车成为学生安全的流动校舍，为孩子们建立起安全无忧的绿色通道。"

一 限购与限行：只是短期权宜之计

交通拥堵问题是现代城市发展过程中必然出现的问题，西方发达国家大约在 20 世纪 30~60 年代几乎也都发生过交通拥堵问题，只不过当时西方发达国家经济增长速度均衡合理，交通拥堵问题形成的速度也比较慢，有足够的时间解决和消化，现在基本解决了城市交通拥堵问题。我国的城市交通拥堵是在经济高速发展的背景下形成的，改革开放后城市迅速发展膨胀，我国机动车保有量急剧增长，已远远超过城市道路建设的速度，对交通运输造成巨大压力，在短短几年的时间便形成了一线城市严重的交通拥堵问题，并且该问题现在还在向二、三线城市高速蔓延，但我们却没有足够的时间去慢慢解决。

调查显示，目前有 54.3% 的城市居民认为自己生活的城市比较拥堵，19.5% 的城市居民认为非常拥堵。拥堵问题在一线城市尤其严峻，认为自己生活的城市拥堵的一线城市居民比例高达 81.2%；二线城市为 73.4%；三线城市为 66.7%（见图 1）。

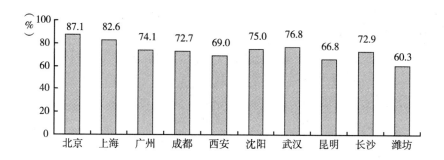

图 1 各城市居民拥堵情况感知

为了解决交通拥堵问题，除了加强交通管理，各城市纷纷出台治理城市拥堵的措施，限购和限行是最主要措施。继上海、北京与贵阳之后，2012年 7 月广州成为全国第 4 个施行汽车限购（限牌）的城市，在参考北京"无偿摇号"模式和上海"有偿拍卖"模式后，广州推出"有偿竞拍 + 无偿摇号"的新模式，即获得车牌指标，竞拍和摇号各占一半，在为期一年的试行期内，每月 1 万个车牌将采用 50% 摇号、50% 竞拍的方式分配，对外地车适度限制入城。2012 年 8 月，西安也开始针对汽车限购措施向市民征求意见。

越来越多的城市加入限购行列，关于是否应继续限制汽车消费的争论也在日益升温，33.0% 的城市居民表示赞成限购政策（摇号或车牌拍卖），51.1% 的城市居民表示不赞成，15.8% 的居民态度中立。不赞成限购的居民大多认为，随着城市的扩大，出行半径也在扩大，尤其对于住在城郊的居民来说，汽车是非常重要的出行交通工具。同时，47.7% 的城市居民认为所居住的城市近一两年会（再）出台汽车限购政策。

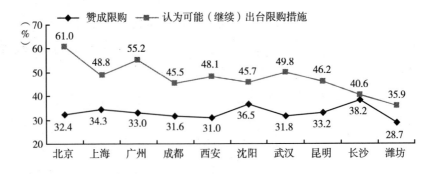

图 2　各城市居民对限购所持态度

治理城市交通拥堵的另一重要措施是限行。尾号限行、单双向限行、错峰限行、外地车限行等措施层出不穷，同时为了保证市民出行顺畅，自限行政策实施以来，各城市公交部门在日常运力的基础上增加了很大比例的投入。40.4% 的城市居民表示赞成限行政策，41.1% 的城市居民表示不赞成，18.5% 的居民态度中立，赞成实施限行政策的居民比例比赞成实施限购政策的比例大。同时，51.6% 的城市居民认为所居住的城市近一两年会（再）出台汽车限行政策。

汽车限购和限行只能暂时缓解交通拥堵问题，要从根本上解决问题需要很长的时间。从长远来看，要治理城市交通拥堵最重要的还是从城市规划入手，改善交通规划、道路设施，设置更为合理且符合城市实际情况的交通规则，大力发展公众交通，让公众交通尽量覆盖到全市范围，并尽量与郊区连接。此

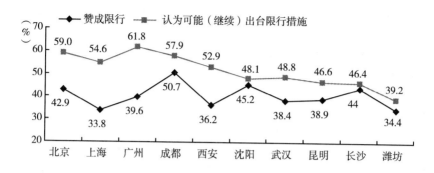

图3　各城市居民对限行所持态度

外，让车主与行人自觉遵守交通规则，养成良好的交通习惯，还需要长时间的管理和引导。

二　公车与特权车：最不守规则

公车问题一直是城市居民反对限购限行政策的重要原因，居民认为城市拥堵在很大程度上是由公车泛滥造成的，在关于"最霸道、最不遵守交通规则的车辆"的调查中，29.6%的居民认为是官员的高级车，位列第一，一线城市认为最霸道、最不遵守交通规则的车辆是官员的高级车的比例为29.4%，二线城市为29.1%，三线城市为30.4%。

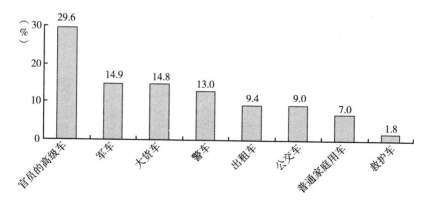

图4　居民认为最霸道最不遵守交通规则的车辆

公车/特权车问题在中国一直存在，城市居民对公车/特权车的超标和不守交规出行多有不满，目前各城市公车存在的最大问题是"公车超标，公共经费支出太大"。

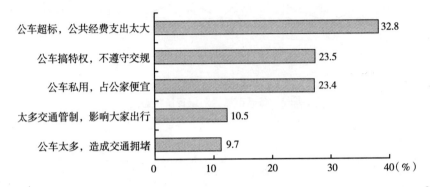

图5　城市居民认为公车存在的问题

本次调查显示，有67.5%的居民认为公车超标现象严重。另有77.7%的居民认为居住的城市存在严重的公车私用现象。有38.5%的城市居民认为交通管制为贵宾车队让行的行为多，在北京表现得尤其明显。

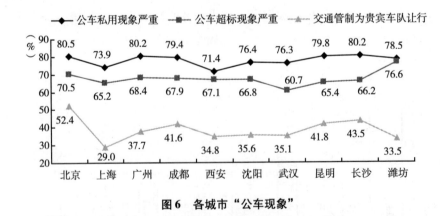

图6　各城市"公车现象"

中国对公车/特权车的治理刚刚开始，而国外对于公车/特权车的治理已经进入常规化，美国尽量使用车数量透明，在美国联邦总务局的网站上，都有每个财年联邦政府的机动车情况报告，在长达数十页的报告里详细列出了联邦政府的用车情况，每个部门有多少辆车，每种车型分别有多少，每辆车每公里的开销等。2007 年有 194721 辆，2008 年这个数字是 197229，通过这些数字的比较很容易看到联邦政府每年的用车情况变化，政府采购了多少辆车，又处理了多少辆车。美国联邦总务局旗下的政府机动车队的管理部门正是美国联邦政府的机动车管理机构。在日本，公车数量有严格的限制，内部用车主要分为两类：一类是领导专用车，另一类是公用车。如总务省 2000 多名工作人员，拥有 52 辆公务车，其中 24 辆是领导专车，另外 28 辆是公用车，局长级别的公务员就算有公务车接送上下班，也只接送到地铁站、公交站等公共交通枢纽。德国司局级不配专车，只为联邦级的领导人和各部部长、国务秘书配备公务用专车。司局长级的官员只保证公务用车，不配备专车。国防部和各州主管部门为节省开支，都尽量减少公车数量，公车中还有相当数量是租赁的，连接待来访外国元首用的车有时也是临时从汽车公司租赁的。[①]

近年来，我国政府在公车/特权车的治理上加大了力度，2011 年 12 月工信部、国务院机关事务管理局、中共中央直属机关事务管理局联合发布了《党政机关公务用车选用车型目录管理细则》，其中规定，一般公务用车和执法执勤用车"发动机排放量不超过 1.8 升，价格不超过 18 万元"，其中，机要通信用车发动机排放量不超过 1.6 升，价格不超过 12 万元。这与 2004 年的公车标准相比，明显有所收紧。也就是说，公车配备的标准和公车的总数量必然要下降。[②]

三 收费：争议较大，众说纷纭

每个消费者在拥有汽车以后，都会面对很多收费问题，无论是高速公路路桥费，还是市内停车场收费。2012 年 8 月初，国务院发布《重大节假日免收小型客车通行费实施方案的通知》，在春节、清明节、劳动节、国庆节等四个国家法定节假日，以及当年国务院办公厅文件确定的上述法定节假日连休日，对 7 座以下（含 7 座）载客车辆免收过路费。政策的出台引起了公众的欢呼，

---

① 资料来源：腾讯评论《各国城市交通治理调查：公车不私用减少特权车》，新华网。

② 资料来源：爱汽车网《公车采购政策倾向明显国产车或迎来春天》，《南方日报》。

并拉动了旅游业及相关消费，缓解了铁路、民航运力不足，带来了巨大的经济和社会效益。那么，人们对于各种各样与交通有关的收费，又是什么样的态度呢？

（一）高速收费：在不断治理

我国高速公路长度在2012年已超过8.5万公里，根据我国交通运输"十二五"规划，到2015年，国家高速公路通车里程将达到10.8万公里。我国目前用于高速公路建设的资金主要来源于各种专项税费和财政性资金（如车购税、养路费、国债、地方财政等）、转让经营权、直接利用外资、通行费收入、企业自筹资金以及国内外银行贷款。其中银行贷款占了很大比重。2011年全国进行了收费公路专项清理工作，并继续推进成品油价税费改革，18个省市取消了政府还贷二级公路收费，撤销收费站1892个、涉及9.4万公里。全国二级公路不收费里程达到总里程的82.6%。[①] 2012年《重大节假日免收小型客车通行费实施方案》开始实施，方案中明确提到今后重大节假日期间免收7座及以下小型客车通行费，免费通行的时间范围为春节、清明、劳动节、国庆节等4个国家法定节假日，以及当年国办确定的上述节假日连休日。免费通行的收费公路范围为经依法批准设置的收费公路（含收费桥梁和隧道）。

2012年中秋国庆长假，我国第一次实行中小型客车高速公路免费通行，而从长假首日开始，车流量大约增加40%~50%，全国各地的高速公路都出现了不同程度的拥堵。虽然如此，仍有77.8%的城市居民对此政策持赞成的态度，毕竟节假日高速路免费是一项惠民举措，交管部门提前预警、及时分流、疏导将可以改善拥堵情况。

（二）市内收费：意见不一

征收停车费在我国各大城市已经成为普遍现象，虽然因为城市、区域路段的不同费用有高低的区别，但无一例外，随着城市越来越拥堵，停车费也在逐

---

① 资料来源：陆娅楠《中国高速公路总里程达8.5万公里今年新增1.1万》，人民网。

年上涨。只要在合理的范围内，城市居民的支持率还是比较高的，46.6% 的城市居民赞成为减少交通拥堵在一些区域提高停车费标准，并且这一比例随着城市级别的下沉而有所上升，一线城市持赞成态度的被访者有 44.0%，二线城市有 46.8%，三线城市有 48.9%。

如果在一些区域提高停车费标准，市区的拥堵情况将会得到明显的改善，15.3% 的有车族还是会开车去，71.4% 的有车族偶尔开车去，11.8% 的有车族则表示不会开车去，1.5% 的有车族表示还没决定（见图 7）。

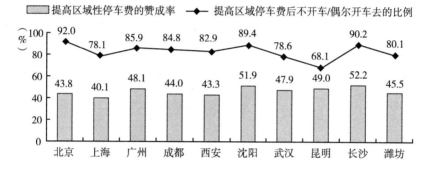

图 7　各城市居民对提高区域性停车费的支持率

征收拥堵费近期在互联网上炒得火热，上海、北京、广州、深圳、南京等城市，纷纷提出了收取"交通拥堵费"的想法，杭州等城市已经对在上下班高峰期收取"交通拥堵费"问题进行了实质性研究。征收拥堵费在国际上早有先例，新加坡是全球第一个征收车辆拥堵费的国家。1975 年新加坡划出最拥挤的 720 公顷区域（占领土总面积的 1.2%）为限制区，在交通高峰期进入该区的车辆都要缴纳拥堵费。从 2003 年起，伦敦开始征收拥堵费，从最开始的每天 5 镑逐年增长，2012 年已经涨到 10 镑（约合人民币 106 元），逃费的罚款 60 ~ 180 镑不等。2006 年 9 月，瑞典首都斯德哥尔摩市民公决批准了收取交通拥堵费的提议，2007 年正式实行。[①] 为改善纽约日益拥堵的交通状况，纽约市长布隆博格在 2008 年 4 月曾提出效仿英国伦敦，对工作日早 6 点到晚 6 点进入纽约曼哈顿 86 街以南的机动车收取 8 美元的"进城费"，卡车需付 21

---

① 资料来源：《拥堵费：治堵的最后手段》，搜狐新闻。

美元。纽约拥有86台闭路电视对全市5个区的主干道交通状况进行监控,为工作人员处理事故和交通拥堵提供实时信息。但随机抽样调查表明,纽约市民对这个方案没有热情。纽约市及周边城郊61%的居民反对布隆博格的方案;曼哈顿区居民中赞成和反对的比例相当,各为48%和46%。最终这项政策搁浅。①

　　"与国际接轨"一直是征收拥堵费支持者的理由。实际上在国际上征收拥堵费仍然是一项非常有争议的提议,在本次调查中,我国32.2%的居民表示赞成为减少交通拥堵在市中心征收拥堵费,而有58%的城市居民表示反对。

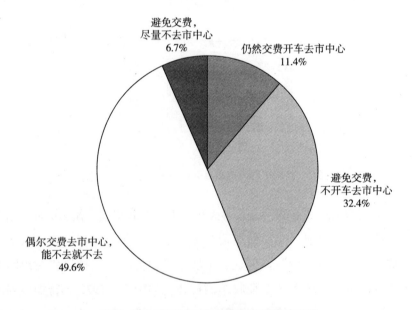

图8　城市居民对市中心征收拥堵费的态度

　　如果在市中心征收拥堵费,市区商业环境必然会发生变化,49.6%的有车族表示偶尔交费去市中心,能不去就不去;6.7%的有车族表示为了避免交费,尽量不去市中心;只有32.4%的有车族表示为了避免交费,不开车去市中心。征收拥堵费,虽然一方面会使市中心的拥堵情况得到缓解,但另一方面商业必然会受到冲击。此外,城市郊区或是会快速发展起新的商圈,或是会在市区周

---

　　①　资料来源:《交通拥堵费　国外怎么收》,《南京日报》2012年3月14日。

边发展起停车场产业，城郊结合处还需要提前规划合理的管理政策。

征收拥堵费在国际上也仅有几个城市，前提是城市拥有连接市区与郊区的完备的公众交通系统，我国各城市尚不能完全达到此项要求。在征收拥堵费之前，大力发展公众交通系统，提前制定管理政策才能保证市民的正常生活。

四 自行车/摩托车治理：不鼓励也不能禁止

摩托车/自行车交通事故是道路交通事故的一种重要形式，由于摩托车/自行车骑乘人员直接暴露在外，没有车身保护，一旦发生事故，人员死伤率极高，而摩托车车速较高，发生事故的概率更高，对于行人也造成更大威胁，造成的伤亡也更为惨重，我国73.6%的城市居民都认为自行车、摩托车很容易发生交通事故，在一线城市这一比例高达76.0%。

由于电动自行车、摩托车数量众多，驾驶轻便灵活，管理困难，但又是很多居民出行的重要交通工具，《电动摩托车和电动轻便摩托车通用技术条件》等国家标准是否实施曾经引起了激烈争论，传言该标准将于2010年1月1日开始实施，最终却由于引发了行业的抵制而暂缓执行。这项标准将40公斤以上、时速20公里以上的两轮车称为轻便电动摩托车或电动摩托车，并且划入机动车范畴。骑电动车可能就得经过考驾照、上牌、买保险等一系列手续了。对此，58.1%的城市居民表示赞成电动自行车作为机动车管理（要有驾照、牌照、违章处罚等），31.9%的城市居民表示反对，10.0%的城市居民持中立态度。

对于应该禁止还是鼓励电动自行车、摩托车的讨论也一直僵持不下，21.9%的城市居民认为应该鼓励电动自行车和摩托车的发展，同样，有21.4%的城市居民认为应该禁止，46.2%的城市居民认为不鼓励也不禁止顺其自然。目前国内各城市的情况各不相同，成都、西安、武汉、潍坊明显鼓励的比例大于禁止的比例，广州、沈阳、长沙则是禁止的比例大于鼓励的比例。

电动自行车、摩托车无疑给城市居民的出行带来了极大的便利，不但购买价格较低、保养便宜、需要的保存空间小、不易受堵车的困扰，并且驾驶技巧简单易学，居民在城市中/近郊行驶非常方便。但是自电动自行车、摩托车上

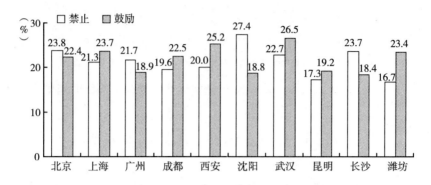

图9 各城市居民对电动自行车和摩托车发展的态度

市起便交通事故不断，每年由电动自行车/摩托车引起的交通事故在全部交通事故总数中占有很大比例。之所以电动自行车、摩托车有那么高的肇事率，有三大根本原因，一是没有对电动自行车、摩托车制定完善的交通规则和强制的惩罚措施并进行普及，车主们在道路上的行驶比较随意；二是电动自行车、摩托车的驾驶不需要驾驶证，车主都没有经过系统培训，不但从理论上对于交通规则没有全面认识，在驾驶技术上也参差不齐。

治理电动自行车、摩托车交通事故最有效的办法是从政策上约束车主的驾驶行为，制定完善的交通规则并大力宣传、普及，对于违法/违章的电动自行车、摩托车也要依法严惩；另外要"凭证行驶"，车主需要经过和机动车一样的正规培训，并且通过考试才可上路行车，并且经3~5年需要进行检查。

交通的管理落到实处始终还是人的管理，车主的驾驶行为关系到的不仅仅是自己，还有整个汽车社会的参与者们，对于电动自行车、摩托车的管理并不仅仅是简单地鼓励或者禁止，更多的是需要政策的引导和保护，以建立起规范的交通秩序。

五 环境污染治理：长期的课题

城市机动车剧增带来的一大问题是对环境的污染，空气污染日益严重，已经是大气环境最突出、最紧迫的问题之一。从2000年到现在，10年间，我国汽车排放的标准从欧Ⅰ到国Ⅳ，所有的车辆均在使用期内，尽管国家出台了鼓励高排放车辆提前淘汰的政策，但车辆构成中高排放车辆的比例依然很高。

表2　我国汽车排放标准实施年份

排放标准	I	II	III	IV
全国	2000	2004	2007	2011
北京	—	—	2005	2008

按汽车排放标准分类，截至2011年年底达到国III及以上排放标准的汽车占汽车总保有量的41.1%，国II汽车占25.5%，国I汽车占20.6%，其余12.8%的汽车还达不到国I排放标准。如果按环保标志进行分类，"绿标车"占79.8%，其余20.2%的车辆为"黄标车"。监测表明，我国城市空气开始呈现出煤烟和机动车尾气复合污染的特点。一些地区灰霾、酸雨和光化学烟雾等区域性大气污染问题频繁发生，这些问题的产生都与车辆尾气排放密切相关。同时，由于机动车大多行驶在人口密集区域，尾气排放、噪音污染会直接影响群众健康。机动车保有量的快速增加，机动车污染防治的重要性和紧迫性日益凸显。①

控制机动车空气污染的方法，一是从排放源入手，从科技的角度减少尾气排放；二是加强对空气污染的治理。世界上第一辆无人驾驶汽车在美国被批准上路，中国也在研制，40.8%的城市居民觉得未来10年内无人驾驶汽车有可能在中国道路上使用，48.7%的城市居民则认为不可能，有45.1%的城市居民赞成为减少空气污染向车主征收排污费，42.3%的城市居民表示反对。

环境治理是一个长期的过程，到底依赖什么样的方式解决呢？限制汽车购买当然不是一个好的对策，第一我国汽车工业需要发展，第二城市居民有刚性的需求。归根结底，环境治理还是要靠政府。首先是要发展科技，发展新能源汽车，改进能源利用，从根本上减少废气排放；其次要加大对空气污染治理的投入，已经造成的污染必须要尽快治理。

---

① 资料来源：《机动车环境污染日益严重 "黄标车"成主力军》，中国新闻网，2011年12月20日。

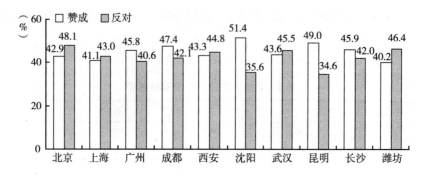

图10 各城市居民对征收汽车排污费的态度

六 交通处罚：认同严格

高频率的城市交通事故的发生，并不仅仅是机动车的责任，行人不遵守交通规则也是交通事故频发的另一诱因。对于违反交通规则的行为，六成以上的城市居民认为很反感，主张严惩不贷。

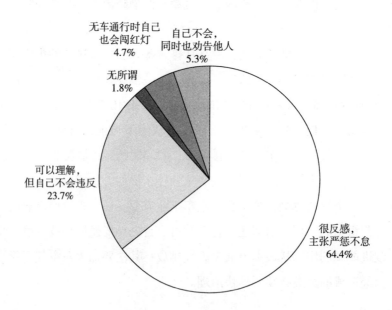

图11 城市居民对违反交通规则的态度

同处于亚洲的日本的交通立法理念，既有与我国相似之处也有其独具的特色，不少处罚措施和处罚标准几乎不近人情，让人难以接受。比如，对酒后驾车的处罚，日本的道路交通法及相关法律规定，机动车驾驶人被测出每 1 毫升血液中的酒精成分为 0.15 毫克时就视为饮酒驾车，可以判处 1 年以下徒刑或者 30 万日元（相当于 2 万多元人民币）以下罚款，"如果是醉酒驾车，则可以判处 3 年以下徒刑或 50 万日元（合约 4 万人民币）以下罚款"。正是如此严苛的规定，日本才能在治理道路交通事故上取得良效。

英国是欧洲使用汽车最早、最多的国家之一。英国设立了电子警察制度，道路管理主要依靠科技设施完成。10 座以上的客车仪表盘上必须安装行车记录仪。这个"黑匣子"会向公共或私人管理中心报告行驶信息。违法处理、电子号牌识别系统全国联网。其查处违反法规行为人也以这些电子数据为依据，提高了监管的效率与力度。在立法理念上科技性与智能化可供我国参考借鉴。①

在现阶段，对于违反交通规则的行为加大处罚力度是非常必要的，我国从汽车数量上看已经进入了汽车社会，可是从汽车文明上看距离汽车社会还有很长的距离，人们的认知和行为明显没有跟上汽车数量的增长，必须通过严格的交通规则来规范人们的交通行为，通过严肃的惩罚来肃清不道德的交通行为，以保证汽车社会能顺利发展。

七　驾校新规：专业教育赞同度高

驾校是进行驾驶技术和交通规则培训的重要场所，修订后的《机动车驾驶证申领和使用规定》已经 2012 年 8 月 21 日公安部部长办公会议通过，自 2013 年 1 月 1 日起施行，对于驾照培训和考试内容都有所调整，新的驾考规则更为灵活，并且对于考生的要求也更为严格。作为车主开车上路的最后一道"关卡"，对驾驶者的教育对于提高道路交通安全水平意

---

① 吴朔桦、李琳、黄惠娥、原瑶：《关于中外交通法规的对比研究》，见本书。

义重大。

在澳大利亚，通过驾照考试的司机在驾车时仍然有各种限制，需要积累一定驾驶经验，才能摆脱这些限制。通过考试的司机首先领到一个印有"P"的牌子，表示这是新司机，还需"见习"。在这期间，第一年，是红色的P牌；第二年，是绿色的P牌；三年后，则是金牌。持有前两个牌子的司机，驾车的最高速度分别限制在每小时100公里和110公里，只有拿到金牌，才没有这种限制。这样的分级，避免了新司机在开车时速度过快而引起事故。①

在法国，考生"发现行驶条件变化的能力"以及适应能力都是驾照考试时重点测试的对象。考生会被要求在5分钟内自行将车开到一个准确的地点，并且要自己找车位停车。

在美国，考取驾照几乎是每一名公民成年后的"必修课"。美国人认为，遵守交通规则比驾驶技巧更重要。虽说美国考驾照并不强制要求新手去驾校学习，但在美国，路考是直接上路。考试过程中，考官根据驾驶员的表现扣分，一些重点项目如果出现错误，会被"扣的很惨"。据报道，有的留学生曾经考过5次才最后通过。②

调查显示，40.0%的城市居民表示知道此事，有38.5%的城市居民跟别人进行过讨论，9.7%的城市居民自己找资料进行过了解；另外有51.5%的城市居民最近听人提起过，但是不了解。知道此事的城市居民大多数对此规定都持赞成的态度，47.6%的城市居民认为新规有助于推动更多人遵守交通规则，32.4%的城市居民认为新规可保障更多人的生命安全。

另外，新的交通法规将于2013年1月1日起实施，其中规定"对遮挡污损车号牌记12分"，对此规定不少车主表示处罚过于严重，但是总体看来大多数城市居民都非常拥护此项规定，71.9%的城市居民表示赞成，只有13.3%的城市居民表示反对。新交规同时规定，"对闯红灯、不让行校车记6分"，此项规定获得75.0%城市居民的支持。

---

① 《对比各国驾照考试》，《法制晚报》2012年9月1日。
② 《盘点各国驾照考试与日常管理 想拿驾照不容易》，中国新闻网，2012年10月10日。

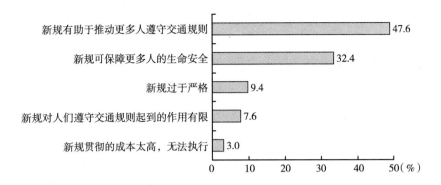

图 12　城市居民对驾考新规定的态度

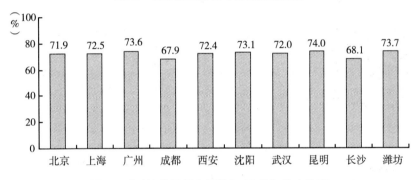

图 13　"对遮挡污损车号牌记 12 分"的支持率

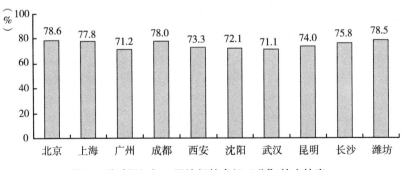

图 14　"对闯红灯、不让行校车记 6 分"的支持率

八　结论和建议

马路如同一个国家的脸面，展现着该国的社会人情；它又如同一面镜子，或多或少地折射出文明程度。造成目前我国城市交通问题的最主要原因是城市

发展太快，规划不合理。在本次对城市居民的调查中，69.8% 城市居民认为所在城市的路口渠化（车辆、行人分离、导流）设施需要改善，60.9% 城市居民认为过街通道设施需要改善，56.2% 城市居民认为路口车速控制设施需要改善，51.6% 城市居民认为出行诱导与指路系统需要改善，41.4% 城市居民认为施工道路安全防护需要改善。

改善交通状况要从三点入手，一是对城市居民的教育，普及交通法，无论是车主还是行人，要让人们从根本上认识到不遵守交通规则的严重后果，让人们养成自觉遵守交通规则的习惯。二是在各城市的建设和规划上要考虑得更为全面、更为人性化，甚至要考虑到未来 10 年城市的发展，让道路建设更为合理，从客观上解决城市道路拥堵问题。三是加大科技投入，无论在新能源汽车的研发上，还是在环境治理上，都需要更多的科技支持。

制定交通、环境政策的根本目的是为了保障交通的顺利运行和环境的良好，保证市民的安全，让市民生活得满意，才能真正进入文明的汽车社会。限购、限行、高收费等方法只适用于短期治理，并不是长久之计，要从根本上治理交通拥堵、环境污染，还需要在城市规划建设、科技发展上下力气，并以公平公正的政策维持不同社会阶层的出行权利。建立文明的汽车社会并不能够一蹴而就，无论是从城市建设、交通管理、驾驶员还是行人的交通习惯来说，都还需要很长的时间来慢慢培养。

2012 Chinese Public Attitudes Report of Hot Road Transportation Policy

Research Network of Chinese Auto Society

Abstract: Along with the quantity increase of the motor vehicle in the cities of our country, in order to ensure safety of travelling crane and the pedestrian, and management brought environmental pollution, China promulgated a series of regulations policies. Through the reasonable sampling of ten city residents, we investigated in Beijing, Shanghai, Guangzhou, Chengdu, Xi'an, Wuhan,

Changsha, Shenyang, Kunming, Weifang, this text explains the interpretation of Chinese city residents on 2012 revision of the traffic laws and regulations, 2012 hot event perception and attitude with a neutral manner.

Key Words: Trafficmanagement policy; Transportation legislation; Public opinion; Suggestions for improvement

B.13
国外汽车限制政策概览及其启示

刘梦阳*

摘 要:

交通拥堵已经成为我国一项严重的社会问题,并且引起了学界和公众越来越多的关注。本文旨在通过对国外汽车限制政策的考察,一方面为我国制定和实施汽车限制政策提供成功的经验,另一方面警示我们吸取其中的教训。首先,本文将汽车限制政策概括为三个理想类型,对每种类型的政策的收益、成本、实施效果进行了分析。其次,本文介绍了世界多个国家的汽车限制政策,尤其对美国波士顿和英国伦敦的汽车限制政策进行了详细剖析。最后,本文探讨了我国的交通状况,结合国外已实施的政策的经验及教训,论述这些经验教训对我国的启示。

关键词:

汽车限制政策 理想类型 他国经验教训

随着经济的发展和社会的进步,汽车产业迅猛发展,私人汽车从原来的奢侈品逐渐过渡为人们生活中常见的代步工具。

但是,令人难以乐观的是,从20世纪20年代开始,由于世界范围内私人汽车数量猛增,城市交通拥堵现象接踵而至。1937年,洛杉矶出现了第一次交通大堵塞。此后,人们就不断被城市的交通拥堵问题所困扰。到了20世纪70年代,在美国的旧金山、波士顿、华盛顿和纽约等大城市,也出现了较大规模的交通拥堵。在欧洲的雅典、哥本哈根、巴黎、伦敦等大城市,在亚洲的东京等大城市也是一片拥堵景象,车辆每小时行驶的速度都不到20公里。伦

---

* 刘梦阳,云南师范大学哲学与政法学院。

敦和巴黎的轿车平均时速只有16公里。

进入20世纪90年代，交通堵塞的情况更加严重。伦敦自1989年创造了堵塞车辆长达53公里的记录以来，交通状况始终没有改善。1997年夏天，巴黎的特达祖路段甚至出现了长达四个星期的堵塞。① 鉴于世界范围内普遍的拥堵现象，解决交通拥堵问题、实现城市道路畅通，已经成为世界各国决策者和社会各界共同关注的热点和焦点。

长期以来，我国在解决城市交通拥堵的问题上，往往偏重于扩大道路建设规模、提高硬件设施。但是水涨船高，仅靠增加供给无异于抱薪救火，薪不尽，火不灭。要解决交通拥堵问题，就必须从拥堵的源头寻找办法。这不仅仅是汽车限制政策制定的问题，还是城市规划的问题，更是全社会需要关注和探讨的问题。

他山之石可以攻玉。我国是后发外生型的国家，正处于社会转型的重要阶段，对世界范围内汽车限制政策制定和实施过程的考察、对成功范例的剖析，将有助于我国今后汽车政策的制定和实施。

一　汽车限制政策的分类

归纳和总结目前世界范围内实施的汽车限制政策，大体上可以分为以下三类。

第一类是设置步行街政策。这项政策在我国也很常见。由于这项政策的出发点不是缓解交通拥堵而是促进商业的发展，所以其实施效果也没有其他两项政策好。但是这类政策明显的优势是实施成本较低，比较容易操作，可行性较高。这也是为什么这项政策比其他两项更常见的原因。

第二类是减少汽车的停车位或者增收停车费的政策。这类政策通常是很具有吸引力的，因为当地政府一般都有权力监控停车位的增减和收费。然而这样的控制势必会造成停车位的供不应求，所以必须要有严格的强制力来保证实施。

---

① 梁波、马彦琳：《从个人交通到公共交通——发达城市交通政策的发展与演变》，《武汉公安干部学院学报》2007年第2期。

另外，停车位政策只对以市中心为目的地的车辆有影响，对过路的车辆却并没有什么影响。换个角度看，市中心车辆的减少又可能反过来使过路车辆增加。

第三类是征收拥堵费和中心地带准入证政策。此类政策适合于城市主要通道，包括桥梁、隧道等地区。通行证的费用主要是针对进入特定街道（主要是拥堵严重的市中心街道）的车主征收，车主可以从零售商、自动售货机或者有关管理部门买到，在车窗展示出来。这项政策优于增收停车费政策的地方是既限制了中心地带的停车，也限制了从中心地带通过的车辆。但是，缺点是可能会在监管上耗费大量交易成本，包括人力、物力。同时政策的实施阻力也很大。

三类政策都不是完美的，各有优缺点，在不同方面发挥的作用也不尽相同。仅泛泛而谈这三类汽车限制政策是远远不够的，我们还需要进一步分析它们的效果和影响。早在20世纪50年代 José A. Gómez-Ibáñez 和 Gary R. Fauth 就以波士顿为案例进行了深入研究。

马萨诸塞州首府波士顿有380万人口，位于美国东北部，其市中心面积2.5平方英里。这里是政府机关所在地，同时还分布着金融区、博物馆区和两个重要的中心购物区。虽然市区纵横着四条地铁线路，但是地面上只有少数的专用车道和公交车，造成了中心街道在交通高峰时段严重拥堵。José A. Gómez-Ibáñez 和 Gary R. Fauth 建立了出行预测模型，旨在研究有多少驾驶者会因为交通限制政策而改变他们的出入方式、出行时间和出行路径。结果如表1所示。

表1　高峰期不同汽车限制政策对交通状况的影响

交通限制政策	到达或经过市中心的车辆的出行方式的改变率	到达或经过市中心的车辆的行驶速度的改变率
增收停车费		
$0.50	−12.5	21.3
$1.00	−21.2	39.7
$2.00	−29.9	64.2
准入证（中心地区）		
$0.50	−15.0	23.4
$1.00	−24.1	32.2
$2.00	−35.1	52.3

交通限制政策	到达或经过市中心的车辆的出行方式的改变率	到达或经过市中心的车辆的行驶速度的改变率
准入证(所有街道)		
$0.50	−36.9	114.0
$1.00	−56.9	173.3
过路费(环路)		
$0.50	−5.4	21.5
$1.00	−6.3	26.1
步行街	0.0	−2.4

资料来源：José A. Gómez - Ibáñez and Gary R. Fauth，Downtown Auto Restraint Policies：The Costs and Benefits for Boston。

分析上表可知，对所有街道征收拥堵费政策对出行方式选择的影响是最大的，中心地区街道的准入证政策的影响是第二位的，增收停车费政策的影响则排在第三。当对所有街道准入证征收1美元，进入市中心的车会减少56.9%；当地街道准入证增收1美元，进入市中心的车辆会减少24%；停车费增收1美元，进入市中心的车辆会减少21%。

过路费的征收对所有车辆和过路车辆行驶的影响相对较小。当税收上升0.5美元，仅引起汽车数量减少5%～6%。

影响最小的是步行街的设置。一个合理的解释是大部分到市中心的驾驶者仅仅把车停到这一并不大的区域外，走路或者乘公共交通就能到达目的地，所以缓解交通拥堵的影响并不大。

对汽车行驶速度的影响方面，全部道路的准入证政策对汽车行驶速度的影响最大，中心地区街道的准入证政策和增收停车收费政策的效果大约只有对全部道路的准入证政策的一半，而征收过路费和设置步行街政策则是效力最低。所有街道准入证政策对高速路上汽车速度的提高更有效，而当地区域街道准入证和增收停车费则对当地街道的速度的提升影响较大。从对于其他非收费街道汽车行驶速度方面来看，所有街道准入证政策的影响力比当地道路和增收停车费的影响要小，因为一些路过的汽车会转而选择环路，转嫁了一部分交通压力给非收费道路。

限制政策还对公共交通系统具有实质性的影响：到市中心的公共交通出行

方式占了所有公共交通出行方式的一半，而准入证收费政策和高额的停车费能够使公交出行方式增加23%。

二 汽车限制政策的收益和成本

从经济学的角度看，汽车限制政策也是一项政府的经济行为，有其收益和成本。我们有必要从这个角度来审视汽车限制政策，考察不同类型政策的成本与收益。综合多项国外的研究总结汽车限制政策的收益，情况如下。

1. 减少了耗费在路上的时间（由于较少的拥堵使汽车进入市中心更加方便）。

2. 减少了不断扩大道路系统建设的压力。

3. 减少空气污染、降低能源消耗。

当然同样我们也需要分析汽车收益政策所耗费的成本有哪些。

1. 个人为了避免限制政策而改变出行方式，转向公共交通、改变路线、改变出行计划、改变出行频率或者目的地而带来的损失。

2. 市中心以外的地区的拥堵造成的时间浪费和驾驶车出行不便。

3. 汽车限制政策花费的财政支出，包括人力、物力、财力等。

4. 由于汽车限制政策造成的市中心经济活动减少而出现就业机会下降和税收的减少。

各种政策的经济效益从500万美元到2400万美元不等：其中增收停车费带来的年收益最大，达2380万美元。接下来是地区街道的准入证政策带来的年收益是2050万美元，所有街道准入证政策带来的收益是1470万美元。收取环路过路费带来的年收益是460万美元。设置步行街的政策的收益最小140万美元。[①] 需要提及的是设置步行街政策对市中心商业产生了积极影响。

交通限制政策也会产生非交通的收益和成本，比如对市中心的经济活动、环境状况的影响等。这些都很难用金钱衡量，但这些也是汽车限制政策

---

① José A. Gómez-Ibáñez and Gary R. Fauth, Downtown Auto Restraint Policies: The Costs and Benefits for Boston, Journal of Transport Economics and Policy, May, 1980, 133–153.

的收益和成本的重要方面，我们不应仅仅把目光局限在金钱形式的收益和成本方面。

首先，汽车限制政策对市中心的就业、商业和其他活动并不产生决定性的影响。对于购物的人来说，虽然有额外的花费，但是拥堵减少了，其购物出行会更加便利。从对经济活动的影响来看，限制政策可能对市中心经济的影响不是很大，因为更快的交通、更加舒适愉悦的购物或者工作的环境会在一定程度上抵消停车费或者其他花费。本文第四部分介绍伦敦交通拥堵费政策时将详细分析汽车限制政策对商业等经济活动的影响。

其次，环保节能虽然不是限制政策考虑的主要内容，但是汽车限制政策实施后一氧化碳（一氧化碳是对人体健康造成伤害最大的汽车排放气体）的排放量降低了，整个波士顿地区的一氧化碳排放量仅为7%。在理想状况下，一氧化碳的浓度减少60%以上。政策实施后市中心整体舒适度提高、环境也变得更好。

再次，从车主的角度来讲，汽车限制政策征收的费用是一项重要的支出，所以这些人构成了主要的政策反对者。但是从社会整体的角度上看，总的财政收入并没有变，只是从被征费者转移到了其他社会成员身上。至于停车收费、准入证的管理费用，政策设计可以使之降到最低。即使在最不乐观的状况下，管理费用也只相当于收益的一小部分而已。

三　汽车限制政策的实施困境及出路

关于波士顿汽车限制政策的研究和其他研究共同的结论无一例外都是实施汽车限制政策的收益大于成本。但是这些政策却遭到了政策制定者、利益群体和公共大众的反对和抵制，不能顺利实施。尽管有政府部门的大力倡导，在美国却只有少数几个城市采用并实施汽车限制政策。大多数城市或者州政府对此并不感兴趣。每当这项政策被提出，就会招来诸多的反对意见。美国环境保护署的政策就受到了州政府、商业利益群体和大众的强烈抵制。在洛杉矶和波士顿，高速道路上的公交车和公共小巴的优先车道因反对而被迫取消。在伯克利、加利福尼亚州和麦迪逊市威斯康辛大学城的准入证的可行性研究遭到了当

地政府的反对,① 甚至步行商业区（auto restricted zones）也受到了很多地方的抵制。这种状况实在令人困惑。也许从 Arnold M. Howitt 后续对汽车限制政策的实施状况研究，可以看出一些端倪。

研究表明，限制政策的成本问题更容易引起相关有组织的或者自发的政治抗议活动。市民认为限制汽车进入市中心政策是以牺牲个人利益为代价的。市中心的零售商害怕老顾客转而到郊区的商场购物，或者担心自己的进货计划被打乱。停车场和加油站害怕顾客因此转而坐公交车，这样自己的业务就会下降。公司雇主们害怕职工由于改乘公交而感到不满，或者因为开车的成本提高而要求加薪。住在市中心附近的居民担心大批来往的车主因为寻找停车场而影响他们的生活。而从另一个方面观察，汽车限制政策只有很少一部分直接受益者，比如出租车公司、环保组织等，但是他们又无结盟成为一个政治集团的基础。其结果便是，限制政策的提出面临政治压力而没有支持的力量去对抗这些压力。

即使汽车限制政策得以通过并步入真正的实施阶段，也还是存在很多问题。主要问题是汽车政策的实施需要很多部门的共同努力和配合。实施过程中，一系列具体工作被分配到一个部门或者多个部门。通常情况下，这会造成更加复杂的局面，工作效率也会降低。存在的第二个问题是实施过程中所需要的资源匮乏，包括资金、设施、管理能力和公众的支持等。汽车限制政策的执行需要持续的强制力作为保证，但是仅有强制力仍然是不够的。

可以很容易联想到，汽车限制政策实施遭到公众抵制的原因，主要是公众都不了解它的好处，但下这样的结论又未免太过于简单和草率。公众和政策制定者不像经济学家那样只考虑政策的净收益和成本，他们考虑更多的是政策的利益分配和损失的程度问题，还有政策的可见度问题。

对公众来说，汽车限制政策的利益可见度较低，因为它们是公共商品，对于个人来说只能产生相对较小的利益。从博弈论的角度看，汽车限制政策可以看成一个公地悲剧。公地悲剧是博弈论的一项经典理论。它讲的是在一块公共

① Arnold M. Howitt, Downtown Auto Restraint Policies: Adopting and Implementing Urban Transport Innovations, Journal of Transport Economics and Policy, May, 1980, pp. 155 – 167.

所有的草地上，人们自由自在地放牧。每位牧羊人都试图放养更多的羊，以获取最大收益，这是个体作为理性人在利益驱动下合理的选择。然而，当过度放牧超过了草地所能承受的极限时，灾难就发生了——牧草资源枯竭，草原最终连一只羊都养不活。① 道路就像公共草地一样属于公共物品。每个人只追求各自利益的最大化而不愿意为交通限制政策买单。但是这样下去的结果只能是像草地枯竭一样，道路会越来越拥堵。正如哈丁认为的，在如此没有制度约束的情形下，有限公共资源与无限个人欲望之间矛盾发展的结果必然是资源的滥用、破坏甚至枯竭。② 所以，即使存在这巨大的政策阻力，政策制定者或者政府也不应该知难而退，使另一种形式的公地悲剧发生。

另一方面，汽车限制政策的影响力是长期的，但是居民们对政策的长期潜在利益并不敏感，认识不到某些收益是由于政策带来的。公共领域政策常常存在这样一个现象，当政策使个人或者利益团体受到损失时，人们的反应便是认为这些损失是限制政策造成的，一旦政策的实施引起了公众关注，居民们常常是倾向于反对政府。而当公众从公共政策中收益，却往往并不自觉这些利益是某项政策带来的。公众对政策造成的不方便和损失十分敏感，而对潜在的利益却不敏感。

从社会与个人的利益方面看，个人层面的利益和社会层面的利益在此发生了错位甚至是背离，也就是奥尔森所谓的"集体行动的逻辑"造成的困境。人人都想搭便车造成了汽车限制政策在通过和实施中遇到强大阻力，受到制度惯性的拖累。

毋庸置疑，交通道路的建设，需要调动巨大的社会资源，并且需要不同地区和类型的社会群体相互合作，但是所产生的效益又无法明显地惠及到每个具体的人身上。所以，对于交通道路这类公共物品必须依赖社会公共管理机构、政府，而不是依赖自由市场进行调节和管理。

但是，我们不排除政府为了一边鼓励汽车消费拉动经济，一边又以解决拥堵问题的名义向市民收费的可能性。所以在出台汽车限制政策的时候要充分征

---

① 资建民、王海军、乌旭：《关于博弈论与交通政策的探讨》，《交通科技》2005 年第 5 期。

② Hardin. G, The tragedy of the commons, Science, 1968（10），13 – 23.

询公众的意见，确保政策为公众所了解，所认可。伦敦的征收交通拥堵费政策的制定过程就是政府努力推行汽车限制政策、征询公众意见最终克服种种阻力的范例。

大卫·巴尼斯特在《批判实用主义与伦敦的交通堵塞费》一文中，研究了伦敦拥堵费政策出台前后各种力量间的博弈过程，试图从中发现各种正式和非正式网络与联盟如何发挥作用，新政策又是如何在不断地争论和协商中出台的。应该说，关于伦敦交通拥堵费政策出台始末的考察，对其他国家和地区克服政治阻力、争取公众支持、顺利实施政策有很大的参考意义。

在这一复杂的过程中，最突出的一点就是长时期的反复的市民广泛参与的咨询、协商与讨论。广泛的争论涉及收费的额度、地域、时间段和对公共交通的改善等问题。其中，有关于原则性问题的讨论，也有关于大量细节问题的争论。

Ken Livingstone 以征收拥堵费政策作为自己竞选伦敦市长的"杀手锏"。在拥堵费征收之前，政府发布了一系列文件，组织了公众的咨询协议会。

2000 年 7 月，Greater London Authority 出版了《倾听伦敦的声音》（Hearing London's Views），意在倾听主要利益相关者的反应，比如对拥堵费的收费水平和结构、收费时间、减免和折扣、罚款、收益的分配等问题。

2001 年 1 月，市长交通政策的手稿出版，面向公众收集批评和建议。

MORI 开展了对 2003 名伦敦居民的电话民意调查，获得半数支持，收费区域内居民的支持度更高达 57%。

2001 年 1 月，伦敦交通署（TfL）发布《伦敦拥堵费命令 2001》（The greater london congestion charging oder 2001），再次对公众开放讨论。一年后的 2 月 26 日，伦敦市长最终确认了计划命令，正式实施之前又经过了多次公众听证咨询和修改。实施之后，咨询协议会（consulation）又在很多方面进行了修改，包括收费水平的上涨和收费区域的扩展等内容（见表 2）。

由于存在一种质疑，即提出质询意见的公民本身就具有强烈的反对汽车限制政策的倾向。为了撰写一份能够充分反映市民心声的报告，伦敦交通署曾经进行过一项民意调查。调查的结果显示：收费区域内的居民倾向于支持这项政策，但是要求更多的折扣。收费区域边界的居民也要求更高的折扣。商业界代表、运输组织和汽车组织的代表，认为不同耗油类型的汽车应该付相同的拥堵费用。环保机构则认为卡车之类的大型车辆应该付比普通轿车更高的费用，并且不同意摩托车之类的两轮机动车免于付费。行人和骑自行车的群体则认为拥堵费还不够高，收费区域还不够大，应该覆盖整个大伦敦。① 救护车则担心在收费区域周围的拥堵会给其运营带来不便，降低效率。一些残疾人代表认为，不管他们住在什么地方，都应该给他们100％的折扣。志愿者组织社区和非营利机构认为应该给慈善机构工作人员折扣。更极端的居民认为对汽车征收的税赋已经够多了，这项政策只是政府试图挣钱的方法罢了。

可以说，政策的制定、实施过程就是多方面的博弈过程，也就是上述的政策咨询、协商过程，博弈的结果则反映在对政策的修改。表2更清楚地展示了政策在向公众征询意见的过程和结果。

Santos and Fraser 认为收费的水平、不同种类的车是否实行差异收费、收费的时间段、收费区域的边界等决策均受到了公众意见的影响。② 最终的实施方案，政府和公众双方做出了一些让步。综上所述，可以看出一项政策的实施是一个十分复杂的过程，即使是理论上证明了其可行，在实际运行中也会受到各种阻力，需要进行反复协商、博弈和沟通。伦敦的拥堵费政策有一点是非常值得肯定的，那就是充分尊重民意，征询民众的意见，根据民意不断地修改和完善政策，最大限度地满足各类群体的利益诉求。唯此，政策才能得以顺利地付诸实施。

四 汽车限制政策在一些国家和地区的实施情况

汽车限制政策，尤其是对特定区域征收拥堵费，实施某些中心地区准入政策，已经是学者们公认的可以大大改善交通拥堵状况的政策。但是由于各种阻力和障碍，这项理论上可以取得良好效果的政策并没有在世界范围内广泛实施。新加坡是最早实施此项政策的国家并且取得了很好的效果，而英国伦敦的政策实施却是在世界范围内引起了很大的关注。

---

① 大伦敦，Greater London 伦敦市（City of London）与32个伦敦自治市（London boroughs），共33个次级行政区。

② Santos and Fraser，Road Pricing：Lessons from London，Economic Policy，2006（4），263 - 310.

（一）新加坡的经验

新加坡对购车者征收较高的税，实行车辆配额制度，对分时段控制进入市区的车辆收取相应的费用。进入 20 世纪 90 年代后，新加坡几乎是世界上所有大城市中交通情况最好的地方，甚至连最繁忙的时段都没有出现塞车现象。

表 2　伦敦拥堵费政策的变化

障碍	2001 年初步提案	讨论 – 提出的问题	2002 年最终提案
交通拥堵费原则	伦敦《交通策略》的核心内容	广泛支持 – 其他提议包括大力改善公共交通或在工作地点收取停车费 – 仍有资金缺口	未做修改，但将于 2002 年 10 月审查收费实施日期。若公共交通届时没有改善，将推迟收费实施日期
收费区面积	内环路上不收费	改道的车辆将增加内环路交通流量。模拟实验显示，即使在塔桥交通繁华地点也有足够的容量	未做修改，但将对交通变化实行监控
减免	16 类减免	争议很大。有人提出不予减免，有人提议增加减免种类。无法界定必须的行程。修改应有利于学校、志愿者组织、部分过敏保健（NHS）工作人员和患者、消防队、残疾人（残疾的蓝徽持有者）	对减免种类作了修改，居民优惠（减免 90%）区扩大到收费区外的 3 个小区。私人租用车辆和载客的出租车也可以减免。被减免车辆还包括其他燃料车辆、故障及修复车辆、紧急服务车辆
监督与执行	罚款 80 英镑，2 周内缴纳罚款者减至 40 英镑，28 天内未交罚款者提高至 120 英镑	收费区边界安装执行摄像头，在收费区内安装监视摄像头	未做修改 – 在入口安装车牌识别摄像头，进入收费区的车辆与数据库内车辆对照，并拍摄违章车辆
计划实施日期	2003 年年初实施	保证技术和计划有效。2002 年秋对系统进行全面试验	计划于 2003 年 2 月 17 日实施

资料来源：大卫·巴尼斯特：《批判实用主义与伦敦的交通堵塞费》。

新加坡是世界上第一个实行城市道路使用者付费制度的国家。1975 年 6 月，为了减少高峰期进入市区中心的车辆，缓解交通拥堵状况，新加坡政府实施了"区域通行证方案"（ALS）。最初，新加坡规定在市中心一个面积超过 5 平方公里的区域，高峰期限制汽车通行。具体规定为上午交通高峰期，载客少于 4 人的车辆进入限制区必须预先购买通行证并在挡风玻璃上展示。区域通行证费用为每天 3 新加坡元。经过多次修正与协商之后，1998 年 9 月，"区域通行证方案"（ALS）被"电子道路定价系统"（ERP）所取代。电子道路定价系统更加智能，对于交通的管理也更加广泛。

从实际情况看，ALS 计划取得了显著的成效。据统计，该计划实施的第一个月，早晨高峰期的车流量下降了 45%，超出原定目标 25% ~ 35%。早晨高峰时间限制区的平均车速，在计划实施之前为 19 公里/小时，到 1991 年 5 月提高为 36 公里/小时。[①]

从方案实施的成本和收入来看，以 1993 年度财政为例，出售区域通行证的收入达 4700 万新加坡元，而与销售、实施、维护相关的开支仅占收入的 9%。可见，"区域通行证方案"以很小的投资和运营成本，达到了预期目标，因而是成功的。

（二）伦敦的经验

与新加坡相似，目前英国也对高峰期进入城市中心区的车辆收取拥堵费。尽管比新加坡晚了 20 多年，但是这项政策却产生了很大影响，为其他国家提供了如何在公众支持较少的情况下仍然能够取得政策成功的样本。

1. 政策的规定、实施状况和效果

早在 20 世纪 70 年代，大伦敦议会就曾经提出了道路定价计划。根据该计划，进入"伦顿市内部区域"的车辆，都必须购买当日的通行证，但最终因多种原因未能付诸实施。

直到 2003 年 2 月，伦敦市才开始正式实行道路定价方案。该方案划定出一个购物中心、政府机关、娱乐和商业区所构成的 22 平方公里区域，规定每天上午 7 点至下午 6 点 30 分，进入该区域的车辆须支付 5 英镑的通行费。在正式实施时拥堵费涨到了每天 8 英镑，按月或者按年交费给予 15% 的优惠。

2004 年 2 ~ 4 月是这项政策实施前的听证期。缓冲地带的居民正处于收费地区的边缘，认为征收拥堵费对于他们来说负面影响很大，理由是他们的地区服务机构，比如商场、图书馆、药店、医院、休闲中心尤其停车场都在收费的

---

① 柳长立：《新加坡城市交通管理政策综述》，《交通与运输》1999 年第 1 期。

区域内。结果是，从 2006 年 11 月起，缓冲地区的居民享受到了 1 折的优惠。

2007 年 2 月 19 号收费区域向西拓宽，拓展后的区域大约有 39 平方公里，包括了 Westminster，一部分 kensington 和 chlsea。收费的时间也有调整，原来是到 6：30，改为 6：00 缩短了 30 分钟。设置了两条免费走廊，从南到北的 Edware Road，Park Lane，Grosvenor Place，Bressenden Place 和 Vauxhall Bridge Road 和一些东西走向的道路。

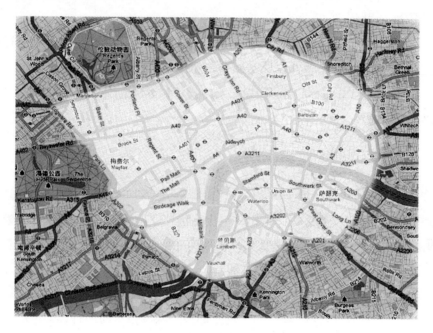

图 1　伦敦中部划界收费图

缴纳拥堵费有多种渠道：网上支付、零售商店、邮政、电话和手机短信支付。但是超期缴纳必须通过伦敦交通部门的电话中心或者网站。如果预交一个月的拥堵费，每天可优惠 7 英镑。如果预交一个星期以上的拥堵费，则可以享受九折优惠。

有关数据显示，伦敦实行收取拥堵费政策后，市中心的车流量下降了 20%，拥挤时间减少了 30%，空气污染物减少了 10%。[①] 正如预期的那样，车

---

① Kenneth Button，The Rationale for Road Pricing：Standard Theory and Latest Advances，Research in Transportation Economics，January，2004.

流量越来越少，而豁免交费的车辆、享受各种拥堵费折扣的车辆却越来越多。

这项收费政策大大改变了人们的交通出行方式：那些不再驾车进入伦敦中心区的人，多半乘坐公共交通工具。有些人甚至骑自行车，还有些人选择取消出行。除了靠政策引导更多的人转向公共交通以外，英国收取的交通拥堵费，又转而投资于公共交通，实现了城市公共交通投入与产出的良性循环。

2. 对商业的影响的测量

市中心的商业店铺是反对征收交通拥堵费的主要力量之一。他们所担心的是一旦这项政策开始实行，来伦敦市中心购物的消费者会减少，影响自己的生意。同时，这也是政策制定者们最为担心的问题。

针对这种担心，Mohammed A. Quddus，Alon Carmel 和 Michael G. H. Bell 建立了一系列数量经济模型，以评价伦敦征收拥堵费的政策对零售商店的影响。[1]

这项研究的数据主要采用伦敦中部（Central London）的每月的零售额、在收费范围内的约翰里维斯牛津大街（John Lewis Oxford Street）每周的销售额。[2] 纳入回归模型的自变量包括：征收拥堵费、伦敦中心线的停运、[3] 常规的经济变量，比如 GDP、旅游业市场的经济状况、房地产市场状况等。

具体的对数回归模型（Log-linear model），因为涉及复杂的专业知识，这里不做详细介绍。我们重点通过数据模型分析：征收拥堵费政策对伦敦中心和牛津大街零售商业是否有显著影响，是否还有其他因素影响了销售额。

分析数据模型表明：95%的置信度下拥堵费的征收对伦敦中心地区的销售额的影响并不显著。并且，拥堵费政策的不显著的影响是正的，表明拥堵费对伦敦中心的零售业销售额不仅没有负面的影响，反而带来了不显著的积极影

---

① Mohammed A. Quddus，Alon Carmel and Michael G. H. Bell, The Impact of the Congestion Charge on Retail：The London Experience, Journal of Transport Economics and Policy，（Jan.，2007），113 – 133.

② 伦敦中部，即 Centra London，除了内外伦敦的常见分法外，配合都市规划的需要，大伦敦也被分为五个不同的区域，分别是中伦敦、东伦敦、北伦敦、南伦敦与西伦敦。

③ 伦敦中心线（The Central Line of the London Underground）即伦敦的一条主要地铁线路，在因为2003年1月的一起脱轨事件，从2003年1月到3月处于停止运行的状态。由于中心线是牛津商圈的主要地铁线路，中心线的关闭可能也对零售业的消费产生影响。

响。而中心线的停运对伦敦中心零售商业销售额的影响是显著的，且回归系数很大。模型表明，中心线的关闭对伦敦中心零售业的销售额产生了消极的影响，影响在3.6%左右。英国全国范围的零售额与伦敦中部零售商业的销售额的关系是显著的，全国的零售额与伦敦中心零售额的变化是一致的，这一点也符合日常的认知，即伦敦中心的零售市场不是孤立，而是与其他地方的零售额的变化相关联的。总的来看，伦敦中心的零售额并没有受到收取交通拥堵费的显著影响。

征收拥堵费对JK牛津大街在95%的置信度下的影响是显著的，并且影响是负面的。研究结果表明：其他因素保持不变的情况下，实施拥堵费政策之后，JK牛津大街平均每周的销售额下降6.9%。乘坐地铁的人数与销售额成正比，1%的乘客的增长会带来0.5%的销售额的增长，而中心线的停运给销售额带来了负面的影响。

实施交通拥堵费政策之后，高峰时段乘公交车的乘客增长了14%。根据伦敦交通部门提供的2000～2004年季度性的数据，公共交通的增加带来了更多的消费额，相关系数是0.93。英国的GDP作为变量，用来研究英国整体的经济状况与牛津街的零售额的关系。他们的关系是显著的、积极的影响。来伦敦游览者的旅游消费也与牛津街的零售额是正相关的。CPI[①]及家具和房产等商品市场与牛津街的零售额也是显著相关的。

此外研究者还发现商业的年度活动，比如复活节、七月清仓甩卖和圣诞节促销都会影响销售额。7月清仓的影响最大，接下来是圣诞节和复活节。

季节因素的影响也是显著的。以二月作为基准月，研究发现销售额与十月、十一月和十二月有显著的关系。在这几个月中特殊的因素影响着零售业的销售额。

研究得出的初步结论：拥堵费的征收对牛津街零售额的影响是显著的，但是对于整个伦敦中部的影响却是不显著的。除此之外，此项研究还对其他可能影响销售额的因素（比如CPI、中心线的关闭、旅游业的情况）进行统

---

① CPI：the consumer price index，消费者物价指数即居民消费价格指数，英文缩写为CPI，是反映与居民生活有关的商品及劳务价格统计出来的物价变动指标，通常作为观察通货膨胀水平的重要指标。

计分析后发现，这些因素都如我们预期的一样对零售行业的销售额有显著的影响。

牛津街的研究结果和伦敦中心的研究结果，为我们的研究议题提供了一个看似矛盾的答案，因为 JK 牛津街的销售额受到了拥堵费政策的影响，但整个伦敦中心区域却没有受到影响。因此，这个有差异的结果不一定是真正矛盾的。一个可取的解释是，到牛津街购物的消费者倾向于自驾出行的比例很大。伦敦交通部门的街头调查显示：到牛津街购物的消费者中有 10% 是开车来的，比在伦敦中心驾车购物的消费者的比例（3% ~ 6%）要大很多。

上述研究的结论：征收拥堵费对于收费地区零售商业的影响，并没有人们想象的那么大，而且对于较大范围的地区是没有显著影响的。所以，政策制定者和市中心的商业店铺的担心是有道理的，但是他们对这个影响的估计却比实际情况严重得多。

3. 政策实施的博弈

伦敦的交通拥堵费政策的制定和实施过程可以说是漫长的，但是它顺利地实施又得益于漫长的征询公众意见的过程。这一点是非常值得我们学习的。这方面上文已经有了具体的分析，此处不再赘述。

详细考察了伦敦的拥堵费政策之后，我们可以得到的启示是汽车限制政策本身是一项会遭到很多利益群体反对的政策，但是我们可以通过广泛宣传，耐心地与公众沟通来成就社会整体的利益。并且在政策实施前，应该做充分科学的调查研究，尽量做到细致地评估政策在各方面可能带来的影响，这样才能获得预期的政策效果。

（三）其他国家和地区

美国没有像新加坡和英国那样实施区域准入限制政策，而是实行收取过路费的政策。1990 年，美国联邦立法通过了建立"价值定价试点项目"，为创新性道路提供资金帮助。最出名的措施是在 1995 年实行的"高乘载收费车道"。高乘载收费车道是"高乘载汽车车道"的变种，它允许不满足乘载率要求的车辆交费后使用车道。截至 2008 年，共有 5 个收费项目在运行，包括加利福尼亚州的 SR–91 号公路和 I–15 号公路、得克萨斯的 I–10 号和 US290 号公

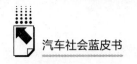

汽车社会蓝皮书

路，以及圣保罗大都市区的 I－394 号公路。①

英国和新加坡的区域通行证方案，从实践上印证了我们提及的"区域准入证政策效率最高"这一结论。那么，这项政策为什么在波士顿没有成功，在新加坡却发挥出了应有的功效呢？这其中存在一个国家政治制度的问题。

美国的政策决策要通过十分复杂的民主审核程序，在此过程中被选举的代表要服从本利益群体的意见。在美国大部分个人或者团体看来，汽车限制政策是有百害而无一利的。所以在民主审核过程中，汽车限制政策尤其是区域准入政策的出台必然障碍重重，尽管它的政策效益是很大的。而在新加坡和英国，这项限制政策得以顺利推行并取得了良好的效果，在某种程度上可以说是得益于政策制定的高效率，又有不怕得罪选民的政治勇气，所以能够克服种种障碍推行下去。当政策实施一段时间取得了效果之后，公众则会逐渐改变其反对的态度，发现政策带来的方便转而投入到支持政策实施的一方。

除了英国以外，西欧诸国城市早年流行有轨电车，自行车也很普及。小汽车问世后，这些国家的旧城区越来越不适应现代交通发展的需要，于是政府采取了建设与管理并重、人车分流、公交优先等原则，优先发展公共交通。② 现在西欧的大城市，拥有发达的公共交通系统，市际客运交通可以深入到城市内部，地铁和快速轨道交通与其他交通工具的换乘十分方便，车站周围都设有免费停车场。形成了与美国不同的模式。

与欧美诸国有所不同的是，日本在解决交通问题方面最突出的特点是发展轨道交通：先集中建设轨道交通系统，与其他交通方式形成综合的交通网络。值得注意的是，日本城市非常重视开发地铁和轻轨，使其承担了城市 60% 以上的客运量，③ 大大减轻了城市交通压力。已经为我们熟知的新干线，就是日本重视轨道交通的杰作。

① 曹芳萍、潘焕学、沈小波：《解决城市交通拥挤的道路收费理论及实践探索》，《价格理论与实践》2010 年第 5 期。
② 张帆、赵金涛：《交通需求控制：缓解城市交通压力的策略选择》，《城市问题》2002 年第 1 期。
③ 张帆、赵金涛：《交通需求控制：缓解城市交通压力的策略选择》，《城市问题》2002 年第 1 期。

242

香港政府实行一系列政策，从拥有量和使用量两方面调节和控制私家车的增长，具体可分为税务措施和停车位供应的政策。采用首次登记税及每年收取车辆牌照费，通过限制使用额度来调节私家车的拥有量；采用较高的燃油税、道路通行费、拥挤收费及隧道桥梁收费等调节其使用量。[①] 香港虽然人口密度很大，但仍然能够保持较顺畅的通行，这与香港的交通政策是分不开的。有目共睹，这一系列的政策措施，对缓解交通拥堵起到了很大的作用。

五 对我国的汽车限制政策的启示

我国正处于社会转型期，随着汽车数量迅速增加，城市的交通拥堵问题已经越来越严重地凸显出来。以北京为例，截至 2012 年 2 月，北京市机动车保有量为 501.7 万辆，已经突破了 500 万辆大关。北京机动车保有量从 300 万辆到 400 万辆，仅用了 2 年 7 个月，而东京实现这一变化却用了 12 年的时间。虽然北京市采取了严格的机动车限行限购措施，从 400 万辆到 500 万辆的增长仍然只用了 2 年时间。类似的情况也发生在上海、广州、深圳等很多大城市，这些城市的平均机动车保有量已经突破了平均两户一辆的水平。[②] 据统计，北京上下班高峰期市区一些主要道路的均速为每小时 12 公里左右，上海也不超过 12 公里，大连则是 10 公里左右，这几乎是普通人骑自行车的速度。以下是来自零点的一项调查研究结果，表明了在我国交通拥堵已经成为一个影响居民正常生活的社会问题。

应当承认，我国已经跨入私人汽车时代。当务之急是必须制定和实施合理的城乡一体化的交通政策，采取必要的措施来解决交通拥堵问题。但是不能照搬照抄国外的政策措施，而应该结合我国的具体情况、结合不同种类的汽车限制政策的特点和效力，进行最优化选择。José A. Gómez-Ibáñez and Gary R. Fauth 认为适合实施汽车限制政策的城市标准，一是市中心拥堵已经

① 夏晓敬、李淑庆、蔡冬军：《香港交通发展经验对重庆市交通发展的借鉴》，《交通标准化》2010 年 1 月下半月刊。

② 马强：《为何"欲速而不达"—重新思考城市交通的"快与慢"》，《特别策划：快与慢 Fast & Slow》2012 年第 6 期。

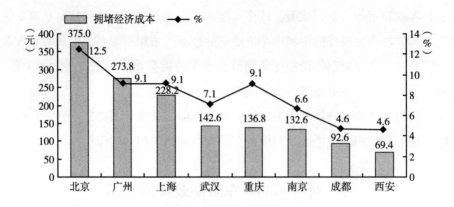

表3　八大城市居民拥堵经济成本及占收入的比例

资料来源：零点研究咨询集团、北汽福田汽车股份有限公司、新浪汽车联合发布的《2009 福田指数中国居民生活机动性指数研究报告》。

十分严重，二是几乎很难再扩展的高速交通系统。[1] Arnold M. Howitt 认为一个城市或地区与什么样的限制政策结合，取决于特殊的汽车限制政策的具体设计、以前制定并正在实施的限制政策、城市或者地区的具体需要和地区的相关法律。

很多因素造成了政策的差异和管理的各种可能性。具体分析如下：

1. 在较小的地理区域里，经济上或者出行计划被限制政策打乱的车主很少。所以在较小区域内实施汽车限制政策也较少引起政治的反对。但是较小的地理区域的收益也相应地较少。

2. 对原先限制政策进行必要的扩展比实行新类型的政策，引起的反对要少很多。

3. 新政策逐渐地实施而不是一下子实施，这样做比较隐蔽，所带来的反对声浪会比较小。政策实施成功的第一步，对接下来的实施步骤有较大的帮助。

4. 无需通过立法批准的计划，引起的反对会较少。

5. 如果政策不需要定期修改（比如需要新的立法通过或者新的管理权威

① José A. Gómez-Ibáñez and Gary R. Fauth，Downtown Auto Restraint Policies：The Costs and Benefits for Boston，Journal of Transport Economics and Policy，May，1980，pp. 133－153.

收费计划的变更）会比较容易成功。

6. 有政府的资助或者其他财政计划支持的政策比较容易顺利实施。

7. 需要较少的核心机关内部合作和较少的组织资源保证的政策计划更可能成功。①

这些因素就解释了为什么市中心步行街是最容易和最普遍实施的汽车限制政策。这类政策只影响一小片区域，当地管理部门可以单独决定，没有收费标准的限制和其他时期的变更，仅仅包括简单的限制设计和强制管理。但是其政策的效果和实施的容易度往往是成反比的，于是就存在着一个困难的取舍和选择的问题。

总而言之，我国在制定和实施汽车限制政策时，应该在充分了解当地交通和城市结构的前提下进行。结合汽车限制政策的具体政策设计、以前制定并正在实施的限制政策、城市或者地区的具体需要和地区的法律法规进行综合考察，实施最合适最有效的汽车限制政策，避免引起大规模的公众的反对。汽车限制政策作为一项公共政策旨在解决交通拥堵问题，而不是，也不应该是为了从中获益，政策所取得的收益应反过来用于道路建设维护和执行限制政策等公共事业。并且在制定和实施过程中要重视倾听公众的意见，争取能够最大限度地满足各个利益群体的需求。唯此，汽车限制政策才能得以顺利制定实施，并且取得预期的效果，避免政策的手段与目标背离的情况出现。

An Overview on the Foreign
Auto Restrictive Policies

Liu Mengyang

Abstract：The traffic congestion has become a serious social problems，which

---

① Arnold M. Howitt, Downtown Auto Restraint Policies：Adopting and Implementing Urban Transport Innovations, Journal of Transport Economics and Policy, May, 1980, pp. 155 – 167.

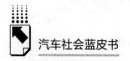汽车社会蓝皮书

attracts much attention from the public and the academic circle. Through investigating some foreign auto restraint policies, we aim to provide some successful experience and lessons for us. First the auto restraint policies are divided into three ideal types, and we investigate the benefit, cost, and effects of each type. Second, we introduce some auto policies of various countries, especially the Boston and London's cases. Third, we show the situation of China's traffic, then we discuss the enlightenment of the foreign auto restraint policies.

Key Words: Auto restraint policy

B.14
关于中外交通法规的对比研究

吴朔桦　李　琳　黄惠娥　原　瑶*

摘　要：

　　本文在收集、分析中国交通法规条例的基础上，对比国外交通法规规定，将理论研究与社会热点问题分析相结合，从中外交通法规立法理念、实际操作、具体条文规定三个角度阐述了国内外交通立法的共性与差异，并针对我国交通法规中存在的问题与原因进行分析，参考借鉴国外交通法规立法经验，尝试对我国交通法规的制定与完善提出建议。

关键词：

　　道路交通　交通安全　法规条例

引　言

　　进入 21 世纪以来，我国汽车产业和道路交通迅速发展。为了维护道路交通秩序，预防和减少交通事故，保护人身安全，保护公民、法人和其他组织的财产安全及其合法权益，提高通行效率，全国人大常委会第五次会议通过《中华人民共和国道路交通安全法》，在 2007 年、2011 年分别进行了修正。虽然该法对社会发展发挥了重要的推动作用，但就总体而言，由于交通问题层出不穷，这部法律也显现出一定的局限性。比较而言，一些发达国家如美国、英国、日本等国家较早地进入了汽车社会，交通法律法规体系较为完善、规定较为具体。上述国家在交通立法上的经验无疑可以为我国立法的修改和完善提供良方。笔者旨在通过中外交通法律法规的对比，探寻我国交通立法方面的不足，以求为未来的修订完善提供可行的建议。

---

　　* 吴朔桦、李琳、黄惠娥、原瑶，北京林业大学人文社会科学学院法学系。

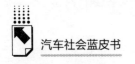

一 中外交通法规立法理念比较

纵观我国交通法规立法发展过程，不难发现，交通法规的制定出台无不与保护公民的基本权益与解决现实问题需要密切相关。总结归纳有关文献记载，我国制定交通法律法规的立法理念是以如下几个方面为背景的。

（一）缓解交通事故高发的严峻态势

从 20 世纪 80 年代末我国交通事故死亡人数首次超过 5 万人至今，我国交通事故死亡人数已连续十多年居世界第一。在滚滚车轮下丧生的人数，短短十几年间已从每年 5 万多人增长到 10 多万人，是交通事故死亡人数居世界第二位国家的两倍。[①] 因此，出台一部交通法规保障人们道路通行安全具有相当的必要性。

（二）规范与治理道路交通拥堵问题

我国大中城市的交通拥堵日趋严重，道路通行效率低下，严重干扰了人们的正常生产、生活。因此，在治理交通拥堵问题上，对车辆、行人及相关执法部门行为予以统一的立法规范，同时也有助于保障道路行车的畅通性。

（三）制定机动车管理标准的现实需要

现实中的办理机动车登记、检验和驾驶证审验等管理环节，由于在制定相关办理程序方面，缺乏立法经验，制定的时间较短，因而部分标准没有很好地体现把握重点、利民便民原则，该严管的没管好，该便民的不便民。

（四）违法违规行为惩处标准需明确

在《道路交通安全法》颁布前，道路交通管理条例和治安管理处罚条例

---

① 吴坤：《道路交通安全法解读》，http：//www. legalinfo. gov. cn/zt/2004 – 05/18/content _ 100141. htm。

规定的管理手段单一、对违法行为的处罚力度不够，难以对违法分子给予必要的震慑力，制止和惩罚道路交通违法行为。因而有必要出台相关法律提高违法违规行为惩罚力度，发挥法律权威性作用。

（五）规范交管部门执法行为的必要性

公安交通管理部门及其交通警察的执法行为不规范，乱执法、滥执法等现象时有发生，急需有相应的规定使交管部门执法有法可依，严格执法。

基于上述考虑，结合具体国情，我国制定出台了一系列从中央到地方的交通法规条例，从2004年实施至今，我国交通立法理念在贯彻实施中，既发挥了极其重要的作用，也反映出不少理论与现实冲突的问题。对此，笔者将我国交通立法与美、日、英三国交通立法作一比较，以期对我国交通立法的完善与发展提供一定的参考借鉴的素材。

美国作为判例法国家，在立法上体现着联邦主导政策，有联邦立法与州立法之分，立法体现了选民与社会团体的意愿喜好，也反映了行政部门、专门委员会的提案要求。其立法理念中不仅突出对人权保障、对交通安全顺畅的考量，也包含了大众与政治集团利益平衡的结果。因此，美国的交通安全立法充分体现了具体性与完备性，实现了其对现实问题与民众需求的一一反馈。作为一个"汽车轮子上的国家"，美国立法中对高速公路的重视程度远高于我国。在"911事件"发生后，美国加大了对安全的重视力度，进一步影响了交通立法内容。在安全的考量上，美国加大了交通安全的立法力度，在SAFETEA-LU里，法律所给予安全的篇幅和资金支持，远远超过了以往的任何一个同类法律。[①] 其中对醉驾行为处以十分严格的处罚。此外，在与民众生活息息相关的汽车税费上，美国将税费的标准也纳入了法律的规定。受选民选票支持率的制约，政治家们一般不轻易提出增加税费的要求。例如，将燃油税等税费纳入法律并具有一定的稳定性及明确性。同时，美国十分重视对发展公共交通的扶持。美国吸取了因公交服务不足带来的环境污染、交通阻塞的教训，于1964年专门出台了城市公共交通法维护已有的公共交通，改善并扩大其服务。相比

---

① 周江评：《美国交通立法和最新的交通授权法》，《城市交通》2006年第1期。

之下，虽然我国也存在交通拥堵、汽车尾气污染等问题，但在立法理念上对于交通事业管理、环境保护方面并未有所涉及。

同处亚洲的日本其交通立法理念上既有与我国相似之处也有其不同的特色。日本于1956年由内阁出面主持治理交通事务，在总理府设置"交通事故对策本部"，1961年改称"交通对策本部"，由内阁长官出任主席，各市、镇、村设立相应的组织。1966年颁布了交通安全建设的"紧急措施"，并制定了两次五年计划。1970年制定颁布了"交通安全对策基本法"等交通法规。[①] 近几年，日本根据本国道路交通设计的特性及其时代背景与国情，考虑到社会发展的动向，提出部分涉及安全的课题：交通安全思想的普及、彻底的安全教育；确保车辆的安全性；救助、救急体制和装备；推进既定交通安全对策未落实的目标等。这与我国《道路交通安全法》中的加强交通安全管理，预防减少交通事故的立法思路相同。但从日本在对于违反交通法规刑罚的规定上，对严重交通违法行为规定了严厉的处罚措施和处罚标准，充分体现了严苛处罚的立法理念。不少处罚措施和处罚标准几乎不近人情，让人难以接受。比如，对酒后驾车的处罚，日本的道路交通法及相关法律规定，机动车驾驶人被测定出每1毫升血液中的酒精成分为0.15毫克时就视为饮酒驾车，可以判处1年以下徒刑或者30万日元（相当于2万多元人民币）以下罚款。"如果是醉酒驾车，则可以判处3年以下徒刑或50万日元（合约4万人民币）以下罚款"。[②]正是如此严苛的规定，日本在治理道路交通事故上才能取得较好的效果。

相比之下，我国虽于2011年将醉驾行为纳入刑法修正案中，但从量刑上看惩罚程度远轻于日本规定，对醉驾行为人的预防再次违法行为的震慑力有待提高。在交通事故频发的现实下，是否在立法上确立严格的刑罚规定，给予肇事行为人足够的威慑力，也是值得立法者思考的问题。

英国是欧洲使用汽车最早、最多的国家之一。2008年，全国机动车已达3300多万辆，其中有私人小汽车2620.8万辆，平均每100个家庭中拥有1辆汽车的占44%，2辆的占25%，3辆及以上的占15%。现有驾驶人员1300余

---

① 孟宏伟：《关于赴韩国日本考察道路交通管理立法及有关业务情况的报告》，公安部交通管理局内部资料，1997年12月27日。
② 《日本道路交通法》第65条、第66条、第117条第2款。

万人。交通管理形势最严峻的时期是20世纪60年代。当时全国机动车虽然仅200多万辆，但仅1966年，交通事故死亡人数就达8900余人。随着管理水平的提高，交通事故明显减少。据统计，2005年和2006年，交通事故死亡人数分别为3201人和3500人。[①] 针对上述问题，英国在立法上对交通管理、执法、事故诉讼审判等方面都确立了严格的规定，其立法核心是建立健全交通法规和严格执法。电子警察和CCTV（政府和有关部门设置的监控设施）遍布全国城乡道路，在这些技术设备的监督下，违反规则者一律受到处罚，没有任何人拥有特权。同时，英国十分重视经常性的交通安全宣传教育，从学车考证开始就注重培养人们规范驾驶的习惯。每逢节假日或度假出行高峰期，政府都会投入大量经费开展交通安全宣传活动。在英国的立法上体现了一定的预见性、科技性与人文性的特点。相较之下，我国的交通法律法规中采纳科学技术手段的体现较少。英国设立了电子警察制度，道路管理主要依靠科技设施完成。10座以上的客车仪表盘上必须安装行车记录仪。这个"黑匣子"会向公共或私人管理中心报告行驶信息。违法处理、电子号牌识别系统全国联网。查处违反法规行为人也以这些电子数据为依据，从而大大提高了监管的效率与力度。在立法理念上科技性与智能化可供我国参考借鉴。

从上述比较中可见，发达国家在立法理念上，对于立法对象的范围，不仅以行人、车辆为主体，对于环境、动物权利保障上也有相关的规定，体现了构思较为全面、完备的一面。另外，在权责的规定上清晰明确、界限分明。而我国在立法理念上对于权责规定的表示并不清晰，从而在立法实践中存在着部分条文内容界定不明的情况。不仅如此，在立法手段的技术性上有所欠缺，对应对现实问题调整立法上缺乏及时性与灵活性。针对上述问题，参照国外的立法经验，我国立法机关在交通法规的立法理念上有必要适时予以更新与调整。

二 中外交通法规操作程序对比

为了适应道路交通的迅速发展，我国制定了《中华人民共和国道路交通

---

① 王和、杜心全：《英国、瑞士道路交通管理给我们的启示》，《公安学刊》（浙江警察学院学报）2009年第1期。

安全法》。在此基础上，国务院制定了《中华人民共和国道路交通安全法实施条例》，有关部门相继出台了《机动车登记规定》《机动车驾驶证申领和使用规定》等。上述法律法规和部门规章基本构成了我国道路交通法律体系。毫无疑问，这是对道路交通体系的完善。但是，新的问题不可避免地涌现，造成了交通法律法规的一些方面的不适应性，亟待进一步完善。

（一）法律规定强调原则性问题，对于具体问题的规定比较笼统、模糊，导致实际操作上的困难

《道路交通安全法》是国家的基本法，只对道路交通安全中的主要问题进行原则性规定，没有具体化的操作程序和处罚规定，容易造成执法部门管理无序。如《道路交通安全法》第五条第二款规定，"县级以上各级人民政府交通、建设管理部门依据各自职责，负责有关的道路交通工作"。该条款并未详细阐明交通、建设管理部门的具体职责是什么，也未对"有关的道路交通工作"的范围作出限定。在机动车发生交通事故时，也仅仅规定了"机动车一方"这一模糊概念作为赔偿责任的主体，却未明确机动车一方是指机动车驾驶人、租赁人，还是机动车所有人。由于权责规定模糊，界线不清晰，极易造成实际操作中部门之间互相推诿的情况。又如在酒驾、醉驾问题上，我国的《道路交通安全法》仅在第二十二条规定，饮酒、服用国家管制的精神药品或者麻醉药品，或者患有妨碍安全驾驶机动车的疾病，或者过度疲劳影响安全驾驶的，不得驾驶机动车。[1] 但未明确规定血液酒精浓度达到何种程度为酒驾、醉驾。酒驾、醉驾检测标准还需参照国家质量监督检验检疫局发布的《车辆驾驶人员血液、呼气酒精含量阈值与检验》。这样的补充规定虽然可以起到很好的辅助解释作用，但是仍然显得零碎、缺乏统一性。

相比之下，一些发达国家的法律制定得就比较具体、详细。例如，英国在1988年颁布的《英国道路交通法》中，不仅对于酒驾的检测标准进行了详细规定，而且还对酒精含量浓度超限状态驾驶或照管机动车、呼吸测试、供分析的抽样条款等进行了详尽的说明。因此，当一部法律规定得越详细、越完备，

---

[1] 《中华人民共和国道路交通安全法》第22条。

执法时的不确定性也就越小，执法部门才能做到有法可依、有法必依、执法必严、违法必究。

（二）由于现行的交通法律法规与其他法律法规存在冲突，因此在法律的适用上也存在着矛盾

特别是《道路交通安全法》第七十六条规定，"机动车发生交通事故造成人身伤亡、财产损失的，由保险公司在机动车第三者责任强制保险责任限额范围内予以赔偿。超过责任限额的部分，按照下列方式承担赔偿责任：1. 机动车之间发生交通事故的，由有过错的一方承担责任；双方都有过错的，按照各自过错的比例分担责任。2. 机动车与非机动车驾驶人、行人之间发生交通事故的，由机动车一方承担责任；但是，有证据证明非机动车驾驶人、行人违反道路交通安全法律、法规，机动车驾驶人已经采取必要处置措施的，减轻机动车一方的责任。交通事故的损失是由非机动车驾驶人、行人故意造成的，机动车一方不承担责任。"① 此条款确立了一个崭新的归责原则体系。首先，保险公司承担无过错责任。机动车发生交通事故造成人身伤亡、财产损失的，由保险公司在机动车第三者责任强制保险责任限额范围内予以赔偿。其次，机动车之间承担过错责任。机动车之间发生交通事故造成的超过第三者责任强制保险限额的部分，由有过错的一方承担责任；双方都有过错的，按照各自过错的比例分担责任。再次，机动车对非机动车驾驶人、行人承担无过错责任。综上所述，《道路交通安全法》第七十六条对机动车辆发生交通事故赔偿确立了一个新的归责体系，它采取了"混合式"的归责制度，根据不同情况规定了不同的归责原则，对于不同问题区别对待。这样有利于对受害者的保护，体现了以人为本的思想。同时，我们必须认识到该制度也存在一定的问题。《保险法》第五十条第二款规定，"责任保险是指以被保险人对第三者依法应负的赔偿责任为保险标的的保险。"② 该条款对于保险人的保险范围做出了限定。保险人的保险义务以其在保险事故中应当承担的责任大小来确定，而非《道路交通

① 《中华人民共和国道路交通安全法》第 76 条。
② 《中华人民共和国保险法》第 50 条第二款。

安全法》所规定的无过错责任。按《道路交通安全法》的规定，在进行交通事故赔偿时，由承保第三者责任强制保险的保险公司先行赔付。但按《保险法》以及保险条款规定，保险公司是根据公安机关处理事故的责任认定书及调解协议或法院的调解、判决文书来确定理赔金额的。两者的赔付顺序是不同的。此差异也会在实践中造成交通事故赔偿纠纷难以解决的困境。

一般来说，多数大陆法系国家采取无过错责任原则。无过错责任原则能够在一定程度上平衡社会利益，使受害人的损失能够得到有效的补偿。当然，无过错责任原则的适用也会在一些案件中出现责任分配不均的情况。但从整个立法目的和宗旨来讲，该原则在寻求总体利益的平衡上仍然有积极影响。英美法系国家大多采取过错责任制度，但是在这些国家和地区也逐渐受到了无过错责任的影响。英国1930年制定并经1960年修正的《道路交通事故法》，对于交通事故的损害赔偿采取过错责任原则。但例外的是，在机动车事故的领域里，过失推定的法理占据着中心的位置；而且，学界也在不断提倡严格责任、无过错责任。[①] 无论是采取何种规则制度，都是为了能够在交通事故赔偿案件中实现公平和正义。在实践中出现的问题，还需要立法机关根据实际不断完善立法，来适应现实情况，以求从根本上解决责任的承担和赔偿问题。

《道路交通安全法》的制定和完善体现了"以人为本"、公平正义原则。该法在完善我国道路交通安全管理，维护道路交通秩序，预防和减少交通事故，保护人身安全等方面发挥了重要的作用。虽然在其发展和完善的过程中，不可避免地会存在疏漏、规定不全面等问题。而这些问题是未来立法的修订方向，也同样是社会各界需要关注的方向。

三　中外交通法规具体条文对比

（一）驾驶资格的取得比较

随着汽车社会的发展，汽车逐渐成为民众日常生活中必不可少的交通工

---

① 于敏：《机动车损害赔偿责任与过失相抵》，法律出版社，2004。

具。民众对取得驾驶执照的需求也越来越强烈。然而，不同的国家，由于发展程度的差异，历史文化的不同，对取得驾驶执照的规定也不尽相同。①

以英国为例，英国每年死于交通事故的人数在 5000 人以下，交通道路安全程度居欧洲第二。英国的驾照考试却号称全世界最难。② 英国考驾照有三个步骤，跟国内的驾照考试不同，在英国应该先申请临时驾照，只有在取得临时驾照的前提下才可以进行理论考试。在通过理论考试之后才可以参加路考。③《英国道路交通法》第 87 条规定驾驶机动车者要取得驾驶执照，（1）没有取得驾驶某种类机动车许可执照在道路上驾驶该种类机动车，是有罪行为。（2）允许或指使没有取得某种类车辆合法驾驶执照者，在道路上驾驶该种类机动车，是有罪行为。

《英国道路交通法》除了对驾驶员的驾驶能力有具体规定外，对获取种类机动车的执照规定的申请人的年龄规定也是不一样的。④《英国道路交通法》第 101 条对申请不同种类车辆的申请人的最低年龄做了具体的规定。年满十六周岁的人可以获取残疾人车和机动脚踏车执照；年满十七周岁的人可以申请小型客车或小型货车以及农用卡车执照；年满十八周岁的人可以申请中型货车执照；年满二十一周岁的人可以申请其他机动车执照。英国的法律在对取得驾驶执照的积极条件（驾驶能力，驾驶员身体适应性要求，取得驾照的最低年龄等）做了具体规定外，还对取得驾驶执照的消极条件做了规定。⑤《英国道路交通法》第 103 条规定，（1）若被取消持有或获取执照者有以下行为，是有罪的：（a）当被取消获取执照的资格时，获取执照；（b）当被取消驾驶资格时，在道路上驾驶机动车或驾驶被取消资格种类的机动车。（2）被取消资格者取得的执照无效。（3）值勤警察不用拘留证就可拘留有正当理由怀疑被取消资格后在道路上驾驶或试图驾驶机动车者。

英国的道路交通法规对驾驶执照的取得做了细致且严格的限制，从源头上

---

① 江亚平：《在英国拿驾照》，《跟女王聊天》，中国社会出版社。
② 人生漫步者：《在英国考驾照—理论篇》，新浪博客。
③ 《英国道路交通法》，第 1988 条。
④ 《英国道路交通法》101 条。
⑤ 《英国道路交通法》103 条。

预防了交通事故的发生。高度重视驾驶人员的驾驶水平体现了一个国家对道路安全的重视和高度负责。这也从一个方面解释了英国发生交通事故较少的原因。

日本的交通法规对驾驶执照的规定更是细致入微。《日本道路交通法》从第八十四条到第一百零七条对获取驾驶执照做了非常详细的规定。《日本道路交通法》第八十四条对驾驶执照的取得做了总体的规定：（1）驾驶机动车及带发动机自行车（以下称"机动车等"）的人，必须取得公安委员会的驾驶执照（以下称"执照"）。（2）执照分第一种执照、第二种执照以及临时执照。（3）第一种执照分大型执照、普通执照、大型特种执照、机动二轮执照、小型特种执照、带发动机自行车执照、牵引执照等八个种类。（4）第二种执照分为大型第二种执照、普通第二种执照、大型特种第二种执照、牵引第二种执照等四个种类。（5）临时执照分大型临时执照和普通临时执照。在日本考取驾照跟中国比较相似，① 在日本考驾照必须参加公安委员会进行的驾驶执照考试，要到指定机动车教练所参加相关培训，然后才能参加驾照考试。

和英国、日本类似，中国也有专门的交通法规对取得驾照做了具体的规定。② 《中国道路交通安全法》第十九条规定：驾驶机动车，应当依法取得机动车驾驶证。

申请机动车驾驶证，应当符合国务院公安部门规定的驾驶许可条件；经考试合格后，由公安机关交通管理部门发给相应类别的机动车驾驶证。

持有境外机动车驾驶证的人，符合国务院公安部门规定的驾驶许可条件，经公安机关交通管理部门考核合格的，可以发给中国的机动车驾驶证。

驾驶人应当按照驾驶证载明的准驾车型驾驶机动车；驾驶机动车时，应当随身携带机动车驾驶证。

公安机关交通管理部门以外的任何单位或者个人，不得收缴、扣留机动车驾驶证。

---

① 《各国考驾照，流程大不同》，《上海侨报》2012年5月28日。
② 《中华人民共和国道路交通安全法》第19条。

中国的道路交通法规对驾照的规定，相比英国和日本而言，规定得更加宏观。英国对考取驾驶执照的年龄、身体状况、驾驶能力检测以及不得取得驾驶执照的情况做了详细说明。日本的道路交通法规规定了不同种类的驾驶执照。相比我国的道路交通法规，对驾驶执照的分类不是很明确，对考取驾照的禁止性条件也没有特别明确的说明。

中国对驾驶执照考试分为两大类，先是通过理论考试，然后参加路考。随着中国社会汽车普及率的提高，考驾照成了一种趋势。民众一般在驾校报班学习，通过驾校报名参加驾照考试。《中华人民共和国道路交通安全法》第二十条规定：机动车的驾驶培训实行社会化，由交通主管部门对驾驶培训学校、驾驶培训班实行资格管理，其中专门的拖拉机驾驶培训学校、驾驶培训班由农业（农业机械）主管部门实行资格管理。

驾驶培训学校、驾驶培训班应当严格按照国家有关规定，对学员进行道路交通安全法律、法规、驾驶技能的培训，确保培训质量。

任何国家机关以及驾驶培训和考试主管部门不得举办或者参与举办驾驶培训学校、驾驶培训班。

驾驶培训学校虽然是实行社会化，但是因为想要考取驾驶执照必须通过驾驶学校才能报名，所以，这从某种程度上也限制了公民考取驾照的自由。[①] 众悦网一项对 2 千市民的关于驾照考试的看法的问卷调查显示，大多数市民希望驾考能够从严。根据调查问卷数据发现，有 37.1% 的被调查者表示当前驾考并不严。有 69.8% 的被调查者表示目前的驾校培训更像是应试教育，很难让人学到技术。53.7% 的被调查者表示驾校并未重视交通安全的理念教育。有 65.1% 的被调查者表示拿了驾照不敢上路。新手拿照后不敢开车上路是一个比较普遍的现象，考取驾照虽然蔚然成风，但是真正开车上路的确实少之又少。通过驾校培训取得驾驶执照却对驾驶不熟练，那么驾校的作用又在哪里？

对一些经济比较困难又想取得驾驶执照的人来说，报班参加驾驶学校的费用是一笔很大的支出。如果能够让民众自由学习而不是强制性通过驾驶学校培

---

① 《关于市民对驾照考试的看法》，众悦网，2011 年 8 月 14 日问卷随机抽样调查。

训的话，那么民众就可以得到更多的选择权。当然，学习的自由选择并不意味着对驾驶能力要求的降低，相反，通过自由竞争，提高对驾驶能力的要求，强化公众对道路交通安全的重视，也会为降低交通事故探索一些新的途径。

（二）驾驶人员驾驶规范

全球每年有 120 万人死于汽车交通事故，有 2000 万～5000 万人受伤，而使用安全带是降低汽车交通事故死亡率的最有效举措。佩带好安全带是机动车驾驶的一项重要规定，各国对佩带安全带都做了具体的规定。[①]《中国道路安全交通法》第五十一条规定，机动车行驶时，驾驶人、乘坐人员应当按规定使用安全带，摩托车驾驶人及乘坐人员应当按规定戴安全头盔。[②]《英国道路交通法》第 15 条规定，（1）除非有专门条例规定，前排载有十四岁以上年龄儿童的机动车，若儿童不按规定佩带座位安全带，该车辆不得在道路上行驶。英国通过法律的规定强制要求十四岁以上儿童佩带安全带。对安全带的佩带的严格规定也是英国能够实现较低交通事故伤亡的重要原因之一。英国对机动脚踏车的载人人数也做了具体规定，第 23 条规定：（1）二轮机动脚踏车禁止附载超过一名以上人员。（2）被二轮机动脚踏车附载者，必须跨坐在安全设置于二轮机动脚踏车驾驶员位后面的座位上。（3）二轮机动脚踏车驾驶员违反本条载人规定，是有罪行为。这些对驾驶人员规范的规定看似非常的琐碎，但却反映了英国对道路交通安全的重视。在我们国家，二轮机动车随处可见，而我们却可以经常看到二轮机动车严重超载的现象。虽然，我们国家对机动车行驶做了相关的规定，对超载行为也有相应的规定，但是，法律常常得不到遵守。当我们还在为危害交通安全的现象无力制止而担忧的时候，我们看到英国社会对于二轮机动脚踏车的负载者早已做出了具体详细的规定。

美国《道路交通法》对驾驶人员在开学期间的时速做了限制，（1）任何人驾车不得超过合理的速度，在特定情况及存在或有潜在危险发生的情况下要

---

① 《全球每年逾百万人死于交通事故　安全带可有效降低危险》，新华网，2011. 4. 11。
② 《中华人民共和国道路交通安全法》第 51 条。

258

谨慎驾车。(2) 除了依照本节 (1) 分节规定有特殊危险存在时要减慢速度或以后特权规定中对最大速度有所指定外,任何人驾驶机动车不得超过 55 英里/小时。(3) 根据 1620、1622、1630、1643 或 1662 - a 节授予的在学校附近的高速公路上驾车上学时的最大速度,任何人驾车在学校开学期间每日上午 7 点至下午 6 点之间开车速度不得超过去上学时的最大速度。美国对学校附近车速做了具体的规定,这对保障学校附近的交通安全起了重要的作用。发生在 2011 年 11 月 16 日的甘肃校车事故,小博士幼儿园校车 (核定载客 9 人的小型面包车,当时车里坐着 62 个学龄儿童和两名成人) 与一辆卡车相撞,造成 21 人死亡 (其中包括 19 名儿童)、43 人受伤,共 64 人。在我国,校车频频发生事故,暴露出校车严重超载、司机违章行驶等各方面的问题。虽然在学校附近一般会有交通标语提醒司机减速,但是并没有像美国有这样具体的法律规定。孩子是祖国的未来,面对频繁的校车事故,规范交通秩序、构造和谐的交通社会对我国汽车社会健康发展至关重要。

一般车辆的行驶应该严格遵守交通法规,法律也应该对特殊车辆的通行做相应的规定。

日本的《道路交通法》第三十九条对紧急汽车的分道通行做了规定,(1) 紧急汽车 (消防车、救护车等其他道路法施行令规定的汽车,因紧急事件正在行驶的汽车) 除了第十七条第五项规定的情况外,为超车不得已时,在必要的情况下,其一部分或全部可以越出道路中心到道路的右侧①部分行驶。(2) 根据法令规定必须停车的路段,紧急汽车可不受此限,但须慢行。日本的《道路交通法》第四十条、第四十一条、第四十一条之二、第七十五条之九分别对紧急汽车的优先通行,紧急汽车等的特例,消防车辆的优先通行,做了具体规定。

我国《道路交通安全法》第五十三条规定:警车、消防车、救护车、工程救险车执行紧急任务时,可以使用警报器、标志灯具;在确保安全的前提下,不受行驶路线、行驶方向、行驶速度和信号灯的限制,其他车辆和行人应当让行。

---

① 日本机动车在公路上行驶时是靠左侧通行的。

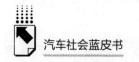

警车、消防车、救护车、工程救险车非执行紧急任务时，不得使用警报器、标志灯具，不享有前款规定的道路优先通行权。

第五十四条规定道路养护车辆、工程作业车进行作业时，在不影响过往车辆通行的前提下，其行驶路线和方向不受交通标志、标线限制，过往车辆和人员应当注意避让。

（三）对于驾驶人员的违规处罚，中外法律规定中有着很多明显区别

小到一些闯红灯的细节问题，大到酒驾、醉酒驾驶的处罚规定，都体现了不同立法主体的立法理念。

1. 违反交通信号灯的具体规定

"红灯停，绿灯行"这是每个人都清楚的交通规则，各个国家的法律中当然也都有相关的具体规定，但就是这么简单的每个人都熟知的规则，实施起来却并没有想象中那么容易。若是只有宏观上的原则没有具体实施细则，那么法律的执行便会困难重重。近年来比较引人关注的"闯黄灯"问题就将我国法律规定中的问题暴露出来。黄灯是一种过渡信号灯，本来起的就是预警作用，提示驾驶员信号灯即将变换。黄灯的设置是为了安全，本意是为了更好地促进交通安全，可是在现实生活中，很多司机为了抢时间而忽略了安全二字。归根结底在于法律中对于违反交通信号灯的规定条文不够清晰以及普通民众对于交通信号灯的相关规则认知欠缺。

《中华人民共和国道路交通安全法》第二十六条规定交通信号灯由红灯、绿灯、黄灯组成。红灯表示禁止通行，绿灯表示准许通行，黄灯表示警示。第三十八条规定车辆、行人应当按照交通信号通行；遇有交通警察现场指挥时，应当按照交通警察的指挥通行；在没有交通信号的道路上，应当在确保安全、畅通的原则下通行。《道路交通安全法实施条例》中还规定，黄灯亮时，已越过停止线的车辆可以继续通过。

《美国道路交通法》第 1111 条中关于黄灯的具体规定，黄灯指示：（A）交通中除了行人，当黄灯固定显示时，可进入道路交口；然而，所提的交通由此提示绿灯指示下的行动将被终止，红灯在其后马上就要显示。

（B）交通中除了行人，当黄箭号固定显示时，只能遵从黄箭号的指示小心地进入道路交口；而其他的行动则按同一时间内其他信号执行的行动将被终止，红色信号马上就要在之后显示。（C）行人面对固定的黄色箭号，也就由此提醒他没有足够的时间在红色信号显示前穿越道路，不要冒失行动，其他方面可按照1112节提到的行人控制信号行事。

比较两国的法规我们可以看到：首先，我国对于交通信号灯的规定过于生硬，美国的规定中对于黄灯指示灯亮起后可以小心地进入道路交口，这样的规定虽然比较灵活，但也与他们的公民法律意识较高有比较密切的联系，对于我们也有一些借鉴意义，但直接这样规定在我国还比较难以实施。其次，对于闯黄灯的处罚规定主要在各地方法规中，尺度标准不统一。这也导致在处罚时民众心理的不平衡。只有统一执法依据，才能让这个规定更好地执行下去。

2. 酒驾及醉驾的具体规定

醉酒驾驶一直以来都是我国交通事故的一大主要原因，成为影响我国道路安全的隐形杀手。2008年世界卫生组织的事故调查显示，大约50%～60%以上的交通事故都与酒后驾车有关。在中国每年由于酒后驾车引发的交通事故高达数万起，而造成死亡的事故中有50%以上都与酒后驾车有关。酒驾因其存在的广泛性而得到社会各界的广泛关注。尤其是2011年5月1日的刑法第八修正案出台以来，其中关于醉酒驾驶纳入刑法的规定更是在社会大众中引起了轩然大波。①《刑法第八修正案》中规定，在道路上驾驶机动车追逐竞驶，情节恶劣的，或者在道路上醉酒驾驶机动车的，处拘役，并处罚金。《道路交通安全法》中规定，饮酒后驾驶机动车的，处暂扣六个月机动车驾驶证，并处一千元以上二千元以下罚款。因饮酒后驾驶机动车被处罚，再次饮酒后驾驶机动车的，处十日以下拘留，并处一千元以上二千元以下罚款，吊销机动车驾驶证。②《英国道路交通法》第五条中规定，酒精含量浓度超限状态驾驶或照管机动车，（1）当某人在饮入了大量酒精以致其呼吸、血液、尿样中

---

① 中华人民共和国刑法修正案（八）。

② 申少君、陈永胜、刘小明：《中外道路交通安全法规体系对比研究》，《武汉交通管理干部学院学报》2003年第6期。

酒精含量超过了规定限度之后，（a）在道路上或其他公共场所驾驶或试图驾驶机动车；（b）在道路上或其他公共场所照管机动车，是有罪行为。（2）在某人被指控违反了第（1）项（b）段规定时，若证明某人当时已涉嫌违反规定，其呼吸、血液、尿液中的酒精含量已超过规定限度，以致已没有驾驶可能性，可作为其辩护理由。（3）法庭在判断是否存在第（2）项所提及可能性时，可忽略对其本人的伤害及对其车辆的损伤。① 《日本道路交通法》中第六十五条中规定，（1）任何人不准酒后驾车。（2）对有可能违反前项规定的人，任何人不得提供酒类后劝酒。各国都对醉酒驾驶有着严厉的规定，我国在此方面有着加重的趋势，从把醉酒驾驶划入到刑法的范围中也可以体现出来。但对于醉驾的预防仅仅通过法律的规定是难以做到的，最有效的方法还是通过加强公众的安全意识和守法意识，教育驾驶人对自己的生命负责，对他人的生命负责。

（四）对行人的交通规定

1. 最近社会上很流行的一句话叫做"中国式过马路"，②意思就是说只要凑够一撮人就可以走了，不需要顾及是否是绿灯

这个现象不仅是关乎道德的争议焦点，更是关乎执法守法的原则问题。同时也显示出我国公民对于自身在道路安全中所处重要地位的忽视。《中华人民共和国道路交通安全法》规定，车辆、行人应当按照交通信号通行；遇有交通警察现场指挥时，应当按照交通警察的指挥通行；在没有交通信号的道路上，应当在确保安全、畅通的原则下通行。还规定"行人违反道路交通安全法律、法规规定的，处警告或者五元以上五十元以下罚款"。③《英国道路交通法》中第37条中规定对行人的指令：在值勤警察正在道路上维持车辆交通秩序的地区，行人违反警察履行职责对其发出的停止指令，穿越或沿着车行道行走或进行其他交通行为，是有罪行为。在加拿大的多伦多，根据2010年1月1日新交通法规的规定，被摄像头拍到的闯红灯过程，一次罚款260美元，还

---

① 《日本道路交通法》第65条。
② 《"中国式过马路"不能成为潜规则》，《光明日报》2012年10月19日。
③ 《英国道路交通法》第37条。

要额外交 60 美元的受害人附加费和 5 美元的法庭费用，总共的违规成本为 325 美元。与我国的处罚相比，其处罚就更显严格，这样对于行人的警示作用可以更加的突出，但相比严厉的处罚，笔者认为加强民众的法律意识以及规则意识更有益于这类问题的解决。

2. 社会弱势群体，作为社会中的一部分，应当得到更加广泛的关注和保护

在各国法律中，对于社会弱势群体的保护也值得借鉴。我国《道路交通安全法》第六十四条规定，学龄前儿童以及不能辨认或者不能控制自己行为的精神疾病患者、智力障碍者在道路上通行，应当由其监护人、监护人委托的人或者对其负有管理、保护职责的人带领。盲人在道路上通行，应当使用盲杖或者采取其他导盲手段，车辆应当避让盲人。日本在这方面主要是对盲人以及儿童给予了更多的保护。《日本道路交通法》第十四条规定保护盲人、幼儿等的通行，（1）盲人（含与其相类似的人，以下同）在道路上通行时，必须携带施行令规定的手杖或导盲犬。（2）除盲人外（耳聋的人及政令规定程度的残疾人除外），在道路通行时不得使用手杖或导盲犬。（3）儿童（六岁以上、十三岁以下，以下同）、幼儿（六岁以下，以下同）的监护人不得带他们到交通频繁的道路及道口附近道路上玩耍，如果没有监护人，不得让幼儿到前述道路上行走。（4）在儿童或幼儿上学通行时，在必须引导或采取其他措施的地方，警察和其他在场的人要采取措施，为能使他们安全通行做出努力。美国对于盲人也有自己独特的保护方式。[①] 其《道路交通法》1153 条中规定，关于盲人的交通规则，（1）尽管有规则规定机动车驾驶员在接近道路交口或人行横道时，应将道路右侧让出或减速，或在必须时暂停，以便让横过道路的或正欲横过道路的行人通过，但本规则尤其强调对靠导盲犬做向导或持白色金属手杖，或白色带红尖的金属手杖的行人避让。（2）除全盲或部分失明或近乎残废的人外，其他人不得在公路或高速公路上使用白色的或白色带红尖的金属手杖。（3）本规则并未要求全盲或部分失明或近乎残废的人必须使用导盲犬或盲杆或手杖。在我国，经常可以看到人行道中的盲道被各种停靠的汽车、自行车所占，更有甚者，弄不清楚哪些是专为盲人设置的盲道。这与我国实践中没

---

① 《美国道路交通法》第 1153 条。

有把相关禁止规定落实下去，对普通民众没有引发足够的重视有关，在和谐社会的倡导下，我们不管是立法还是执法都应当更加注重对于社会弱势群体的保护，凸显法律的人文关怀。

驾驶员、行人都是交通参与者，我们在道路上的每一个行为都可能影响到其他人的生命安全。道路交通安全需要的是交通参与者严格遵守交通法规，互相尊重。这需要公众不断提高交通安全意识，需要社会营造良好的遵纪守法的氛围，需要对生命的敬畏和对他人的尊重。

从各国的法规中，可以看到我国在立法中仍然存在的不足与缺陷，在别国的规定中也可以汲取值得我们借鉴的地方予以改进。这样才能不断完善我国的交通立法，建立更加和谐的交通环境。

四 对我国交通法规修改的建议

针对我国《道路交通安全法》以及各地规定的交规条例颁布实施以来，现实存在的行人、机动车、行政与执法机构存在的问题，一方面反映出上述法规条例尚待进一步完善，另一方面也反映了理论与实际之间的差距。在本文分析的诸多问题与现象中，根据法律规范汽车社会的必要性以及民众的呼声，参考借鉴国外的立法经验，在收集大量材料的基础上，笔者尝试提出以下建议，希望能进一步完善我国立法，更好地解决现实问题。

（一）进一步明晰违反交通法规的处罚力度

根据《中华人民共和国道路交通安全法》规定，"行人违反道路交通安全法律、法规规定的，处警告或者五元以上五十元以下罚款。"笔者认为，可以将处罚的幅度按照不同的方面进行划分，如新加坡法律规定，行人第一次闯红灯罚款200新元（约相当于人民币1000元），第二次、第三次再闯，最重可以判半年到1年的监禁。参考国外此类明晰责任与刑罚的规定，对于违反交通规则的行为按照违反的方面进行划分。立法规定中明晰给予公民的警示，预防公民违法违规行为。

（二）结合实际设立必要的技术性规范

针对 2012 年热议的闯黄灯问题，不少专家学者提出在十字路口设置红绿灯通行时间指示以及参照国外的一些做法，笔者认为可以将一些技术性标准纳入法规。如规定红、黄、绿灯闪动的时间、计算机动车刹车时反应时间来划定相应的停止线等，结合技术性标准规范，使法规更加人性化，更加贴近实际。

（三）着力加强行政执法部门的执法力度

不论是"中国式过马路"还是汽车限行限购问题，在当前国内汽车社会中存在的行人、机动车驾驶人违规乱象不难反映出当下民众不重视交通法规的心理，也体现了部分行政部门执法不严、执法不力的情况。宏观把握，小处放权，并且清晰地列举执法部门的权责范围，严格按照规定办事，查处违法违规行为，奖励遵纪守法文明出行的行为。让执法部门有法可依，百姓知法守法，共同维护良好交通秩序。

（四）适时调整完善机动车驾驶操作制度

在我国交通法规中，关于汽车驾驶方面的立法规定在实际操作中存在一些不便之处。如我国的驾照考试前必须经过驾校培训，只有驾校才有资格做驾驶培训和报名驾驶执照考试的资格。随着我国汽车社会的发展，公民对于汽车以及驾驶技能的需求已大大超过从前，因而驾校培训费逐年增加。出台相应的驾驶培训行业规范，将其纳入立法者的考虑范围具有重要的现实意义。让驾驶培训以及驾照考试报名手续更加简便易行，让汽车驾驶的具体操作制度更加规范，也让大众享受步入汽车社会带来的便捷生活。

20 世纪 80 年代以后，中国汽车行业不断加快发展的步伐。近十年来，中国更是进入了快速发展的道路。从汽车总量、家庭汽车拥有量以及汽车销量上看，中国已经逐步迈入了汽车社会的行列。汽车开始真正在大众中普及，为快速、全面地进入汽车社会做好准备。

当汽车逐渐成为中国社会重要的组成部分时，我们发现汽车也带来了一系列的问题。于是，汽车文明的问题进入我们的视野。交通拥堵、大气污染、能源消耗等逐渐成为我们关注的热点话题，也慢慢促使我们开始探讨如何解决汽车带来的问题以及如何付诸实践。因为，有问题就要去解决。而且，我们可以看到社会各界已经开始为此行动起来。政府倡导市民出行优先利用公共交通，积极倡导绿色出行。此外，还大力研发新型清洁能源，为实现节能减排而努力。汽车企业也积极投入到技术创新的行列，力求做到低能耗。购车者为了响应国家的政策，在购车时会考虑汽车排量的问题，尽量购买低排量、性能好的汽车，出行也会首先考虑以公共汽车代替私家车。这是社会大众汽车文明意识提高的具体表现。

交通安全也是社会大众特别关注的焦点之一。当汽车的数量不断增加，交通安全就显得尤为重要。我们可以看到，《道路交通安全法》的颁布和修订，行政法规、地方法规等的出台，从法律法规方面给我们撑起了一个人身与财产安全的保护伞。同时，驾驶者良好的驾车技能和行车素质是保障交通安全的重要因素之一。国家交通管理部门也在为加强交通安全、强化驾驶者规范意识努力工作，严格规范场地驾驶和道路驾驶技能考试，改进考试程序，杜绝替考、作弊等行为。同时还增加电子监控，加大了处罚力度。越来越完善的交通法律法规体系，遵守规则的行人和驾驶者，是我们构建和谐汽车社会必不可少的条件。

当政府、出行者、汽车企业都做出最充分的准备迎接中国汽车社会的到来时，我们有理由相信一切都会向规范化、合理化的方向发展。我们也有理由相信在汽车社会时代，我们会享受到应当属于自身的舒适感和幸福感。幸福，始于足下。

The Comparative Study of Chinese and Foreign Transportation Legislation

Wu Shuohua Li Lin   Huang Huie   Yuan Yao

Abstract：The article based on the collection and analysis Chinese traffic laws and regulations，compared to foreign traffic regulations，the combined analysis of the theoretical research and social hot spots from foreign traffic laws legislative concept, the actual operation, the specific provisions in three contexts at home and abroad the similarities and differences of traffic legislation. And to analyze the problems and causes of Chinese traffic laws and regulations, for reference to the legislative experience of foreign traffic laws. And to try to make recommendations for the development and improvement of our traffic regulations.

Key Words: Transportation; Traffic safety; Laws and regulations

汽车环境与安全

Environment and Safety

B.15
国内外心理学对"路怒症"的
研究及实践意义

许志敏*

摘 要:

随着社会经济的快速发展,我国机动车持有量迅速上升,小汽车已然成为大众主要的出行工具。随着生活节奏的加快,人们积累的压力、不良情绪需要释放,当驾驶者不良情绪发泄到无辜的行人或是其他驾驶者身上时,我们称之为"路怒症"。本文探讨了"路怒症"的主要概念和理论基础,讨论了"路怒症"的影响因素,包括个人因素(年龄、性别、人格、归因方式和情绪)、社会因素和环境因素。并就如何预防"路怒症"给予了相关建议。

关键词:

路怒症 攻击性驾驶 影响因素

---

* 许志敏,北京林业大学人文社会科学学院心理学系。

汽车的发明，改变了人们的生产和生活方式，加快了社会的发展，给人们带来巨大方便。同时也为人们带来了种种麻烦，交通拥挤、尾气污染以及交通事故等都给人类带来了惨痛的代价。随着社会运行节奏的加快，人们的生活压力越来越大，而这种压力也延伸到了道路交通方面，"路怒症"越来越成为道路交通的重要的不安全因素，近年来受到了越来越多的国内外心理学专家的关注。

一 "路怒症"的基本概念

20 世纪 90 年代中期首次出现了"路怒症"这一主题概念，国外有学者将其定义为攻击性驾驶行为或者是暴力驾驶行为的集合。1997 年，"路怒症"这一概念被牛津词典收录其中，并对其解释为："路怒症"（road rage ）是由现代的驾驶压力所导致的驾驶者的失控的攻击性的驾驶行为，其中伴随着愤怒的情绪行为，会指向其他的驾驶者、乘客或者是无辜的行人。

对"路怒症"深入研究的著作并不多，可能是因为存在着很多与"路怒症"类似的概念，比如攻击性驾驶（aggressive driving）、暴力驾驶（violent driving）都和"路怒症"存在类似之处。

Hauber 认为，在行车过程中的攻击行为是一种故意的行为，无论是攻击者还是受害者都应该明了该行为会严重地伤害受害者的身心健康。[①] 虽然后期的研究者都广泛地接受了这一观点，但 Hauber 当时并没有给出更具体的信息来阐释这种攻击行为的基本特征。Mizell 则给出了一个较为具体的定义，认为驾驶中的攻击行为是一种事件集群，在这个集群中，由于压力、纠葛或者冲突，愤怒急躁的驾驶者故意伤害甚至杀害他人[②]。该定义尤其强调了蓄谋或故

① Hauber A R. （1980）. The social psychology of driving behavior and the traffic environment : research on aggressive behavior in traffic. International Review of Applied Psychology. 29 （4）: 461 – 474.
② Mizell L. , Joint M. （1997）. Aggressive driving in aggressive driving: Three studies. Washington D C: AAA Foundation for Traffic Safety: 1 – 13.

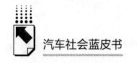

意对他人造成身体和生命的伤害。但 Mizell 给出的定义似乎也过于狭隘和偏激。

美国国家公路交通安全管理局（NHTSA）将"路怒症"定义为，在道路上由驾驶行为引起的，驾驶者或者是乘客对他人进行的故意的语言或是肢体上的伤害。因此，"路怒症"被视为犯罪暴力行为。[①]"路怒症"的概念中包含了愤怒情绪的表达及对其他驾驶者和车辆进行攻击等具体事件。[②]

Shinar 认为，暴力驾驶是一种工具性的而不是敌意性的攻击行为，即该种攻击行为是为了达到某种目的而行使的一种策略手段。这种攻击方式的目的在于消除阻碍，一旦这种阻碍被解除，此种攻击行为也就随之终止。这种攻击行为的具体表现为，为了方便自己的行车而阻碍其他道路使用者，不顾他人的身心安全。Shinar 认为，追尾、闯红灯、恶意超车变道都是故意的驾驶攻击行为，至少是一种无视他人的无礼行为。但是他并没有把超速归为此类，他认为超速并不是由于道路或是其他驾驶者或使用者引起的。[③]

暴力驾驶或攻击性驾驶主要具有以下几个特点：（1）暴力驾驶行为一般由愤怒的情绪所引发。（2）攻击性驾驶者是为了完成自己的任务而无视他人的行车利益。（3）这种愤怒情绪具有传播性，会因该攻击行为而激发其他道路使用者愤怒等消极情绪。[④] 根据 SOHU 汽车频道的调查结果显示，"路怒症"的表现形式有很多种，有将近 1/3 的驾驶者会不断地按喇叭。对他人的违规驾驶行为的报复形式也有很多种，恶意超车、突然减速等，甚至是飙脏话、打架斗殴（见图 1）。

① National Highway Traffic Safety Adminisration［NHTSA］.（1998）National survey of speeding and other unsafe driver actions, Driver attitudes and behavior,（2）.

② Wells-Parker E., Ceminsky J., Hallberg V., etal,（2002）. An exploratory study of the relationship between road rage and crash experience in a representative sample of US driver.［J］, Accident Analysis and Prevention. 34：271 - 278.

③ Shinar D.（1998）. Aggressive driving：The contribution of the drivers and the situation. Transportation Research Part F：Traffic Psychology and Behaviour, 1（2）：137 - 160.

④ 赵晨鹰、黄希庭：《汽车驾驶员攻击性驾驶行为的研究》，《应用心理学》2003 年第 9 期。

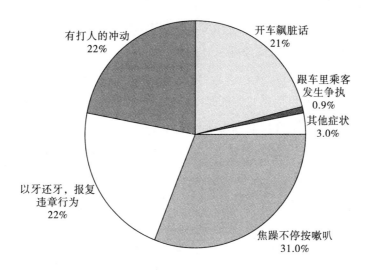

图1　路怒症调查结果

二　"路怒症"的理论基础

对于攻击性或暴力驾驶及"路怒症"解释的最常用的理论就是的挫折攻击性假设（the frustration-aggression hypothsis）。挫折（frustration）是指任何妨碍个体获得快乐或达到预期目的的外部条件，如果他人阻碍人们做自己喜欢或想要做的事，他人就是挫折。早期的心理学家用挫折——攻击理论解释挫折和攻击行为的关系，该理论把挫折和侵犯看成是互为因果。挫折——攻击理论认为，当人的一个动机、行为遭到挫折后，就会产生攻击和侵犯性反应，从而引起犯罪。在驾驶过程中，如果驾驶者因为路况较差或是其他的道路使用者的不文明的驾车行为，如加塞、闯红灯等，而使得自己的驾驶利益受损时，这种驾驶挫折就会激起驾驶者的愤怒情绪，从而产生攻击行为，这些攻击行为就是我们所说的攻击性行为或是暴力驾驶行为。相比较于其他理论，受挫攻击假设更加关注于引起"路怒症"的环境情景，比如路况、天气及路上的行人的行为，这些环境条件都会阻碍驾驶者顺利达到自己的目标。Shinar认为，在交通道路上，驾驶者受挫的程度越高，暴力驾驶行为也会随之提高。也就是说，路况越差，道路使用者的攻击性行为就会越多，路怒程度也就越严重。虽然受挫攻击

性假设可以在一定程度上解释"路怒症",但是研究发现,在交通压力情况差异很大的城市之间,路怒现象并没有显著的差异。在同一个交通点,在非高峰期也会有很多路怒现象出现。这是此理论无法解释的地方,这也许就是因为"路怒症"的形成不单单是交通拥挤而是由多种因素共同作用的结果。

"路怒症"的另一常用的理论解释就是情绪理论。情绪,从狭义上讲,它是指有机体在受到一定的刺激时产生的一种短暂的态度和体验,常常伴随着生理上体验。而情绪的主要功能,有适应功能、动机功能、组织功能、信号功能。情绪与情感是有机体生存与发展的一种重要手段,如动物遇到危险时就会产生怕的呼救,就是动物利用情绪求生的一种手段;情绪情感是动机的源泉之一,是动机系统的一个基本成分,它能够激励人的活动,提高人的活动效率,但是,人们产生愤怒和恐慌的情绪时就会放大和增强内驱力,使之成为行为的强大动力;情绪是一个独立的过程,有着自己的发生机制和发生、发展的过程。情绪的组织功能就体现于此,有各种需要和动机所引起的情绪促使人们产生各种行为倾向,而外界的环境因素又直接导致了这种行为的发生。情绪不仅能改变人的各种行为,还能促进或降低行为的效率。积极的情绪可以产生积极的诱因,从而激励人们积极行为的产生;而消极的情绪会引起消极的诱因,从而产生消极的行为,或者是削弱积极的行为。比如驾驶者收到外界环境的刺激时,就会产生一种心跳加速、呼吸急促、血脉贲张等的愤怒样的情绪,这种消极的情绪可能产生攻击的动机,从而导致了路怒行为的产生。

对于"路怒症"的其他理论解释还有社会学习理论,该理论认为,学习在攻击行为的产生中有着非常重要的作用,受攻击与挫折使人感到愤怒,这些愤怒情绪只是攻击行为产生的前提因素。在有些情况下,人们并不表现出攻击行为,这主要是与学习有关。学习理论强调:攻击行为可经由学习而获得,强化和模仿对学习过程具有重要的意义。班杜拉所做的观察学习的实验就很好地说明了这一理论,该试验把儿童分成两组,其中实验组的儿童会观察到实验者在和玩具玩耍的时候殴打玩具娃娃,结果让儿童和玩具娃娃玩耍的时候,实验组的儿童表现出了更多的攻击行为。这也能很好地解释"路怒症"的发生。有些驾驶者在驾驶过程中曾经经历过有些人的路怒行为,无形中就把这些行为内化为自己的行为模式,从而导致"路怒症"的广泛传播。

三 导致 "路怒症" 行为的有关因素

导致 "路怒症" 的因素有很多,主要与驾驶者的个人因素和社会因素有关。

1. "路怒症" 与驾驶愤怒、驾驶紧张、驾驶报复之间的关系

借由四川大学李凤芝和李昌吉等人的研究,[①] 在归因偏差、驾驶愤怒、驾驶紧张、驾驶报复以及驾驶攻击维度上探讨 "路怒症" 的发生。

该研究在某市选择1631名正常审验的汽车驾驶员为调查对象。其中大多数为男性,年龄分布较广,从18~65岁,驾驶车辆的类型包括大客车、大货车、出租车和普通小车。

对所有的调查对象进行问卷调查,包括驾驶员的人格特征、驾车情绪、驾驶时的攻击性行为,以及用于评价驾驶员对外界信息的敌意归因程度的认知偏差问卷。

表1 驾驶员心理因素得分情况

量 表	量表得分		85%	Cronbach alpha
	得分	范围	百分位数	
归隐偏差	16.25 ± 8.02	0 ~ 40	26.00	0.71
驾驶愤怒	22.91 ± 13.01	0 ~ 61	37.00	0.88
驾驶紧张	21.27 ± 11.30	1 ~ 61	32.00	0.87
驾驶报复	26.15 ± 7.74	11 ~ 52	34.00	0.83
驾驶攻击	6.92 ± 7.93	0 ~ 60	12.00	0.90

表2 攻击性驾驶行为及其心理影响因素的 Pearson 相关分析

因 素	归因偏差	驾驶愤怒	驾驶紧张	驾驶报复	驾驶攻击
归因偏差	1				
驾驶愤怒	0.266 **	1			
驾驶紧张	0.181 **	0.474 **	1		
驾驶报复	0.328 **	0.389 **	0.387 **	1	
驾驶攻击	0.095 *	0.333 **	0.426 **	0.447 **	1
年 龄	0.012	0.019	0.058	0.023	− 0.044
驾 龄	0.021	0.015	0.034	0.025	− 0.036
驾驶里程	0.030	0.005	0.053	0.032	0.051

表内数据是两两之间的 Pearson 相关系数, $* P < 0.05$, $** P < 0.01$ 。

---

① 李凤芝、李昌吉、龙云芳、詹承烈、胡冰霜:《汽车驾驶员攻击性驾驶行为的心理因素分析》,《四川大学学报(医学版)》2004年第4期。

将得分处于85%的百分位数以上的分数归为高分，得分较高说明个体的攻击性较高。由上两表可知，有16.98%的受调查者处于高分阶段。该数据说明只有一小部分驾驶者具有很高的攻击性。当控制年龄因素，对不同性别进行比较时，结果显示：除驾驶员认知归因偏差得分有显著的差异（男16.85 ± 0.12，女16.03 ± 0.85，P < 0.05）外，其余均无显著性差异，该研究说明了在归因方式上男女的差异比较显著。进一步对高攻击性个体在男（17.84%）、女（14.28%）不同性别进行比较，未发现在性别因素上有显著性的差异（X2 = 2.815，P = 0.093），这与人们一般的常识性认识不同，一般认为男性比女性更具有攻击性。攻击性驾驶行为得分与驾驶者的认知归因偏差、愤怒、紧张、报复得分成正相关（P < 0.05），该结果说明当驾驶者偏向于把一些交通行为归因于其他驾驶者的故意的报复的行为时，情绪比较愤怒比较紧张时就会造成更多的攻击性行为。与年龄、驾龄、驾驶里程数没有显著性相关，说明攻击性行为与驾驶者的年龄、驾龄和驾驶里程数并不是影响驾驶者的攻击性行为的重要的影响因素。

2. "路怒症"与归因方式之间的关系

所谓归因，就是人们推论他人的行为或态度之原因的过程，简单地说就是你把一件事归于什么样的原因。而人们认为事件的原因不外乎两种：一是内因，比如情绪、态度、人格、能力等。二是外因，比如外界压力、天气、情景等。如果你的朋友今天对你大发脾气，你认为她今天可能遇上什么不顺心的事情所以才这样的，这就是外归因，也叫情景性归因。但如果你认为你的朋友本性就是这样，就是爱对人发脾气，是她的本性使然，这就是内归因。2002年，Matthews和Norris的一项研究发现，在外界条件，如驾驶者的行为动机，界定不清楚的时候，具有高的攻击倾向的驾驶者会倾向于把其他道路使用者的行为归因于敌意的行为动机，[①] 而具有低的攻击倾向的个体更倾向于将其他道路使用者的行为归因于公正的行为，或者是偶然发生的行为。Baxter的一项研究发现，在出现交通驾驶事件时，当事人会对事件的情景和当事人的行为进行归

---

① Baxter J S, Manstead A S R, Strading S G, (1990). Social facilitation and driver behavior. [J], British Journal of Psychology, 81: 351 – 360.

因。如果是驾驶者自己违反了交通规则驾驶者会把行为结果归因于环境中的情景因素，如路况较差，交通拥堵，赶时间等；但如果是对方或其他人违反了交通规则就会把此种行为的原因归为对方的本质的恶意。我们通常把这种讲他人的行为归因于敌意或报复性行为的归因方式称为归因偏差。① 而这种归因偏差常常潜伏于 "路怒症" 之后，随时会促进 "路怒" 行为的发生。这种归因偏差还会导致驾驶者对自己的愤怒情绪进行错误的归因，从而导致其他驾驶者的愤怒情绪。James 认为，具有高攻击倾向的驾驶者倾向于在与其他人的交流中把他人的言语或行为理解成第一的报复行为，从而去教育别人，由此便导致了 "路怒症" 行为的发生。

3. "路怒症" 与性别与年龄之间的关系

Hauber 通过观察驾驶者在交通路口的行车表现发现，如果驾驶者在靠近人行道时不停车，不耐烦地按喇叭，对行人大声喊叫或是做出侮辱性的手势就会被认为是具有攻击性的驾驶者。暴力驾驶行为在性别因素上虽然没有显著性的差异，但在年龄上有显著性的不同。② 年轻人易于高估自己的驾驶技术，对交通法规的遵守时有自己的选择。年轻人往往以负面态度看待法规，并低估触犯法规的危险性。而且年轻驾驶人控制欲较强，喜欢体验驾车时汽车与路线处于完全掌控之下的乐趣，一旦这种乐趣受阻时就会比较急躁，加上年轻驾驶人对情绪的控制又比较差，就比较容易患上 "路怒症"。Yagil 的研究表明，女性比男性更倾向于遵守交通规则，更遵从社会法规，也更倾向于维护交通法规的合理性和重要性。③ 人们往往认为男性具有更高的攻击性，而女性则处于更加被动的地位，遇到挫折或阻碍更多的是退缩和忍让；而男性则更加的强势，对攻击行为持有更多的消极的态度。

4. "路怒症" 与人格之间的关系

一般来讲，具有偏执型人格、冲动型人格和焦虑型人格的人也比较容易患

---

① 吴宁、蒋京川：《如此驾驶为哪般？——从归因及人格视角看路怒》，《社会心理科学》2011年第 11 期。

② Baxter J S, Manstead A S R, Strading S G, (1990). Social facilitation and driver behavior. [J], British Journal of Psychology, 81：351 – 360.

③ Yagil D. (1998). Gender and age related differences in attitudes Toward traffic laws and traffic violations. Transportation Research Part F：Traffic Psychology and Behaviour, 1 (2)：123 – 135.

上路怒症。偏执型人格的人极度地感觉过敏，对侮辱和伤害耿耿于怀；思想行为固执死板，敏感多疑、心胸狭隘；冲动型人格的特征为有不可预测和不考虑后果的行为倾向，行为暴发难以自控；而具有焦虑型人格的人则一贯感到紧张、提心吊胆、不安全，总是需要被人喜欢和接纳，对拒绝和批评过分敏感，经常习惯性地夸大日常处境中的潜在危险。具有这些人格特质的人在紧张的状态下容易表现出更多的急躁和愤怒，从而产生较多的鲁莽的驾驶行为，更容易患上"路怒症"。Galovski 在其《路怒：需要心理干预的领域》一文中表明 A 型性格的人会参与更多的冒险的驾驶行为及撞击事故，因为这一性格的个体有更多的行为及情绪的易感性。A 型或者是倾向于动态的类型的个体，会加强压力的体验，因此导致攻击性的驾驶行为。Parker 在研究老年驾驶者的个体差异发现，外向性的驾驶者的驾驶行为更具有攻击性，归因偏差更加明显，会有更多车祸和交通违规行为，外向性的驾驶者的自我评价往往较高。但是 Classen 的研究却恰恰相反，内向的老年驾驶者与外向的驾驶者相比，在道路驾驶中有更多的违规行为，Classen 认为内向的驾驶者的思维往往指向自己的内部世界，对外界的环境关注较少，所以会导致更多的驾驶事件。也有研究显示，"大五人格"与驾驶行为和结果有着显著的相关关系。首先，外向性与交通事故和交通违法行为有关；其次，神经质与暴力驾驶也存在关系；但并没有发现宜人性和驾驶行为之间存在关系，稳定性和责任心也可以部分预测"路怒症"。

5. "路怒症"与情绪的关系

关于"路怒症"与情绪之间的关系借由武汉理工大学雷虎所做的研究[①]进行分析。

雷虎在与武汉市 15 名驾驶人访谈的基础上，经过一系列的编制修订工作编制出驾驶人愤怒表达量表，用来测量驾驶人在愤怒的情况下的驾驶表现特征。通过车载装置来测量驾驶人开车过程中对车辆的操作的频率和力度，主要包括踩踏油门、离合、脚刹，打方向盘，换挡等。对出租车、公交车、货车、

---

① 雷虎：《愤怒情绪下的汽车驾驶行为特征及其对交通安全的影响研究》，武汉理工大学硕士论文，2011。

私家小汽车、长途大客车等500名驾驶者使用驾驶人愤怒表达量表，并回收到的456份有效问卷得出如下数据。

表3　愤怒情绪下驾驶人操作频率特征

		方向盘	油门	换道	换挡	脚刹	离合
有效人数		456	452	454	454	454	454
均　　值		3.15	3.25	3.22	3.22	3.32	3.16
频率 (%)	少很多	3.5	2.2	3.3	2.6	2.6	2.9
	少一些	11.2	10.8	10.6	10.1	8.4	11.2
	一样多	53.7	49.1	49.1	52.0	45.2	54.2
	多一些	30.3	35.0	34.6	33.5	41.9	30.2
	非常多	1.3	2.9	2.4	1.8	2.0	1.5

　　注：表中最后五行是对愤怒情绪下驾驶人踩油门、脚刹、离合、打方向盘、换道、换挡次数（与正常驾驶相比）的频次百分比统计。

　　由表3可知，愤怒情绪下驾驶人操作方向盘、油门、脚刹、离合、换道、换挡的频率平均值都大于3（一样多）而小于5（多很多）。从这些数据结果可以看出，在愤怒的情况下，驾驶者对车辆的操作次数要更多一些。

表4　愤怒情绪下驾驶人的操作猛烈程度特征

		换挡	油门	方向盘	脚刹	离合
有效人数		447	449	442	447	450
均　　值		2.27	2.45	2.17	2.31	2.09
众　　数		3	3	3	3	2
频率 (%)	不　猛	25.3	20.5	30.5	24.4	32.2
	不太猛	31.8	24.9	29.6	30.2	33.6
	有点猛	34.2	44.5	32.8	35.8	27.6
	比较猛	8.3	8.7	6.6	8.9	6.4
	非常猛	0.4	1.35	0.5	0.7	0.2

　　由表4可知，愤怒情绪下，驾驶人操作车辆时所用的力度，不会像平和情绪下把握的那么好。在愤怒情况下，驾驶者对车辆的操作的力度会更加猛烈，如对于挡位、油门和方向盘以及刹车的力度大多都集中于"有点猛"的程度。

在开车中驾驶员产生的愤怒情绪会对驾驶人的生理心理有一定的影响，前文也已经提到过，动机功能是情绪的主要功能之一，消极的负性的情绪往往伴随着比较消极的行为。例如驾驶人的愤怒情绪可能会导致驾驶员出现错误的操作行为、反应的敏感性降低，驾驶疲劳等。无论是外向还是内向，年长还是年轻，男性或是女性，在愤怒的情绪下都很难集中精力来做好手头上的工作，在驾驶行为中就表现为操作失误。而且年轻驾驶者的个性比较突出，加上性格暴躁，很容易带着愤怒的情绪开车，这种情绪会对驾驶者产生很大的影响。

"路怒"实际上是一种"愤怒迁移"，现代的快节奏的都市生活，使人们积蓄了很多焦躁、疲惫等消极情绪，人们只能利用有限的机会将自己积压的情绪发泄出去。在道路交通中，一旦出现些许小摩擦，都会引发人们的情绪爆发，从而导致"路怒"行为的发生。

6. "路怒症"与社会因素之间的关系

在这个"物欲横流"的社会，汽车已然不再是一种代步工具，而是一种身份地位的象征，而驾驶车辆的攀比心理往往也是造成"路怒症"的原因之一。比如，可以接受被更豪华的车超越，但是绝不能忍受被比自己级别低的车超越，恰恰是由于汽车的这种特殊的炫富功能，使得人们在道路交通的驾驶行为上出现了种种奇怪的现象。不少有车一族觉得自己有车所以会自认为高人一等，就可以像任何人炫耀自己的特殊地位。于是这种由炫车心理造成的不文明的行为就不足为怪了，这其实是一种暴发户的心理在作祟，所以人们要认清自己，才能从心理根源上消除"路怒症"。

另外，驾驶人是被车子包围在一个相对独立的空间里，具有相对的匿名性，Novaco 认为，匿名更易导致攻击性驾驶。在不受社会监管、违规行为不受到惩罚的情境下，攻击性冲动容易产生，驾驶者更倾向于做出更多的具有攻击性的行为。[1] Ellison 等人对此做过一个现场实验：在公开或匿名两种情况下，驾驶员在亮绿灯时被前方不起动的车辆阻塞。结果表明，匿名情况下的攻击性驾驶行为远高于公开情况，其他因素与鸣笛的攻击行为均无相关。[2] 所以

[1] Novaco R W. (1998). Roadway aggression. Institute of Transportation Studies Review, 21 (4): 1-4.
[2] Ellison P A, Govern J M, Petri H L, et al. Anonymity and aggressive driving behavior: a field study. Journal of Social Behavior and Personality, 1995, 10 (1): 265-272.

一般在机动车辆这种相对封闭的空间内，更容易产生一些语言上的攻击行为。

中国的社会正处于急剧的转型期，各种矛盾渐渐凸显，社会很多方面都表现出浮躁焦虑不宽容，有的人一心想出人头地而不择手段，有的人一心想着暴富而挖空心思，有的人一心想着自己的蝇头小利而损人利己，有的人辛苦努力工作却得不到公平的对待和回报，如此大环境下一部分人很难保持平静平和的心态，加上工作生活压力大，长期处于压抑和不满状态，需要寻找一种宣泄的途径，在驾驶过程中稍稍出现一点对自己不利的状况就会表现得异常恼火，甚至暴躁，再加上现在的人们做什么事情都希望一步成功，人们开了车就有个心理预期，总觉得能够更快速更通达，一旦遇上有阻碍快速通达的情形就难免暴躁。而路怒症在一定程度上也反映出当代社会规则、文化习俗对于公众行为约束力的局限性，而现代年轻人对于一些"驾车潜规则"更是知之甚少了。张师傅是 90 年代初期的一批驾驶员，已有将近 20 年的驾龄。他觉得，现在和过去学车最大的区别是师傅已经不太教开车的"规矩"，或者说这些驾驶员自发形成的驾驶守则已经濒临淘汰的边缘。张师傅在学车时有一次在路口遇到交汇车准备左转，对方向他闪了两下大灯，张师傅不明白怎么回事，就没有让行，结果被师傅一顿责骂："这种情况下对方闪灯是和你打招呼了，你应该让的。"这句话张师傅记到现在，如今只要对方司机礼貌地和他用灯语打招呼，基本都会让行，但现在知道这点的人越来越少。驾车礼仪的缺失使现代都市人在驾车过程中产生更多的摩擦，一些人为了宣泄情绪不惜挑战甚至破坏社会规则，"路怒症"反映出的是潜藏在人们内心里的冲突与矛盾，是心理问题的表现之一。"路怒症"很多时候不仅是一种驾驶情绪，而是现实生活压力积蓄的不满情绪的爆发。

社会媒体以及人们日常生活中的所见所闻对驾驶员的行为习得起着不小的作用。根据班杜拉的社会学习理论，人们的行为特别是攻击性行为在很大程度上是社会观察学习的结果，电视节目或电影放映的一些在市区繁忙道路或高速公路上汽车追逐的场景，含有冒险驾驶行为，这些都给驾驶者提供了一个榜样化的行为，特别是年轻人会去模仿这些比较刺激的行为方式。而驾驶者的行为是否会遵循他所观察到的行为，也取决于他所观察到的该行为的结果。这种强化叫"替代强化"，当人们观察到他人的行为受到奖励，就会更倾向于做出同样的行为，但当他观察到该种行为会受到惩罚时，就倾向于更少地表现出这种行为。所以家人、朋友的观点和行驶过程中的见闻也会影响驾驶员的驾驶行为。如果驾驶员经常看到他人违反交通法规而未受惩罚，那么他们就会认为此种行为是正常的或可接受的，从而削弱了对这些行为的自制力，导致更多的违反交通法规的驾驶行为，也就可能导致更多的路怒行为的产生。

7. "路怒症"与环境因素的关系

在众多环境因素中，交通拥堵恐怕是罪魁祸首，随着社会经济的发展，机动车的数量直线飙升，就拿北京为例，2012 年初，北京机动车保有量就突破了 500 万大关，总数达到 501.7 万辆，有人这样比喻过 500 万辆车对北京交通带来的影响，如果以车长 4.5 米的普通轿车为例，500 万辆车首尾相连，长度是 2.25 万公里，可以绕二环（长约 33 公里）681 圈儿。近年机动车特别是汽车保有量的大幅攀升，原有的机动车道已经满负荷运行，特别是城市道路，原先的设计已经不能适应现在的交通运行，为了保证交通顺畅，交通部门会采取一些措施来缓解交通堵塞，比如交通信号灯、限行、禁行措施等，在高峰时段和拥堵路段会采取临时管制措施等，但由于路网承载能力和路面车辆的矛盾日渐突出，加上一些驾驶人驾驶技术不过硬、驾驶习惯不好甚至不遵守交通规会造成或加剧拥堵，在上下班高峰期间表现尤为突出，过一个路口往往要等待好几个绿灯，排队时其他机动车又加塞，还有部分机动车违章抢道等造成交通拥堵，引发交通事故，这都在挑战广大驾驶者的耐性，这些都会增加"路怒症"的发生率。在刚过去的十一长假，随着重大节假日免收高速路费政策的施行，更多的人选择自驾游，高速路成了临时的停车场，平时只要 3 个小时的路程却整整跑了 10 个小时，对于这样的路况，相信多数的车主只能"望车兴叹"了，甚至牵着自家的狗狗在高速上溜溜。

其他因素比如天气状况、找不到停车位、长时间驾车等。高温容易使人产生烦躁不安的情绪，高温也会引起更多的攻击行为，有资料表明，气温高于 35℃，日照超过 12 小时，湿度大于 80%，人就容易情绪中暑，而开车同样会情绪中暑，且转变为路怒的情形更为普遍。而长时间的驾车会使驾驶者产生驾车疲劳，在交通道路上能引起"路怒症"的情境一般分成六种：一是无礼——故意抢车位，占用车道，或者在夜间行车时不亮前灯超车；二是做有敌意的手势——有些人对你鸣笛谩骂或者是对你的驾驶技术做出侮辱性的轻视的手势；三是交通阻碍——在没有标志物提醒的情况下撞到沙堆、工程坑，或者是建筑垃圾；四是低速行驶——在超车道上行驶得太慢的车子，在道路中间行走得太慢的行人被尾随等；五是警察出现——在开过雷达测速器或是交通电子眼时，出现警车跟随；六是违规驾驶——弯道行驶、闯红灯及闯停车标志等。[1] 这些情况都会增加路怒行为的发生。

四　如何预防"路怒症"

除了患有比较重的"路怒症"的驾车者需要药物治疗之外，一般症状比较轻的驾车者只需自己进行心理调节就可以了。

1. 驾驶者要树立良好的心态

常怀知足常乐的心态，幸福是比较出来的，不妨对照一下以前没车时出门走路挤公交车的状态，找到有车开的满足感。以放松平和的心态对待开车和他人的不文明驾驶行为，遇到这些情况都会一笑了之。驾驶者们要树立公民意识，只要是在路上走，无论车辆行人都一律平等，大家都希望有一个好的交通环境，那么就从自身做起，不要一味指责别人做得不好。出行前充分考虑所行路线，留有足够的时间，如时间紧张，则驾驶人的情绪往往在无意中就会处于紧张状态，就不能做到心平气和地驾驶车辆。所以上班、出门办事，可适当提前出门，留有足够的时间，并检查自己所要做的准备工作是否完成。这样驾驶人的心态就处于一种平和的状态，这对安全行车是有好处的。对所行驶的路线心中有数，同时要有变通的路线，这样才能做到心中有底，遇事不慌。

2. 学会换位思考

站在他人角度来看问题，或许时常令人感到纠结的问题就会迎刃而解，

---

[1]　Yasak Y, & Esiyok B. (2009). Anger amongst Turkish drivers: Driving Anger Scale and its adapted, long and short version. [J]. Safety Science. 47: 138 – 144.

情绪会得到控制，个人的心境也会平静。比如，后方的机动车急于超车，并不是蓄意挑衅，可能车主有较为紧急的事情要处理，想想如果自己要赶火车，会不会也"慌不择路"地让"的士"钻空子；前方的机动车低速蜗牛式行驶，也许开车的人是一个刚从驾校毕业的新手，只是小心翼翼全神贯注而又非常紧张地适应着交通路况；如果自己不是驾车者而是行人，会不会和自己目前恼火的对象做出一样的事？多替对方想想，多为对方找找"借口"，自己的心态自然就平和了。也就是说，多些宽容，允许别人犯错，俗话说"退一步海阔天空"，慢一点或让一下又何妨，或许自己也曾有过这样的行为呢。"车让人，让出一分文明；人让车，让出一分安全；车让车，让出一分秩序"。调整好自己的心态，多站在对方的角度上考虑问题才能从容应对一切突发情况。

3. 注意控制自己的情绪

人的行为应该是有目的、有计划、有意识的外部活动。但是，人的情绪化行为的一个重要特征：不仅"跟着感觉走"，而且"跟着情绪走"。人的情绪化行为具有以下四个特征。（1）冲动性。正常情况下，人的行为是受意志的控制，意识对行为进行能动地调节、支配。但是，人的情绪化行为反映了其控制力比较薄弱，易冲动。在需要得不到满足时立即爆发出来。情绪化的冲动行为，持续时间一般比较短，当紧张性释放后，冲动性行为也立马结束。但冲动性行为常常带来某种破坏性后果。（2）情景性。在生活环境中情绪化行为经常被与自己切身利益相关的刺激所影响。当满足自己需要的刺激出现了，就会变得非常高兴；一旦自己的需要得不到满足，就愤怒异常。因此，这种行为简单、原始而低级，很容易被触发出来。（3）不稳定性、多变性。通常情况下，人的行为的倾向性形成之后非常稳定。但是，人的情绪化行为却多变、不稳定。（4）攻击性。容易情绪化的人对挫折的忍受能力非常低，极易表现出受到挫折产生的愤怒情绪，攻击他人（通过身体的力量方式、言语或表情等）。这类人很难控制住自己的情绪，一旦发怒，行为比较粗鲁，很容易带来糟糕的后果。在路上行车，为了防止出现"路怒症"，最好的办法是控制好自己的情绪，尽量不受或少受外界的干扰和影响，将工作和开车状态分开，专心于驾驶活动。不能因为工作不顺心，就将不满情绪发泄到马路上，生活上的不顺事也应同理对待。做好自己的事，做好自己正在做的事。只是做起来有点困难，人毕竟是理性的动物，有自己的思想，一旦遇到冲突，情绪的波动是在所难免的。尝试在下一次驾车之前给自己一点心理暗示，告诉自己我是一个有修养的人，能够包容一切，能够以平常心对待道路上的不文明行为。以这种方式来抵抗情绪的过度宣泄。永远不要带着情绪开车，特别是愤怒的情绪开车，你的愤怒情绪很容易流露在汽车的表情上，一阵刺耳持久的喇叭声，一脚雷声大的急油门，一把甩尾的方向都可能让其他交通参与人感到你的不善意，不管外界的影响有多大，控制好自己的情绪是第一位，人只有在理智的状态下才能做出正确的判断，才不会因这点事而影响自己的情绪，进而影响自己的生活。"冲动是魔鬼"，犯不着因一点小事而影响自己的生活，这才是根本。开车上路减压，避免坏情绪伴随的方式有很多种，各位驾驶员一旦觉得心烦气躁，不妨尝试以下做法：多几次深呼吸；试着与前行车辆保持一定车距；开窗让新鲜空气进入车厢；听收音机或听比较轻松的音乐；将车停在路边稍事休息；车上放一张家人幸福的小照片，不开心的时候看一看。

4. 适当地发泄自己的情绪，现代人工作生活节奏快，有一定的压力是正常的，要懂得通过适当的途径排解发泄

比如参加适度的体育和娱乐活动，而不是把驾车当成发泄途径，加强体育锻炼，有规律的生活，适当的体育锻炼，对缓解驾驶人的情绪是有极大好处的。进而可以有效释放压力，增强对待不文明行为的干扰。平时也要通过一些轻松的活动排解和释放紧张情绪，比如爬山、打球、唱歌、跳舞、游泳等。

预防 "路怒症"，光凭驾驶者自己的努力是不够的，还需要社会各界的支持。

（1）普及相关知识，提高驾驶者驾驶技术和驾车文明素质。通过大众媒介的宣传，让驾驶人正确认识到 "路怒症" 的危害和引起的特定情景，梁小民在《读〈汽车社会〉》一文中曾写道：欧洲的马路交通秩序相当好，几乎没有酒后驾车、违章行车、抢道或 "加塞"。在没有红灯的地方汽车总是礼让行人。过去许多人也曾为中国汽车太多而发愁，到了欧洲才知道，汽车多少无关紧要，关键是有没有汽车文明。因为文明，有限的道路空间可以释放出更大的潜能。对于我们这个迈向汽车社会的国家，构建健康的汽车文明大有裨益。很难想象，一个在日常生活中不遵守排队购票规定，把遵纪守法当成没能耐、丢脸面者，又怎能奢望他们到了空间资源有限的公共道路上，会自觉地礼让三分，摇身变成一位文明的汽车公民？公安交通管理部门应倡导教育司机，提升行车素养，养成礼让驾车、"宁停三分，不抢一秒"等文明行车习惯。驾校在培训学员时可考虑开设相关课程，帮助学员树立正确、健康的"驾驶观"。

（2）改善交通状况，改进体制机制。政府部门积极采取措施降低路面交通拥堵程度，促进公共交通发展等改善交通状况。机动车的迅猛发展，特别是汽车保有量的大幅攀升，原有的道路已经不能适应现在的交通运行条件，政府各相关部门通过调研和考察，科学决策，加大交通设施投入，强化硬件功能，完善软件服务，比如发展公交系统，设立中转站，建设地铁及高架，发展快速路，设立单行线，完善绕城高速，上下班高峰期间加大执法疏通力度等手段来确保交通的安全和畅通。也可以根据实际道路情况，借鉴国外一些先进的管理经验发展公共交通，扩大服务能力，国外治理交通拥堵的对策侧重于从运输装备角度扩大交通服务能力，其中最有效的措施之一就是大力发展公共交通，包括轨道交通和快速公交系统，实施智能交通，疏导交通流量。交通顺畅了，驾驶员们的心情自然也就顺畅了。

（3）健全应对路怒症的法制建设，对于轻微的路怒行为，交警可给予口头批评和教育，而对于严重的路怒行为，应该给予行政处罚或经济处罚，但就"路怒症"的评判和处罚标准问题仍是健全交通法制建设的瓶颈。

在现代化的快节奏的社会中，各方面的压力使每个人都疲于奔命，每个人都像走进一大片雷区，稍不注意就会引爆一个隐藏已久的炸弹。而"路怒症"只是这雷区中的一个小小的路障罢了，只要是生活工作压力大、对无序状态和不公正感觉愤慨又无处发泄的、心态不平的、有情绪无处发泄的、生活上比较压抑的人，都是"路怒症"的高发人群。对付"路怒症"不仅是个人的心理问题，也是个社会心态问题，更是一个关乎社会文明程度的问题。作为驾驶人个体，要成为文明行车的积极参与者，而作为社会也要为驾驶者提供一个文明行车的环境。

Domestic and International Psychological Researches and Practical Significance about "Road Rage"

Xu Zhimin

Abstract: With the rapid development of social economy , car ownership is increasing sharply in China, and traveling by car is common . fast-paced world stress is a constant and losing your temper a seemingly unavoidable side effect. When this happens to someone who is driving, we call it road rage. This paper focuse on the concepts and theoretical foundation of road rage. The paper also discussed some relevant variables of road rage such as age, gender, personality attribution style and emotion, as well as social variables and environmental variables, The paper also give important advice to prevent road rage and avoid or reduce the influence of road rage on traffic safety.

Key Words: Road rage; Aggressive driving; Influence factors; Measures

B.16
机动车严重违章情况分析

——以贵阳市违章超分驾驶员为例

王俊秀　刘梦阳*

摘　要：

　　本研究发现，比较严重违反交通规则的机动车驾驶员的比例是少数，但却是交通安全的主要威胁。根据对贵阳市 2010～2012 年违章超分驾驶者通报数据的分析发现，违章超过 12 分的驾驶员占贵阳全市驾驶员的 0.86%。从违章超分的车型来看，C 类驾照驾驶员的比例最高，其次是 A 类，然后是 B 类。违章超分驾驶者中，男性占绝大多数，女性的比例只有 4.5%。违章超分驾驶者的年龄集中在 20～50 岁年龄段，其中比例最高的是 30～40 岁。

关键词：

　　交通违章　交通事故

一　严重违章行为成为交通事故重大伤亡的主因

　　2011 年，全国共发生道路交通事故 210812 起，造成 62387 人死亡，237421 人受伤，直接经济损失超过 10 亿元。道路交通死亡已成为死亡的第一位原因。来自公安部交通管理部门的数据显示，80% 以上道路交通事故因交通违法导致。从 2012 年 1～10 月全国道路交通事故统计来看，因闯红灯肇事导

---

　　* 王俊秀，博士，副研究员，中国社会科学院社会学研究所中国汽车社会研究网（Research Network of Chinese Auto Society，RNCAS；www. casrn. com）；刘梦阳，云南师范大学哲学与政法学院。

致涉及人员伤亡的道路交通事故 4227 起，造成 798 人死亡，其中，驾驶机动车肇事造成 739 人死亡，驾驶非机动车肇事造成 55 人死亡。因违反道路标志标线肇事导致人员伤亡道路交通事故 87852 起，造成 26154 人死亡，其中驾驶机动车肇事造成 25182 人死亡，驾驶非机动车肇事造成 694 人死亡，步行肇事造成 262 人死亡。因机动车未礼让行人肇事造成 429 人死亡，因违法占用应急车道肇事造成 161 人死亡。驾驶机动车违反交通信号的行为主要有违反禁令标志和禁止标线指示、闯红灯、不按车道通行等，分别占全国查处案件总量的 10.33%、8.16%、4.4%；驾驶非机动车违反交通信号的行为主要有不走非机动车道、逆向行驶、闯红灯等；行人违反交通信号的行为主要有闯红灯、不在人行道内行走、不服从交警指挥等。① 据统计，2009～2011 年，每年一次死亡 10 人以上的重特大道路交通事故中，大中型客货车驾驶人肇事导致事故起数和死亡人数均占 70% 以上。②

表 1　近年来发生的几起重特大交通事故

时间	地点	事件	伤亡情况	违章
2010 年 11 月 11 日 19 时	山东省聊城市莘县 333 省道 271 公里加 100 米处	酒后驾驶三轮汽车，违法搭载参加婚宴返回村民 21 人，越过道路中心线与对向行驶的重型自卸货车正面相撞	16 人死亡、6 人受伤	醉酒驾驶
2011 年 7 月 4 日 3 时 40 分	湖北省仙桃市境内随岳高速公路 229 公里加 400 米处	大型普通客车，乘载 54 人（含 2 名幼儿）骑压慢速车道和紧急停车带分道线违法停车下客，被后方驶来的鄂 F1N210 号重型半挂牵引车追尾撞击，导致两车冲出高速公路护栏翻入边沟并起火燃烧	26 人死亡、29 人受伤	骑压慢速车道和紧急停车带分道线违法停车下客
2011 年 7 月 22 日 3 时 43 分	河南省信阳市境内京港澳高速公路 938 公里加 115 米处	大型卧铺客车，乘载 47 人，因车厢内违法装载的易燃危险化学品突然发生爆燃，客车起火燃烧	41 人死亡、6 人受伤	违法装载易燃危险化学品

---

① 《1 至 10 月全国闯红灯造事故 4227 起　死亡 798 人》，人民网：http://sn.people.com.cn/n/2012/1130/c186331-17794901.html。

② 《新修订的〈机动车驾驶证申领和使用规定〉出台》，新华网：http://news.xinhuanet.com/legal/2012-10/08/c_113302286.htm。

续表

时间	地点	事件	伤亡情况	违章
2011年10月7日15时46分	天津市武清区境内60公里加700米处	大型普通客车,乘载55人(核载53人)刮撞同方向小型轿车后,失控向右侧翻并被路侧波形梁钢护栏切割	35人死亡、19人受伤	客车超员、超速,发现小轿车第一次左右调整方向后仍未采取有效减速措施
2011年11月16日9时15分	甘肃省庆阳市正宁县榆林子镇马槽沟村	小型普通客车,乘载64人(其中62人为幼儿园学生,核载9人),与对向行驶的重型自卸货车正面碰撞	22人死亡,44人受伤	超员载人,非法改装
2012年1月4日18时30分	沪昆高速公路行至1765公里加500米处贵州省黔南州贵定县境内裕民大桥路段	大型普通客车(核载53人,实载57人,其中包括4名儿童),车辆越过中心隔离带对向车道路侧防护栏,翻入路边垂直高度8.8米下水沟中	18人死亡,39人受伤	超载,疲劳驾驶
2012年3月13日12时28分	马尔康县境内317国道295公里加138米一连续下坡且转弯处	金龙大客车(核载35人,实载21人),翻坠于65米的山沟下	15人死亡,6人受伤	超载、超速。驾驶人每月交通违法行为千余次,平均每天超过50次。
2012年8月26日2时31分	包茂高速公路由北向南行驶至484公里加95米处	卧铺大客车,与重型罐式半挂汽车列车发生追尾碰撞,致罐式半挂车内甲醇泄漏并起火	36人当场死亡,3人受伤	疲劳驾驶
2012年8月31日8时48分	连霍高速公路自西向东784公里加420米处	金龙牌大型普通客车,因遇大雨,车辆发生侧滑,翻至道路右侧沟中	8人当场死亡,2人经抢救无效死亡,15人受伤	40%的座位安全带不能正常使用
2012年10月7日11时44分	青银高速公路行驶至淄博路段228公里加530米处	大客车在超越同向右侧车道一辆大货车时,突遇小客车从两车间强行超车并线,导致大客车与小客车刮撞后,失控冲过中央活动护栏,与对向大客车发生碰撞,致对向大客车翻入高速公路边沟	14人死亡、6人重伤	小客车强行超车,中央分隔带活动护栏起不到防撞作用

资料来源:新疆维吾尔自治区公安厅交警总队整理的"2011~2012年全国道路交通事故十大典型案例",http://www.fzxj.cn/view.asp?id=202997。

二 处罚严重违反道路交通法规的力度加大

针对机动车违章公安交管部门加大了处罚力度，目前实行的道路交通安全违法行为对一些严重违反交通法规的处罚如下：（一）机动车驾驶人有下列违法行为之一，一次记12分，包括醉酒后驾驶机动车的；机动车驾驶证被暂扣期间驾驶机动车的；造成交通事故后逃逸，尚不构成犯罪的；违反交通管制的规定强行通行，不听劝阻的；使用他人机动车驾驶证驾驶机动车的；驾驶与准驾车型不符的机动车的；超过三个月不缴纳罚款或者连续两次逾期不缴纳罚款的。（二）机动车驾驶人有下列违法行为之一，一次记6分，包括饮酒后驾驶机动车的；公路营运客车载人超过核定人数20%以上或者违反规定载货的；货车载物超过核定载质量30%以上或者违反规定载客的；机动车行驶超过规定时速50%的；在高速公路上不按规定停车的；在高速公路上倒车、逆行、穿越中央分隔带掉头的；在高速公路上试车和学习驾驶机动车的。（三）机动车驾驶人有下列违法行为之一，一次记3分，包括违反道路交通信号灯的；在高速公路上驾车低于规定最低车速的；在高速公路上违反规定拖曳故障车、肇事车的；在高速公路上货运机动车车厢、二轮摩托车载人的；在高速公路上骑、轧车行道分界线行驶的；低能见度气象条件下在高速公路上不按规定行驶的；驾驶禁止驶入高速公路的机动车驶入高速公路的；不按规定超车的；不按规定让行的；机动车违反规定牵引挂车的；在道路上车辆发生故障、事故停车后，不按规定使用灯光和设置警告标志的；机动车行驶超过规定时速50%以下的；驾驶机动车下陡坡时熄火或者空挡滑行的；上道路行驶的机动车未悬挂机动车号牌的；故意遮挡、污损、不按规定安装机动车号牌的；逆向行驶的。

虽然交通法规对机动车严重违章的处罚力度不断加大，但严重违章行为仍非常普遍。今年10月8日公安部公布了最新修订的《机动车驾驶证申领和使用规定》，交通法规扣分细则也更为严格，除校车驾驶人管理的内容自发布之日起施行外，其他规定将于2013年1月1日起正式施行。2013新交通规则提高了违法成本，记分项也由38项增加至52项。比如：（一）机动车驾驶人有下列违法行为之一的一次记12分，包括驾驶与准驾车型不符的机动车的；饮酒后或者醉酒后驾驶机动车的;驾驶公路客运车辆载人超过核定人数20%以上的;造成交通事故后逃逸,尚不构成犯罪的;使用伪造、变造机动车号牌、行驶证、驾驶证或者使用其他机动车号牌、行驶证的;在高速公路上倒车、逆行、穿越中央分隔带掉头的。(二)机动车驾驶人有下列违法行为之一,一次记6分,包括机动车驾驶证被暂扣期间驾驶机动车的;公路客运车辆载人超过核定人数未达20%的;机动车行驶超过规定时速50%以上的;在高速公路行车道上停车的;机动车在高速公路或者城市快速路上遇交通拥堵,占用应急车道行驶的;驾驶机动车载运爆炸物品、易燃易爆化学物品以及剧毒、放射性等危险物品,未按指定的时间、路线、速度行驶或者未悬挂警示标志并采取必要的安全措施的;连续驾驶公路客运车辆或者危险物品运输车辆超过4小时未停车休息或者停车休息时间少于20分钟的;上道路行驶的机动车未悬挂机动车号牌的,或者故意遮挡、污损、不按规定安装机动车号牌的;以隐瞒、欺骗手段补领机动车驾驶证的。(三)机动车驾驶人有下列违法行为之一,一次记3分,包括货车载物超过核定载质量30%以上或者违反规定载客的;驾驶公路客运车辆以外的载客汽车载人超过核定人数20%以上的;违反道路交通信号灯通行的;机动车行驶超过规定时速未达50%的;在高速公路上驾驶机动车行驶低于规定最低时速的;驾驶禁止驶入高速公路的机动车驶入高速公路的;违反禁令标志、禁止标线指示的;不按规定超车、让行的,或者逆向行驶的;驾驶机动车违反规定牵引挂车的;在道路上车辆发生故障、事故停车后,不按规定使用灯光和设置警告标志的;上道路行驶的机动车未按规定定期进行安全技术检验的。

三 违反交通法规情况分析

由于公安交通管理部门不公布道路交通违法行为的数据,也很少有相关的统计分析。因此,我们对机动车驾驶人员违反道路交通法规的状况不太了解,也就无从分析目前我国机动车驾驶员对交通法规则整体遵守状况,也无法对交通法规的有效性、可操作性作出评价,也无法进一步研究违反交通安全法规的机动车驾驶员的特点,也无法对交通安全违法事件多发路段、路口违反交通事故的特点进行分析，从而减少违反交通事故的发生。

从 2011~2012 年汽车社会调查数据的分析看，每年发生违反交通法规的人数大约在一半以上（见表 2）。2011 年被调查者中被扣分的比例为 36.2%，2012 年为 51.9%，2011 年平均扣分 2.28 分，2012 年平均扣分 2.88 分。2011 年被扣 3 分以下者的比例为 83.8%，2012 年为 66%，2011 年被扣 6 分以下的占 92.9%，2012 年为 88.4%。可见，比较严重违反交通规则的机动车驾驶员的比例居于少数。

表 2　违反交通法规被扣分情况调查

单位：人，%

扣　分	2012 年		2011 年	
	人数	百分比	人数	百分比
0 分	256	48.1	367	63.8
1 分	19	3.6	48	8.3
2 分	76	14.3	67	11.7
3 分	74	13.9	20	3.5
4 分	36	6.8	15	2.6
5 分	9	1.7	17	3
6 分	51	9.6	6	1
7 分	0	0	5	0.9
8 分	1	0.2	8	1.4
9 分	4	0.8	9	1.6
10 分	3	0.6	11	1.9
11 分	0	0	1	0.2
12 分	3	0.6	1	0.2
合　计	532	100	575	100
平均分		2.88		2.28

四　严重违反交通法规情况

交通违章行为威胁着人们的生命和财产安全，特别是那些违反交通法规造成的严重事故，和严重违反交通法规的驾驶员。关注和分析交通违章问题，把握违章超分的总体和具体情况，掌握驾驶人的特征，以便更好地把握交通风险分配规律，进一步规避现代社会风险，这无论在理论上还是实践上都有着不可或缺的积极意义。在理论方面，可以为今后更系统、深入地研究交通严重违章状况奠定基础；在实践方面，有利于今后对交通违章行为进行预防和管理。为了了解严重违反交通法规者的情况，尤其是交通违章超过 12 分的严重违章状况，[①] 我们对贵阳市公安局公布的 2010～2012 年机动车驾驶员违章超分记录处罚名单进行统计分析，该材料包含了驾驶员姓名、驾驶证号码、准驾车型和住址等信息，我们通过提取驾驶证号码的性别和年龄，得到扣分额、性别、年龄信息，并进行统计分析。同时查阅了贵阳市机动车拥有量等信息，在此基础上分析了以下问题：1. 违章超分者占贵阳市机动车拥有量的比例和违章超分者超分分布。2. 对违章超分者的特性进行分析，意在初步探索违章超分驾驶者的共同特征。

（一）贵阳市机动车三年超分违章情况

我们统计了 2010 年 2～12 月、2011 年（缺 1 月、3 月、12 月数据）、2012 年 2～10 月，贵阳市违章超分记录总共 5156 条，其中 2010 年 1531 条、2011 年 1739 条、2012 年 1906 条。按照贵阳市机动车拥有量 60 万辆左右计算，三年来该市机动车超分违章率大约在 0.86% 左右，其中 2010 年为 0.25%，2011 年为 0.29%，2012 年为 0.32%。以上数据表明，贵阳市交通违章超分的现象越来越严重。统计发现违章超分者平均被扣分 14.23 分，最多者被扣分 360 分，是扣分超分额度的 30 倍。

表3 贵阳市违章超分分数分布

单位：人，%

扣分	人数	百分数	扣分	人数	百分数
12 分	2966	58.9	19～24 分	261	5.2
13～14 分	765	15.2	25～36 分	89	1.8
15～16 分	610	12.1	37 以上	40	0.8
17～18 分	306	6.1	合　计	5037	100.0

[①] 《中华人民共和国道路交通安全法实施条例》第二十三条：对在一个记分周期内记分达到 12 分的，由公安机关交通管理部门扣留其机动车驾驶证，该机动车驾驶人应当按照规定参加道路交通安全法律、法规的学习并接受考试。考试合格的，记分予以清除，发还机动车驾驶证；考试不合格的，继续参加学习和考试。

（二）违章超分驾驶员的特性分析

1. 持不同准驾车型超分驾驶者的特点[①]

表 4 为三年超分违章记录中不同准驾车型驾驶员的违章情况。C 类准驾车型驾驶员的违章比例最高，为 43.31%，紧随其后的是准驾 A 类车型的驾驶员，比例为 25.2%，排在第三的是准驾 B 类大型货车的驾驶员，为 19.20%。由于准驾 A 类车的驾驶员可以驾驶 A 类之外所有的车型，准驾 B 类车型的驾驶员可以驾驶除 A 类以外的车型，这就可能出现准驾 A 类车的驾驶员驾驶 B 类车或 C 类车违章，准驾 B 类车的驾驶员也可能驾驶 C 类车违章，也就是说 A 类车违章比例真实，B 类车和 C 类车都可能比实际比例略高，这样看起来，A 类车和 B 类车违章比例依然很高，因为这两类车在总的车辆中所占比例较少。

表 4　超分违章机动车车型比例

车型	频率	百分比(%)	车型	频率	百分比(%)
A	1290	25.02	E	330	6.40
B	990	19.20	F	12	0.23
C	2233	43.31	总计	5156	100
D	301	5.84			

但是除了 C 类小型汽车之外还有一类车型也值得关注，就是 A 类大型客车，因为其违章行为隐含着更大的风险，在管理和预防的过程中理应给予更多的重视。E、F 类摩托车由于数量较少，所以从统计结果来看，它们的违章超分状况并不严重。

此外，我们还对车型更加详细的划分类型进行了统计分析，对违章超分机动车类型进行了更详细、更具体的描述，为今后的预防管理提出更加明确的意见和建议。

从上图更加详细的车型划分图来看，与之前的 A、B、C 三大类的结果一致。根据此图，比例最高的三类依次是 C1 小型汽车、A2 牵引车、B2 大型货

[①]　车型分类为 A 大型客车　B 大型货车　C 小型汽车，在 ABC 三大类基础上划分的类别如下：
A1 大型客车、A2 牵引车、A3 城市公交车、B1 中型货车、B2 大型货车、C1 小型汽车、C2 小型自动挡汽车、C3 低速载货汽车、C4 三轮汽车、D 普通三轮摩托车、E 普通二轮摩托车、F 轻便摩托车。

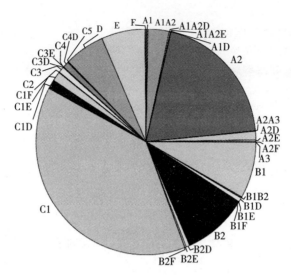

图1　违章超分车型比例

车。这三类车型的违章行为应成为预防管理工作的重点。

2. 违章超分驾驶员的性别结构

本文不仅统计了违章超分的车型，还研究了违章超分驾驶员的特性，其中之一是驾驶员的性别结构。

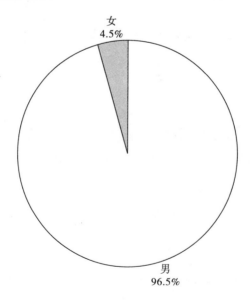

图2

从图2可以明显看出，违章超分的驾驶员男女比例悬殊。男驾驶员的比例高达95.5%，女驾驶员的比例为4.5%。这与我们日常认知是一致的。可能的解释，一是女性驾驶员的总量本来就较男性少，二是女性驾驶员开车较为细心谨慎，违章率低。

3. 违章超分驾驶员的年龄结构

我们分析的另一个违章超分者的特性是年龄结构。

我们将超分违章的驾驶者的年龄分为六组，分别是20岁以下组、20~30岁组、30~40岁组、40~50岁组、50~60岁组和60岁以上组。由图3可以明显看出，有三个年龄组的驾驶者的违章超分情况较严重：违章超分频率最高的是30~40岁组，有2062人次，占全部违章超分驾驶者的比例高达40%；其次是20~30岁组，有1620人次，比例高达31.5%；再次是40~50岁组，有1177人次，比例高达22.9%。因此，20~50岁的驾驶者是应重点关注的人群，尤其是30~40岁的人群。

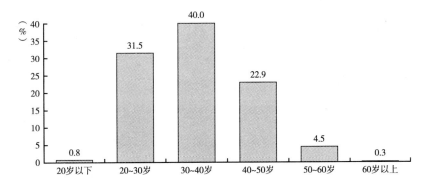

图3 违章超分驾驶员的年龄结构

五 结论与建议

通过以上分析，我们可以得出的结论如下。

（1）少数严重违反交通规则者构成了交通安全的主要威胁。

（2）2010、2011、2012这三年中搜集到的超分记录占全市汽车拥有量的

0.86%左右，作为较严重的违章问题，其比例依然不小。

（3）从违章超分的车型来看，C类小型汽车的比例最高，其次是A类大型客车，再次是C类大型货车。但是从更为详细的类别车型的违章超分比例来看，C1、A2、B2这三类车型所占比例较高。违章超分驾驶者的性别结构中，男性占绝大多数，女性的比例只有4.5%。

（4）违章超分驾驶者的年龄集中在20～50岁这个年龄段，其中比例最高的是30～40岁这个年龄段。

根据以上对严重违反交通规则者的分析，特提出如下维护交通安全的建议。

（1）交通管理部门要开放交通违法者的相关数据库，制定相关的数据库查询和研究规定，在保护公民隐私的前提下开放研究性质的数据库供研究者使用；对交通违法行为的时间、地点、违章形式、驾驶员特点、违章历史等内容可以进行整体或部分抽样研究。鼓励针对交通违章特点提出对策和建议。

（2）制订针对不同人群的交通安全教育和预防措施。对严重违反交通安全法规的驾驶员进行有针对性教育和管理，对于高危车型、高危路段、高危时间进行针对性研究，提出个体适宜性的措施。对C1、A2、B2三类车型的违章行为进行重点整治和规范，加强对30～40岁男性驾驶员的交通安全宣传和教育。

（3）采用车辆监控新技术对A、B型车辆进行强制性的交通安全控制。转变交通管理方式、预防交通风险、维护正常交通秩序。

An Analysis of Serious Motor Vehicle Violation：
a Case about Guiyang Drivers Traffic
Violation Demerit Points over 12

Wang Junxiu　Liu Mengyang

Abstract：This study found that the drivers who seriously violate traffic rules is minority, but they are the main threat to traffic safety. According to the data of the traffic violation in Guiyang from 2010 to 2012. , the informed driver of violation than 12 points accounted for about 0. 86% . From illegal degree, the highest proportion is class C license drivers, followed by Class A, and Class B. The drivers of traffic violation are predominantly male, only 4. 5% are women. The most traffic violation drivers' age are between 20 and 50, the highest proportion group is from 30 to 40 years old.

Key Words: Traffic violations; Traffic accidents

B.17
汽车社会与儿童汽车安全

陈 辉*

摘 要：

　　本文从分析儿童汽车安全与汽车社会的关系入手，归纳和剖析了影响儿童汽车安全的四个原因：责任与权利失衡、相关标准和法规的缺位、宣传力度不够和中国家庭结构的特点，并提出了相应的对策与建议。

关键词：

　　汽车社会　儿童汽车安全

　　据公安部发布的一组数据显示，我国每年有超过 1.85 万名 14 岁以下儿童死于交通安全事故，死亡率是欧洲的 2.5 倍、美国的 2.6 倍，交通事故已经成为 14 岁以下儿童的第一死因。[①] 另外，有数据显示，1978 年中国的汽车拥有量是 135.84 万辆，到 2000 年增加到 1608.91 万辆，2010 年，这个数字已经变成 7802 万辆，32 年增加了 56 倍多；同年，中国的私人汽车拥有量达 6539 万辆，25 年时间增加了 225 倍。计算百户家庭私人汽车拥有率发现，中国百户家庭汽车拥有率从 2001 年不到 2 辆，增加到 2010 年将近 15 辆，预计到 2012 年中国百户家庭汽车拥有率将达到 20 辆，也就是说中国从数量上进入汽车社会行列。[②] 这两组数据的对比容易引起人们的思考：儿童汽车安全问题是由于汽车增多引起的吗？

---

　　* 陈辉，博士，副研究员，北京市东城区职业大学。
　　① 陈伟栋：《儿童乘车安全亟待立法保障》，《解放日报》2009 年 8 月 19 日。
　　② 王俊秀：《疾驰在岔路口，如何转动中国汽车社会的方向盘——2011 年中国汽车社会发展报告》，《中国汽车社会发展报告（2011）》，社会科学文献出版社，2011。

一　儿童汽车安全与汽车社会的关系

儿童汽车安全可以分为两大类：儿童道路交通安全和儿童乘车安全。儿童道路交通安全是指儿童在道路上行走、玩耍时被汽车伤害出现的安全问题；儿童乘车安全是指儿童在乘坐汽车时出现的安全问题。这两类安全事故在统计时一般是合在一起的，没有明确分开。

随着我国私人汽车保有量的飞速增长，儿童汽车安全问题的严重性日益凸显。不可否认的是，一个重要背景是我国私人汽车的数量激增，或者说是我们进入了汽车社会。但是，这里需要强调的是，汽车社会的进入并不是导致儿童汽车安全事故的直接原因，而只是提供了可能性。世界卫生组织2011年的一份报告指出，全球每年约有130万人死于道路交通事故，并有2000万~5000万人遭受非致命伤害。其中，超过90%以上的道路交通事故死亡发生在低收入和中等收入国家，但这些国家仅拥有全世界注册车辆的48%。① 这一数据说明，真正导致儿童汽车安全隐患的是人而不是车。在我们大步跨入汽车社会的时候，我们的思维方式和行为方式并没有跟着做出相应的改变。汽车社会的进入是一个国家或者一个城市经济发展水平的体现，它影响了城市交通、城市规划以及空气质量等人们生产生活的方方面面。同时，它对人们的思维方式与行为方式的改变提出了新的要求。因此，在进入汽车社会这一新的社会发展大背景中，对于影响儿童汽车安全的原因等问题，还需进行深入地分析和思考。

二　儿童汽车安全问题原因分析

（一）责任与权利失衡

汽车是一把双刃剑，在带给人们舒适、便捷的同时其破坏性也在增强，稍有不慎就容易造成对他人及自己的重大伤害。因此，对于汽车驾驶者来说，他

---

① http：//news. ifeng. com/gundong/detail_ 2011_ 05/10/6272162_ 0. shtml.

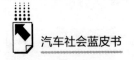
们在享受驾驶乐趣、享受权利的同时，也应该认识到自己的责任，许多儿童交通事故正是因为人们一味追求权利而忘记了责任造成的。具体来讲，驾驶者的责任有如下三点。

1. 学习安全知识，增强安全意识

驾驶者学习掌握一些基础的安全知识，增强安全意识，对于挽救他人以及自己的生命都是非常重要的。在疾驰的汽车上，我们经常会看到这样的现象：儿童独自坐在副驾驶座位上；儿童在后排座位上随意活动，没有任何防护措施；还有甚者，成人抱着儿童开车。很多家长交通安全意识淡薄，特别是对儿童乘车安全的认识尚处于懵懂状况，甚至存在"致命"的误区。据问卷调查显示：中国75.66%的汽车内没有安装儿童安全座椅；39.95%的家长曾让孩子坐在副驾驶位置；而43.12%的家长选择在乘车时怀抱儿童；10.05%的家长则认为安全气囊能有效保护儿童。[1] 实际上，这些都是交通事故中对儿童造成重大伤害的主要原因。如果成人掌握了一些基础的安全知识，就会降低儿童受伤害的可能性。比如，当汽车以48km/h的速度行驶，7kg的儿童在遭遇撞击的瞬间将产生275kg向前冲击的力量，大人无法抱住；安全气囊是造成儿童头部和颈部伤害的原因，安全气囊在爆开瞬间无异于给儿童尚未发育完全的头部带来致命杀伤力；儿童约束系统（如儿童安全座椅）的正确使用能够大大降低儿童的伤亡。据美国高速公路交通安全局统计，使用儿童安全座椅可以把冲撞引起交通事故中儿童死亡率降低71%；世界卫生组织的数据显示，在发生小轿车碰撞时，儿童安全座椅能使婴儿的死亡率降低71%，幼儿的死亡率降低54%。[2]

2. 严守交通规则，保障交通秩序

拥有私人汽车的家庭数量增多了，人们自驾出行的时间和距离增加了，道路上的车和人的数量也增加了，要保证道路的通畅，优化城市规划、拓展道路是一个方面，还有一个重要的方面就是驾驶者要形成较强的规则意识，严格遵

---

[1] 尚婷、唐伯明、刘唐志：《我国儿童安全座椅使用现状及对策研究》，《交通信息与安全》2010年第5期。

[2] 尚婷、唐伯明、刘唐志：《我国儿童安全座椅使用现状及对策研究》，《交通信息与安全》2010年第5期。

守交通规则。按照交通标志行驶、不随意并线、正确使用车灯、不酒驾、不超载等，只有每个人都遵守交通规则，才能在最大程度上避免交通事故的发生，保障交通秩序，从而也减少了对儿童的伤害。

3. 文明礼让，共建和谐汽车社会

一方面，驾驶者之间文明礼让、不争抢，道路上的交通摩擦与事故会大为减少；另一方面，相对于行人来讲，驾驶者占用了更多的资源、排放了更多废弃物、可能造成的伤害也更大，属于强势的一方，因此应该礼让行人，不侵犯行人的利益和安全。路过有水的地面，车开慢点，别溅路人一身水和泥；直行的绿灯亮时，右转的车等一等，不要和斑马线上的行人抢道；进入小区里面注意减速慢行，避让奔跑的儿童，别不停地按喇叭；倒车时留意车后有没有蹲着的儿童……其实，只需要稍微礼让一下，人与车就会更加和谐。

（二）相关标准和法规的缺位

在每 10 位死于交通事故的人中，就至少有 1 人是儿童。[①] 但对于儿童的汽车安全问题，我国目前还没有相关的交通法规。在儿童乘车安全问题上，20 世纪 80 年代，汽车儿童安全座椅首先在欧美等发达国家得到发展，相继建立了欧洲 ECER44/03、美国 FMVSS214、加拿大 CMVSS213、日本 JIS、澳洲 AS1754 等标准，并出台了强制实施的法律。相应法规及生产和检测标准的颁布与实施，对保障儿童的乘车安全产生了巨大的成效。而在中国，首部国家标准号为 GB27887 - 2011 的《机动车儿童乘员用约束系统》强制性标准（以下简称《标准》）于 2012 年 7 月 1 日开始实施，之前，该行业一直处于无序的状态。一方面，《标准》的出台到逐步推行还需要一个较长的普及缓冲期；另一方面，《标准》仅仅是对产品提出了要求，但并没有强制规定必须安装儿童安全座椅。由于没有对车主提出要求，民众安全意识近期内并不会随一纸规定而改变，因此不能切实起到保护儿童安全的作用。儿童安全意识的推广最大的困难在于交警是否会强制管理，而目前我国明

---

① http://auto.people.com.cn/n/2012/0724/c1005 - 18586260 - 4.html.

显存在法律缺位，尚无关于儿童必须使用安全座椅或禁止大人怀抱儿童坐在汽车副驾驶等交通法规，相应的处罚条例也处于空白。另一方面，市场产品的监管应明确究竟由哪个职能部门来负责。如果缺失了监督管理，《标准》的强制实施只会导致市场产品更加混乱，劣质产品更加危害到儿童乘车的安全。

（三）宣传力度不够

儿童汽车安全的宣传目前主要侧重于道路交通安全，让儿童学会认识交通标志、避让车辆，让驾驶者避让儿童、不超速及不酒驾等，但对于儿童乘车安全的宣传则刚刚起步。随着私家车的增多，儿童乘车安全事故所占的比例增加，但我们的宣传工作没有跟上，从而也导致民众的安全意识薄弱。不少汽车厂商在宣传时更关注汽车外形、内饰、功能、价格等吸引消费者，恰恰忽略了对儿童的安全保护，甚至有些厂家在宣传自己的产品时，给观众传递了错误信息。如某家用轿车广告片中，儿童坐在车内使用成人安全带。这种情况下，如果发生交通事故，成人安全带的两边如同利刃一般，会勒伤儿童的胸部、颈部，甚至将导致窒息。

（四）中国家庭结构的特点

儿童安全座椅在中国经历了一个从无到有的过程。虽然有越来越多的人了解到使用儿童安全座椅能大大降低车祸对儿童的伤害，但目前我国儿童安全座椅的使用率连1%都不到，[1] 其实际使用率据说仅0.04%，[2] 而在欧美等强制立法的国家，其使用率在90%以上。影响我国儿童安全座椅使用的原因除了人们安全知识不够、安全意识弱、国内安全座椅市场混乱等之外，还有一个与我国国情有关的客观因素即中国家庭结构的特点。

有研究者根据第五次全国人口普查长表数据库进行过计算，2000年在我国家庭结构中，核心家庭（夫妇与其未婚子女组成的家庭）结构占我国家庭

---

[1] http：//auto. people. com. cn/n/2012/0724/c1005－18586260－4. html.

[2] http：//auto. qq. com/a/20120531/000304. htm.

结构类型的 68.15%，直系家庭（夫妇与其已婚子女组成的家庭）结构占 21.73%。在核心家庭中，标准核心家庭（一对夫妇和其未婚子女组成的家庭）比重最大，约有 69.34%；在直系家庭中，三代直系家庭（夫妇同一个已婚子女及孙子女组成的家庭）是主体，约有 76.55%。[①] 另有研究者发现，中国城市的核心家庭与亲属网络保持着密切联系，形成一种特殊的现象，即核心家庭网络化。也就是说，无论从居住还是互动来看，中国城市的核心家庭都不是一个孤立的结构，他们大部分与双方父母、双方的兄弟姐妹住在附近或者同一座城市，大部分与父母来往的频率都在每周一两次以上。除了保持密切的互动和情感交流之外，亲属之间还存在着实质性的相互援助，既有经济性的，也有非经济性的。比如，核心家庭组建的时候，父母就投入了大量的经济资助，有的还为新婚夫妻提供住房，核心家庭建立以后，父母与子女之间也保持双向密切的经济来往和日常生活的照料。[②]

中国家庭结构以核心家庭为主，直系家庭占较大比重，而且呈现出城市核心家庭网络化这一特征可以从一个侧面来解释我国儿童安全座椅使用率低的原因。我国大部分家庭购买的是经济型小车，对于和老人一起住的家庭来说，车内装上汽车座椅会显得非常拥挤，一家老少出去玩儿时坐得不舒服，这会影响家庭对安全座椅的选择；对于分开住的核心家庭来说，因为和双方或者一方的老人以及兄弟姐妹保持着比较密切的关系，节假日经常会一起乘车，即使购买了安全座椅，但经常需要临时把座椅拆下来，一旦拆了之后，儿童可能就不愿意再坐，成人也会觉得麻烦，时间长了，就把安全座椅放到一边了，助长了侥幸心理。

三　对策与建议

（一）健全相关的法律法规

由于大家一致认同儿童安全座椅的使用能最大限度地保障儿童的乘车安

---

① 王跃生：《当代中国家庭结构变动分析》，《中国社会科学》2006 年第 1 期。
② 马春华、石金群、李银河、王震宇、唐灿：《中国城市家庭变迁的趋势和最新发现》，《社会学研究》2011 年第 2 期。

全，因此相关法律的设立受到各国的重视。国际上的经验表明，立法和执法被认为是提高儿童安全座椅使用率的最有效办法。日本儿童座椅企业副社长藤本嘉一认为，"虽然目前中国家长对儿童安全座椅的认知水平仅相当于国外 2000 年左右的水平，但是中国家庭更加重视孩子，如果中国的法规出台，普及的速度可能会高于日本等国家"。① 因此，给出制度上和法律上的规范显得尤为重要。政府部门应建立和完善法律法规，包括儿童安全座椅具体的使用条件、惩罚条例等。

据统计，目前世界上有超过 40 个国家通过对儿童安全座椅立法以强制其使用，很多国家儿童安全座椅的使用率高达 90%。各国法律规定的强制使用儿童安全座椅（包括增高坐垫）的儿童年龄以及对违法者的罚金有所不同，比如，美国大部分州法律规定 6~9 岁以下儿童必须使用安全座椅或增高型座椅，罚金大约在 100 美元左右；澳大利亚法律规定 8 岁以下儿童必须使用安全座椅，罚金为 166 澳元；英国的年龄限定是 12 岁以下，罚金在 20~500 英镑，等等。② 尽管各国的规定和要求有所差异，但立法后所获得的成效都非常明显，即人们使用儿童安全座椅的比率增加并由此大大降低了儿童在交通事故中的死亡率。

（二）加大宣传力度

政府和企业有责任加大宣传力度，深入开展多种宣传活动。要提高人们的儿童汽车安全意识，全面、持久地宣传是必要的。我国的地区发展差异较大，在策划宣传活动时不仅要考虑城市，还要考虑农村，在宣传内容上要根据城乡差异、城市间差异、群体差异确定侧重点，循序渐进地纠正人们的错误认识以及侥幸心理。宣传的规模也不要局限于学校、社区、协会内部的小型活动，而要适当开展大型的运动式活动。如美国交通部长曾专门就佩戴安全带问题上书克林顿总统和议会，在 2000 年发起了一场关于系上安全带和正确使用儿童安

---

① 尚婷、唐伯明、刘唐志：《我国儿童安全座椅使用现状及对策研究》，《交通信息与安全》2010 年第 5 期。

② 尚婷、唐伯明、刘唐志：《我国儿童安全座椅使用现状及对策研究》，《交通信息与安全》2010 年第 5 期。

全座椅的运动。结果 45 位州长、1000 多家机构以及 6100 个警察机关参与了此项活动；20 余家电视台、80% 的报纸对此进行了报道，活动影响美国 99% 的人口。[①] 而且，这种宣传还需要打持久战，坚持长期宣传，而不能仅仅在儿童节、安全日等特殊时间开展短期的活动。

（三）重视儿童安全教育

儿童是儿童汽车安全问题中的主体，了解相关的安全知识以及学习如何安全乘车是他们的权利，而且他们也具备学习和遵守的能力。在调查中有家长反映，乘车时儿童不习惯安全座椅的束缚，不喜欢坐安全座椅。实际上，问题不在儿童，而是在家长。因为心理学的研究证明，幼儿期是儿童规则意识萌发和规则行为初步形成的重要时期，其中，0～4 岁是儿童秩序感形成的关键期。也就是说，如果儿童从小就开始坐安全座椅，它会把这一行为当作不可改变的事情，不让他坐他反而会不同意。而且，幼儿对于规则的认识主要是认同和依从与他关系密切的重要他人的，成人如果坚持安全乘车的规则，儿童是不会违背的，即使他们还不能完全理解规则的原因和意义。之所以会出现儿童不喜欢坐安全座椅的行为，主要是因为成人自己安全意识薄弱，没让儿童从小独自坐安全座椅，或者是没有坚持让儿童独自坐安全座椅，使得儿童不习惯。如果从小告诉儿童相关的安全知识并让他们坚持坐安全座椅，他们的秩序感和规则意识反而会督促成人遵守安全规则。

从儿童安全教育的内容上看，现在从幼儿园到中小学一般都会有一些交通安全教育，这些交通安全教育是必要的，但也存在一些问题，也就是侧重于交通安全标志的认识与遵守上，而在乘车安全方面的内容涉及不多。从儿童安全教育的形式看，大部分都是采取被动学习的方式，让儿童主动体验的方式较少。一些有社会责任感的企业在尝试开发多样性的儿童汽车安全教育项目，如梅赛德斯—奔驰（中国）2012 年将 MobileKids 项目引入中国，以"梅赛德斯—奔驰'安全童行'道路安全项目"为名在全国范围内推广，通过走进小

---

① 尚婷、唐伯明、刘唐志：《我国儿童安全座椅使用现状及对策研究》，《交通信息与安全》2010 年第 5 期。

学课堂，建设星愿基地，举办系列活动等方式普及道路安全知识，① 让儿童体验和适应当前道路交通情况，这样的企业行为值得提倡和借鉴。

综上所述，随着汽车社会的到来，我们个人、政府以及企业要更多地承担起相应的责任，最大限度地保障儿童及其他弱势群体的权利，在经济发展中能实现社会的和谐发展，使人与车、人与人能和谐共处。

Auto Society and Children Auto Safety

Chen Hui

Abstract：The paper analyzed the relationship of the child car safety and auto society, and then summarized the four reasons which affected child car safety. They are imbalance between responsibilities and rights, the absence of relevant standards and regulations, inadequate publicity and the characteristics of the Chinese family structure. Finally, the paper put forward some suggestions.

Key Words：Auto society; Child car safety

---

① http：//www.mobilekids.cn/MobileKids_ in_ china/default.aspx.

B.18
案例解读：梅赛德斯 – 奔驰 "安全童行" 道路安全项目

新势整合传播机构

摘　要：

本文以梅赛德斯 – 奔驰"安全童行"道路安全项目为例，通过对该项目的历史由来、实施现状、未来发展等方面考察，证明"安全童行"项目的合理性和重要性，并希望引起全社会对儿童道路安全的重视，重申我国引入儿童安全教育的必要性。

关键词：

"安全童行"　儿童道路安全

2012 年，为了更好地践行汽车企业的社会责任，履行对中国社会的长久承诺，帮助中国少年儿童更好地适应道路交通环境，了解未来交通趋势，梅赛德斯 – 奔驰（中国）将该品牌最成功的、历史最长的项目——"安全童行"（MobileKids）引入中国，结合海外的成功经验和中国的国情，以寓教于乐的方式面向中国儿童及家长展开交通安全教育，将道路安全与事故预防的概念贯穿儿童和成人的日常生活中，倡导"全方位安全"的理念。

一　引言：儿童道路安全教育的重要性

从国际趋势看，在丹麦，孩子两岁半时就开始接受安全教育，并被邀请加入儿童交通俱乐部，6 岁开始在学校接受交通安全教育；8 岁开始熟悉预防和减少交通事故的手段和措施。在瑞典，幼儿 2 周岁时，幼儿园就对其进行交通

安全教育，使之掌握交通法规最初步、最基本的知识。在法国，小学三年级就开设"道路安全学习"的课程，使学生掌握与交通相关的知识、法规和标志，并学会规避风险和事故。

2007年，国务院办公厅转发了教育部制定的《中小学公共安全教育指导纲要》之后，很多省市的中小学都加大了对生命教育、安全教育、卫生教育、法制教育的工作力度。儿童道路安全教育不仅需要教育系统的努力，还需要整个家庭系统和社会系统联动，从家长到政府、企业、NGO的个人和集体都能参与其中。

"安全童行"项目在一定意义上顺应了国际趋势，符合国内期待，同时，以企业CSR形式执行，也使得项目具有了更大的灵活性和可行性。

二 "安全童行"项目介绍

梅赛德斯－奔驰"安全童行"道路安全项目源于奔驰的母公司戴姆勒汽车集团早在2001年提出的"MobileKids"概念，旨在帮助世界上最年轻的交通参与群体——6~10岁的儿童，适应现在及未来的道路交通状况。"安全童行"是一个全球性的儿童交通安全教育项目，除德国本土外，在意大利、以色列、马来西亚等国家和地区都已开展丰富多彩的儿童交通安全教育活动，累计有130万儿童从项目中受益，学会如何适应道路环境。

引入中国的"安全童行"主要采取课堂教学与社会实践相结合的教育模式。课堂教学方面，该项目将原版"安全童行"教材进行本土化改造，引入学校日常教学计划中，作为一门课程增强孩子们的交通安全知识。在社会实践方面，奔驰中国提供了长期性的、与课本内容匹配的课外互动体验场所，同时建立网上互动社区，开展学校日、体验日等主题活动，形成面向课外活动的"第二课堂"。

1. 校本课程——"安全童行"校园计划

在中国，梅赛德斯－奔驰与权威的非营利教育机构"国际青年成就"（Junior Achievement）合作实施校园计划，进行资源整合，开发并推动"安全童行"道路安全教材走进中国的小学，进入常规课程，开创了儿童道路安全教育的先河。

"安全童行"德国原版教材是由戴姆勒总部在科布伦茨－朗道大学（University of Koblenz－Landau）的协助下开发完成，根据儿童生理、心理发育的特点，为 6～10 岁儿童提供科学先进的学习方法，树立安全意识。在德国先进教材的基础上，奔驰与"国际青年成就"根据中国的交通特点及儿童认知的实际情况，融入大量中国元素，耗时近 5 个月，邀请了国内多名教育专家，进行了诸多创新尝试，最终开发出适合本土使用的教材。通过做游戏、互动和比赛等多种形式让小学生在体验中接受安全教育，避免了枯燥乏味的教学方式。丰富多彩的形式不仅更适宜儿童的年龄特点，也更易激发出他们的想象力和创造力，使儿童能够积极自主地学习道路安全知识。

在梅赛德斯－奔驰和"国际青年成就"的共同协作下，"安全童行"校园计划已在北京、上海、苏州等城市的多所学校展开，并将在未来几年内推广到至少 200 所学校，惠及 70000 名学生。

2. 第二课堂——"道路安全教育·星愿基地"

作为梅赛德斯－奔驰长期的合作伙伴，中国青少年基金会与奔驰共同携手，于 2010 年 6 月成立了"梅赛德斯－奔驰星愿基金"，针对环境保护、教育支持、艺术体育、社会关爱以及驾驶文化等五大领域开展工作。"星愿基地"项目作为"星愿基金"推动公众教育普及的旗舰项目，由梅赛德斯－奔驰于 2011 年在全国范围内发起。作为其中最新添加的重要组成部分，"道路安全教育·星愿基地"于 2012 年正式启动，通过与国内大城市中知名的儿童职业体验中心或儿童主题乐园进行合作，利用已有的汽车相关区域建立起模拟真实的交通场景，面向儿童及家长以互动体验的方式全方位传播道路安全知识，成为学校课堂教育的有益补充。

首家"道路安全教育·星愿基地"于 2012 年 4 月在中国最大的儿童职业体验馆——北京蓝天城挂牌成立。在这个 250 多平方米的区域内，不仅模拟了真实的道路场景，同时设置了 Moki 学校、Moki 讲堂等区域。孩子们既可以在模拟驾驶中切身体会梅赛德斯－奔驰先进技术带来的真实驾驶体验，又可以在互动游戏中体验日常交通中遇到的种种挑战。在这里，小朋友可以亲自参与暗室实验、手工制作、角色扮演等游戏，体验真实震撼的现场感受，也可以和

Moki 一起走进时空隧道，以科学发展的全新视角，共同畅想交通未来。

比如，在体验馆中放置着一辆大卡车车头，每个小朋友可以进入高高的驾驶舱，坐在驾驶员位置上观察路面状况。这种前所未有的视角让他们直接见证了大卡车的盲区和自己的危险区域。有些环节是同时针对小朋友和家长的，比如在实验中家长可以了解到不同天气让小朋友穿什么颜色的衣服最容易被辨认。

在未来的 3 年里，通过与其他地区的儿童职业体验中心合作，梅赛德斯 – 奔驰将把"道路安全教育·星愿基地"覆盖到上海、广州和成都，把"安全童行"的教育理念传播到全国各地。

3. 线上体验——"安全童行"互动网站

梅赛德斯 – 奔驰还通过设立"安全童行"互动网站，为儿童和成人提供有趣的教育资源。网站提供项目信息及有价值的道路安全知识，另外还设计了交通标识连连看、安全侦察兵、Moki 拼图等游戏，通过网上社区、在线游戏、下载专区等更多互动形式让孩子在玩耍间加深交通安全意识，惠及更多儿童和家庭，使树立安全意识和预防交通事故真正成为儿童成长的一部分。

4. 系列活动——体验日、学校日、公开课等多种形式

"安全童行"项目还将陆续举办体验日、学校日、公开课等多种形式的系列活动，在广泛领域内带动奔驰员工、经销商、媒体、教育机构、公众等更多的社会力量参与儿童道路安全教育事业。

2012 年 8 月，梅赛德斯 – 奔驰在鸟巢和水立方之间设立了活动面积为 800 平方米的梅赛德斯 – 奔驰儿童道路安全夏令营，将"安全童行"项目深入普及到居民城市生活中。随后，"安全童行"项目分别以校园日和体验周的形式走进人大附中朝阳学校、河北省涿鹿县武家沟镇寄宿制小学和北京京源学校小学部。这两种形式将长期且定期举办，覆盖城市及乡村小学，通过互动式的儿童安全教育体验，辐射学生、老师、家长以及相关的社会群体，共同成为道路安全教育的参与者和受益者。

此外，奔驰（中国）在各地的经销商也积极参与"安全童行"项目，使该项目广泛推广到各个城市。2012 年 11 月，奔驰北区经销商组织了"星徽相伴安全童行"乐享营活动，将车主家庭一起带到了蓝天城的"梅赛德斯 – 奔驰儿童道路安全体验中心"。凭借遍布全国的经销商网络支持，通过"品牌——经销商——客户"立体传播渠道，使更多的人共同构筑更加"安全"的驾驶文化，举全社会之力，共建和谐的汽车社会。

三 总结与评价

"安全童行"项目作为国内第一个系统的、进入校本课程的儿童道路安全项目，对我国的儿童道路安全教育具有重要意义，得到了社会各届的高度认可。

专业类杂志《汽车商业评论》认为，"安全童行"作为奔驰在华推出的最新 CSR 项目，具有深广意义，堪为近年来中国车企 CSR 的经典作品之一。

作为"安全童行"项目大使的郑渊洁表示，"'安全童行'教材和我写的童话书有一个共同之处——都是以孩子喜闻乐见的表达方式，深入浅出地对孩子进行潜移默化的教育。儿童交通安全无论对孩子还是家长而言都特别重要，我个人非常希望未来能有更多人和我一起参与到这个项目中来，使更多中国儿童从中受益。"郑渊洁先生是知名作家、慈善家、演讲家，有中国的"童话大王"之称，一个人写一本月刊坚持 25 年的世界纪录保持者，他编写有安全教材《皮皮鲁送你 100 条命》，用最贴近儿童的语言为孩子的安全未来指明道路。

"安全童行"项目的引入在中国儿童安全教育的历程中具有里程碑式的意义，可从如下方面予以界定。

规则与秩序：从儿童安全教育的内容上看，"现在从幼儿园到中小学一般都会有一些交通安全教育，但也存在一些问题，也就是侧重于交通安全标识的认识与遵守上，而在乘车安全方面的内容涉及不多"①。"安全童行"以课本教材的形式划定了儿童应当遵守的规则和秩序，为中国儿童的规则意识培育起到了重要作用。

国际与本土："安全童行"的先进性已经在国外得到了验证，将"安全童

---

① 陈辉：《汽车社会与儿童安全》，见本书。

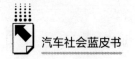
行"引入中国，是中国儿童安全教育与国际化的接轨。同时，其在中国的合理调整和扩充，更好地适应了中国国情，使国际化与本土化实现了良好结合。

体验与示范："从儿童安全教育的形式上看，大部分都是采取被动学习的方式，让儿童主动体验的方式较少"①。"安全童行"项目与传统的安全教育相比，在体验感知上获得了巨大的、科学性的进步，其"寓教于乐""知行结合"的教育方式为未来的安全教育起到了示范作用。

Case Study：Mercedes-Benz MobileKids Road Safety Program

Abstract：Through the research on the development of MobileKids – children's road safety education program carried out by Mercedes-Benz, this article emphasizes on the importance and feasibility of the MobileKids Program, as well as the necessity for introducing children's safety education, and would like to encourage the whole society to respond to the proper attention on children's road safety.

Key Words：MobileKids，Children's road safety

---

① 陈辉：《汽车社会与儿童安全》，见本书。

附 录

Appendix

B.19
2012年中国汽车社会十大事件[*]

《校车安全管理条例》公布

2011年11月16日，甘肃省庆阳市正宁县榆林子镇下沟砖厂门口，一辆大翻斗运煤货车与正宁县榆林子小博士幼儿园学生接送面包车相撞，事故造成22人遇难，42人受伤。事故前后全国各地发生的校车事故促使国家相关部门紧急出台相关法规。2012年4月5日，温家宝总理签署国务院令，公布了《校车安全管理条例》，条例自公布之日起施行。

最美司机吴斌临危救乘客

2012年5月29日中午，杭州长运客运二公司司机吴斌驾驶大型客车从无锡返回杭州，行驶至锡宜高速公路宜兴方向阳山路段时，一块大铁片突然从天而降，击碎挡风玻璃后，砸向吴斌的腹部和手臂。在被突然高速飞过来的金属片撞击肝脏后，吴斌忍住剧烈疼痛，用40秒完成了一系列精准的停车动作：

---

* 中国汽车社会研究网（Research Network of Chinese Auto Society，RNCAS；www.casrn.com）收集整理。

脚踩刹车，拉上手刹，打开双闪，艰难站起，通知乘客，打开车门……后因伤势过重不幸牺牲。

广州小客车限购

2012 年 6 月 30 日晚 21 时，广州市政府召开新闻发布会通报，为了改善交通和大气环境，广州市将于 2012 年 7 月 1 日零时起，对全市中小客车试行总量适度调控管理，一个月内，全市暂停办理中小客车的注册和转移登记。8 月 1 日《广州市中小客车总量调控管理试行办法》正式出台实施，在为期一年的试行期内，全市中小客车增量配额为 12 万辆。

闯黄灯大讨论

2010 年 7 月 20 日，嘉兴海盐县居民舒江荣驾驶一辆小轿车因闯黄灯被处罚，于 2011 年 9 月 26 日向海盐县法院提起行政诉讼，把交警大队告上了法庭，败诉后，又于 2012 年 1 月 19 日向嘉兴市中级法院提起上诉。这一事件引发全国性的闯黄灯要不要处罚的大讨论。

7. 21 北京特大暴雨人车损失巨大

2012 年 7 月 21 日至 22 日 8 时左右，北京及其周边地区遭遇 61 年来最强暴雨及洪涝灾害。截至 8 月 6 日，北京已有 79 人因此次暴雨死亡。根据北京市政府举行的灾情通报会的数据显示，此次暴雨造成房屋倒塌 10660 间，160.2 万人受灾，经济损失 116.4 亿元。暴雨导致数万辆汽车被淹，北京保监局透露，截至 7 月 22 日 17 时，在京各财产保险公司机动车辆保险接报案 19547 笔。京港澳积水路段共抽排积水 23 万立方米，清理了 3000 立方米淤泥，共救捞了 127 辆机动车。

最美女教师张丽莉舍身救学生

2012 年 8 日 20 时 38 分，在黑龙江省佳木斯市胜利路北侧第四中学门前，一辆客车在等待师生上车时，因驾驶员误碰操纵杆致使车辆失控撞向学生，危急之下，教师张丽莉将学生推向一旁，自己却被碾到车下，造成双腿截肢。

延安特大车祸及陕西省安监局长落马

2012 年 8 月 26 日凌晨，位于陕西省延安市安塞县境内的包茂高速安塞服务区附近一辆满载旅客的双层卧铺客车与一辆运送甲醇的重型罐车发生追尾碰撞，随后燃起的大火导致客车上 36 人死亡，3 人受伤。陕西省安监局党组书记、局长杨达才因在交通事故现场面含微笑照片引发争议，并被网友搜出不同场合佩戴多块名表及价值十万多元的眼镜和名贵腰带。2012 年 9 月 21 日，陕西省研究决定：撤销杨达才陕西省第十二届纪委委员、省安监局党组书记、局长职务。

公安部发布机动车管理新规

2012 年 9 月 12 日，公安部发布《机动车驾驶证申领和使用规定》，自 2013 年 1 月 1 日起施行，其中第五章第四节自发布之日起施行，同日发布的还有新修订的《机动车登记规定》。

反日游行示威，打砸日系车

2012 年 9 月 15 日开始，中国多地爆发大规模反日游行示威，抗议日本政府"购买"钓鱼岛的非法行径。湖南长沙、山东青岛、陕西西安等多地发生推翻日系车辆、打砸抢烧日系车 4S 店等行为。之后，日系车销售大幅下降。

国庆中秋长假小型客车高速免费

国务院批转交通运输部等部门的《重大节日免收小型客车通行费实施方案》，2012 年中秋节与国庆节连休 8 天，7 座及以下小型客车高速免费通行，统一明确为 9 月 30 日 00：00 至 10 月 7 日 24：00，据统计，全国收费公路交通流量累计为 2.39 亿辆次，比 2011 年同期增长 38.2%，其中 7 座及以下小客车交通流量为 1.89 亿辆次，占总交通流量的 79.1%，比 2011 年同期增长 54.6%，全国免收小客车通行费共计 65.4 亿元。

B.20

2011～2012 年汽车社会纪事*

2011 年 11 月

中央电视台播出了"北京打车难"的追踪报道。北京市交通委专门发布了"市交通委便民电话功能说明"的信息，并公布了 15 家大型出租车企业服务电话。《新京报》调查发现，早晚高峰时段数千出租车停运，早晚高峰打车难，而大量出租车却停在交接处。道路拥堵严重，油价、份钱居高不下，的哥作出划算选择。

北京副市长洪峰回应北京连续雾霾天气，空气质量下降疑问时，表示要加大老旧机动车更新力度，尽快推进国五排放标准，淘汰旧车近 20 万辆。

从 2009 年起，杭州市开始大规模的公车改革，涉及 100 多个单位，分三批进行车改。所有局级领导干部全部取消专车，自行解决出行问题，市财政给予一定补贴。经过两年多时间，市政府的公车数量从 1200 辆缩减到 400 辆左右，总量减少了 2/3。

四部委下发通知，要求 25 个试点城市研究制定新能源汽车示范推广鼓励政策，免除车牌拍卖、摇号、限行等限制措施。

甘肃正宁县一核载 9 人实载 64 人幼儿园校车，与运煤货车迎面相撞，遇难人数 22 人。4 名官员停职调查，货车司机涉交通肇事罪被刑拘，幼儿园董事长涉重大责任事故罪被刑拘。事故遇难者获赔 43.6 万元，受伤的 43 名幼儿在逐步康复，"小博士幼儿园"原址组建公办幼儿园。

工业和信息化部发布公车选用车型目录细则，要求不定期核查目录内车型，一般公务用车和执法执勤用车发动机排气量不超过 1.8 升，价格不超过 18 万元。发现厂家申报价超过规定价格，用车单位反映存在严重质量问题等，

---

* 中国汽车社会研究网（Research Network of Chinese Auto Society, RNCAS；www.casrn.com）收集整理。

将取消该车型入选目录资格。

媒体报道中石油新疆油田公司下属单位"超标使用百万豪车"一事，中石油方面回应称：报道中提到的大众途锐和奥迪，原值分别是80万元和45.96万元，折旧后净值为16.2万元和7.58万元。而使用兰德酷路泽、丰田"特种越野车"是为了适应新疆特殊的地理环境。

公安部要求交警部门须执行收支两条线，交警罚款收现金一律免职。2011年公安部已接到30多起"三乱"问题举报。

30省份收路费欠债2.29万亿。

出租司机陈某不仅有一年多的吸毒史，而且还在吸食毒品后驾车上路，头晕目眩"恍惚"中，在西四环主路连撞21辆车。陈某因涉嫌以危险方法危害公共安全罪被公诉。国务院禁毒办称，"争取两至三年内让'毒驾入刑'"。

中石化、国家电网等央企进入新能源汽车领域，业内专家认为利益争夺背后透露出垄断欲望。

北京启动违规公车清理纠正，按照"总量减少、费用下降、管理规范"要求，重新核定车辆编制、规范执法执勤用车。

2011年12月

北京市交通委介绍，2011年1月～10月日均拥堵时间减85分钟，五环内平均时速为25.3公里，属"轻度拥堵"等级。

备受关注的PM2.5标准征求意见结束，公众普遍赞成将PM2.5作为一般评价项目纳入空气质量标准。燃烧都会产生PM2.5，工厂、燃煤、汽车尾气、烧秸秆，到人们烹饪做饭、抽烟，甚至用发胶，都会产生PM2.5，而目前机动车成PM2.5主要源头。

山东济青高速潍坊段因下雪路滑，100多辆车连环相撞，有数名伤者被困，潍坊段堵车超过4公里，该路段暂时关闭。

2011年11月12日18时，徐州市丰县首羡镇张后屯村发生一起校车为避让一电动车侧翻的交通事故，造成15死8伤。

2011年11月24日上午9时，云南省文山壮族苗族自治州广南县一辆超载

面包车发生交通事故，造成 6 死 8 伤。事故车辆为微型面包车，核载 8 人，实载 14 人，12 名为附近学校的学生。死亡的 6 人中，4 人是学生，1 人是驾驶员，另一人是老人。

北京高速路翻车，吊车救援收 5500 元，物价监督热线工作人员称，道路救援高收费投诉暂无法被受理。

河南"天价过路费"重审，原审 360 万元变为 19.23 万元，被告人时军锋、时建锋犯诈骗罪，分别获刑 7 年、两年 6 个月，两人表示放弃上诉。

北京 5 年拘留 1.7 万醉司机，"醉驾入刑"以来，醉驾造成事故比例下降超三成。

2012 年 1 月

济宁市国土局共采购了 105 辆公务车，其中 45 辆是吉利全球鹰 SUV 越野车、40 辆是奇瑞瑞虎 SUV 越野车、20 辆是吉利小轿车。据悉这是该局史上单笔最大采购，工作人员称"算是一步到位"。

北京交管系统完成与全国平台联网，将与外地同步交通违法信息。

国内首条高速公路，上海沪嘉高速 2012 年元旦起停止收费。

沪昆高速重型挂车失控冲过中间护栏，大客车驶来撞上挂车，13 人遇难 41 伤。

山东清理违规公车 5395 辆。

北京新增 400 辆纯电动出租车，在延庆、房山、昌平、平谷、怀柔、密云运营，航天桥等地建成 10 余座充换电站。

全国公路 2012 年 1 月 18 日客运量首次突破 8000 万人次大关，同比增长 10.3%。

2012 年 2 月

发改委公布，全国政府机构公务用车按牌号尾数每周少开一天，同时开展公务自行车试点。机关工作人员每月少开一天车，倡导"135"出行方案，1 公里以内步行，3 公里以内骑自行车，5 公里乘坐公共交通工具。同时解释，"行动计划非强制性安排"。

一辆载着价值百万的日用品洗涤剂的大货车，在重庆綦江雷神店至东溪瓦窑沟大桥路段爆胎，车上的货物散落一地。高速路附近的村民发现后，纷纷涌入高速路哄抢散落的货物。

2012 年国企用车将纳入公车治理，专项治理公务用车、大型活动、工程建设三类问题，继续清理公路超期收费。

宁夏吴忠市一家驾校因为其毕业生驾车引发 7 死 1 伤的交通事故，成为当地首批受到降级处理的驾校之一。

贵州一中巴车翻车，致 13 死 22 伤。

云南一车祸致 9 死 24 伤，司机被指不救援，乘客称出事前客车多次熄火。

《2012 年度党政机关公务用车选用车型目录（征求意见稿）》公布，目录上 400 多款车全部为自主品牌产品。"目录"共公布了四类汽车：汽柴油轿车、多功能乘用车、越野车和新能源轿车。六大汽车集团（除北汽）的自主品牌和奇瑞、比亚迪、吉利、长城等主流自主品牌均在列。

2011 年，中央国家机关一般公务用车数量减少 1442 辆，减幅达 37%；2012 年，国管局将参照公开"三公"经费的做法，研究向社会公开各部门用能情况问题。公车油耗同比下降 3.03%，公车用油指标将跟踪督察，建 2000 家节约型公共机构。

交通运输部、人社部、全国总工会 27 日联合召开会议，要求规范出租汽车企业的劳动关系，出租车司机每周至少休息一天，减免休息日经营承包费，"使的哥有尊严地劳动"。

北京 2011 年力推的哥工资集体协商，将规范出租车行业劳动合同，市交通运输工会计划免费为出租车司机体检。

2012 年 3 月

北京市 75 个部门"三公"预算 5.25 亿元，75 部门花近 5000 万元买车，养车成本节省 5180 万元。

浙江金华市公交公司某车队办公室内贴有一张"豪车辨识图"，玛莎拉蒂、兰博基尼等少见的豪车车标，公交司机几乎没人认识。为了方便司机学习

识别豪车，避免天价赔偿，提醒司机避让豪车。

一辆从四川开往厦门的长途客车在潭邵高速公路娄底段冲出护栏侧翻下十几米高的天桥。车上共计 42 名司乘人员，5 人死亡，33 人受伤。

沪昆高速车祸 5 死 33 伤。

《校车安全管理条例》颁布，明确校车享有路上优先权；幼儿园、高中未纳入校车服务范围。

2012 年 4 月

海盐市驾驶员舒江荣因黄灯亮时未越线车辆继续通行被罚，不服处罚提起诉讼。法院认定确属违法。

杭州在全省率先公布 3 个监测点的 PM2.5 日均值，往年监测数据显示，连西湖在内的杭州 PM2.5 年均值六年来都未达标。杭州 PM2.5 最主要的三大来源分别是工业排放、机动车尾气和建筑扬尘。

安徽萧县客车货车相撞致 24 死。

旅游大巴从上海出发，去往江苏常熟赏花，在常熟撞货车，13 死 21 伤。

2012 年 5 月

30 岁的程金松醉酒后驾车送发高烧的 4 岁女儿去医院看病，结果路上撞上一辆夏利车，致车内一家祖孙三代 4 口人丧生。程金松被北京第二中级法院以危险方法危害公共安全罪判处无期徒刑，剥夺政治权利终身，并判决赔偿受害人家属各项损失 100 余万元。

因大雨雾气重、车速快、突爆胎、超载等，宁夏同心面包车与货车相撞，18 人死 6 人伤。

北京为电动汽车设特殊号段，不参加摇号，私人购电动车鼓励政策正在研究，公共领域新能源汽车年底实现 5000 辆示范规模。

《公车改革指导意见》在征求意见，专家建议，公车改革应大规模压缩用车总量，取消一般公车。

一载有炸药农用车进入湖南株洲炎陵县境内炎汝（炎陵至汝城）高速公路一在建隧道施工层面，发生爆炸，事故造成 20 人死亡。

2012 年 6 月

宁洛高速连环车祸 11 死 59 伤，一些事故车辆发生火灾。

6 月 11 日，濮阳市开发区开州路办事处张仪村村内街道上，一超载幼儿园校车发生燃烧事件，致使 4 名幼儿死亡。

全国清理违规公车近 20 万辆，给予 170 人党纪政纪处分。中央和国家机关本级一般公务用车压减达 35%。

沈海高速撞车后客车滑行 42 米，驾驶员未采取任何制动措施，17 死。

山东省烟台市滨海中路烟台大学东门附近，一辆白色雷克萨斯在非机动车道撞向一个自行车队。这辆白色雷克萨斯为逆行，且没有任何减速。事故已造成 5 人死亡 3 人受伤。

温州公车改革，约 1300 辆公车将分 6 批逐步拍卖。首批拍卖掉 215 辆，起拍价总计 645.34 万元，成交价总计 1059.48 万元。

司机超载 110 余吨，压塌北京怀柔区白河桥，被控交通肇事罪受审被诉赔款 1500 万元，司机及两名车主面临连带赔偿。

山东临沂一小区，一女子带女儿外出买菜回家时，母女被一辆疾驶而来的汽车撞飞。而肇事女司机不但没有积极救助受伤母女，反而脱掉了自己的衣服，数次躺在救护车前，阻止救人，4 岁的女孩不幸身亡。

广州沿江高速夏港出口往东莞麻涌方向，一辆大货车与一辆装有 40 吨溶机油的油罐车发生追尾，造成油罐泄漏着火，并引燃桥下的露天木材加工厂工棚。事故造成 20 人死亡 14 人受伤，其中 1 人重伤。

2012 年 6 月 30 日晚 21 时，广州市政府召开新闻发布会通报，为了改善交通和大气环境，广州市将于 2012 年 7 月 1 日零时起，对全市中小客车试行总量适度调控管理，一个月内，全市暂停办理中小客车的注册和转移登记。

2012 年 7 月

2010 年 7 月 20 日，嘉兴海盐县居民舒江荣驾驶一辆小轿车因闯黄灯被处罚，于 2011 年 9 月 26 日向海盐县法院提起行政诉讼，把交警大队告上了法庭，败诉后，又于 2012 年 1 月 19 日向嘉兴市中级法院提起上诉。这一事件引

发全国性的闯黄灯要不要处罚的大讨论。

2012 年 7 月 21～22 日 8 时左右，北京及其周边地区遭遇 61 年来最强暴雨及洪涝灾害。截至 8 月 6 日，北京已有 79 人因此次暴雨死亡。据北京市政府举行的灾情通报会的数据显示，此次暴雨造成房屋倒塌 10660 间，160.2 万人受灾，经济损失 116.4 亿元。暴雨导致数万辆汽车被淹，北京保监局透露，截至 7 月 22 日 17 时，在京各财产保险公司机动车辆保险接报案 19547 笔。京港澳积水路段共抽排积水 23 万立方米，清理了 3000 立方米淤泥，共救捞了 127 辆机动车。

山东淄博市临淄区宏达路一辆轿车自北向南行驶，危险化学品罐车自西向东行驶，两车在路口发生碰撞，罐车发生爆炸起火，事故造成 4 人当场死亡。

2012 年 8 月

广州公布购车指标分配方案，按"环保、摇号、竞价" 1∶5∶4 比例分配 12 万指标。

深圳飙车案肇事车时速 242 公里，3 名乘客死亡原因系头部遭重创。电动车出租车电池未产生爆炸，总体未发现设计缺陷。

《北京市"十二五"时期交通发展建设规划》发布。"十二五"期间，北京将出台拥堵收费管理政策、配套措施，6.66 万辆出租车总量"不扩编"，公车指标不再增加。此外，北京也将继续实施机动车工作日高峰时段区域限行措施和黄标车限行规定。

全国清查事业单位公车以 2011 年 12 月 31 日为清查时点，主要靠自查，查清公车数量、车型、价值、排量、运行费用等。

2011 年北京市 54 个部门公布了 2011 年公车购置情况，未购买公车的部门达 49 个。其中，35 个部门在原本有公车购置预算的情况下，取消了公车购买。从每个部门公车数量看，市工商局最高，1587 辆；从公车平均运行维护费来看，市口岸办最高，车均 4.97 万元。北京 55 部门 2010 年"三公"决算共花掉 4.2 亿元，其中公车支出近 2.7 亿元；55 部门公车共 9282 辆。

2012 年 8 日 20 时 38 分，在黑龙江省佳木斯市胜利路北侧第四中学门前，一辆客车在等待师生上车时，因驾驶员误碰操纵杆致使车辆失控撞向学生，危急之下，教师张丽莉将学生推向一旁，自己却被碾到车下，造成双腿截肢。

8 月 26 日凌晨，陕西省延安市境内的包茂高速公路发生一起特大交通事故，一辆双层卧铺客车和一辆罐车（装有甲醇）追尾，并致两车起火，事故造成 36 人死亡，3 人受伤。因在车祸现场微笑，陕西安监局长杨达才后在微博道歉，称 5 块手表是自己合法收入购买，价格在 1 万至 3.5 万元。

27 日 6 时许，青银高速公路陕西省绥德县境内发生一起商务车与大货车追尾事故，导致 9 人死亡。

8 月 26 日晚 7 时 50 分，陕西宝鸡市陇县李家河镇业家山村一辆三轮汽车发生侧翻，致 5 人死亡，8 人受伤。

2012 年 9 月

辽宁省道 S204 公路 46 公里处（阜蒙县伊吗图镇周家店村路段），一辆由西向东行驶的集装箱大货车与一辆迎面驶来的客车相撞，8 人当场死亡，5 人重伤，10 人轻伤。

2012 年 9 月 12 日公安部发布《机动车驾驶证申领和使用规定》，自 2013 年 1 月 1 日起施行，其中第五章第四节自发布之日起施行，同日发布的还有新修订的《机动车登记规定》。

2012 年 9 月 15 日开始，中国多地爆发大规模反日游行示威，抗议日本政府"购买"钓鱼岛的非法行径。湖南长沙、山东青岛、陕西西安等多地发生推翻日系车辆、打砸抢烧日系车 4S 店等行为。之后，日系车销售额大幅下降。

2012 年 9 月 21 日，陕西省研究决定：撤销杨达才陕西省第十二届纪委委员、省安监局党组书记、局长职务。

2012 年 10 月

国务院批转交通运输部等部门的《重大节日免收小型客车通行费实施方案》，2012 年中秋节与国庆节连休 8 天，7 座及以下小型客车高速免费通行，统一明确为 9 月 30 日 00：00 时至 10 月 7 日 24：00 时，据统计，全国收费公路交通流量累计为 2.39 亿辆次，比 2011 年同期增长 38.2%，其中 7 座及以下小客车交通流量为 1.89 亿辆次，占总交通流量的 79.1%，比 2011 年同期增长

54.6%，全国免收小客车通行费共计65.4亿元。

京津塘车祸客车与货车追尾，6人遇难，死者包括司机和5名德国游客。

一辆湖北荆州籍液化气槽罐车，在湖南境内常吉高速官庄段侧翻，引发爆炸，共造成5死2伤，2名消防战士和1名合同制消防员殉职。

江苏黄埔再生资源利用有限公司董事长陈光标对因钓鱼岛争端被砸的日系私家车以旧换新。新车为国产品牌，共43辆，总价值超500万元。

反日示威中因驾日系车被示威者击成重伤的陕西车主李建利起诉西安市公安局不作为。

沪陕高速崇启大桥段15日发生重大道路交通事故，一辆轿车失控撞向正在作业的8名道路养护工人，造成5人遇难、3人受伤。上海警方15日通报称，肇事车辆是一辆桑塔纳轿车，司机为男性，只有18岁，2011年7月获取机动车驾照。

北京市交通委表示，将启动2013年保障交通畅通措施的研究，要建立每年9月份保障交通畅通工作长效机制，重点研究深入推进弹性工作制和错时上下班工作方案，评估在特定时段、特定区域实行机动车单双号限行措施的可行性等。

B.21
后 记

本书出版的时候，2012 年刚刚过去，2013 年已经来临。此时，整个社会对于实施"新交规"的讨论正日益深入，越来越多的人开始关注我们将如何建立一个合理的、良性的汽车社会。《中国汽车社会发展报告（2012 ~ 2013）》的出版正是从学理和数据上对汽车社会的热点问题进行研究和分析，可以说恰逢其时。

126 年前，梅赛德斯 - 奔驰生产出第一辆汽车，从根本上改变了人类的出行方式。随后的百年间，汽车工业作为现代工业的重要分支，在生活方式、交往方式甚至意识形态方面影响了一代代人。与西方国家相比，中国的汽车工业起步较晚，却在 20 世纪末迎来了井喷时代，2010 ~ 2011 年，中国社会进入汽车社会。但是，飞速发展带来的硬件、软件等设施不匹配的问题也逐渐显现，面对人、车、法规、交通、环境、经济、能源等一系列问题，2011 年，梅赛德斯 - 奔驰（中国）汽车销售有限公司（以下简称"奔驰中国"）与中国社会科学院社会学研究所携手出版了《中国汽车社会发展报告（2011）》。这是国内首部关注中国汽车社会与汽车文明建设的蓝皮书系列，填补了"汽车社会"全方位研究领域的空缺。

《中国汽车社会发展报告（2012 ~ 2013）》是继 2011 年之后，奔驰中国与中国社会科学院社会学研究所的二次携手。本书在 2011 年对汽车社会"全景式概括"的基础上，进一步提出了"汽车社会与规则"的主题。从梅赛德斯 - 奔驰自身来说，我们不仅引领技术革新，而且始终致力于构建一个以人为本的、和谐的汽车社会，这是我们作为汽车发明者的自觉和责任。事实上，除了"中国汽车社会蓝皮书"系列外，我们也一直在践行企业的社会责任。在过去的几年中，梅赛德斯 - 奔驰发起了"我承诺我做到""驾驶达人赛"等一系列驾驶文化活动，并在 2012 年 4 月大力引入了国际上领先的儿童道路安全

项目——"安全童行"（MobileKids），将"安全童行"送进课堂，使中国的儿童道路安全教育迈出了重要一步。

最后，作为本书的编委之一，我很荣幸能与中国社会科学院社会学研究所两度合作，在漫长的调查研究过程中，"汽车社会蓝皮书课题组"显示出了严谨的科学态度和学术精神。中国的汽车社会还不成熟，汽车社会文明的建设还需要漫长的过程和不断地努力。"不积跬步，无以至千里"，我们期待企业、政府、公众等每一位参与者的成长和进步，同时也期待这部报告能够在一定程度上回应"汽车社会"中的种种问题，唤起更多公众对于"汽车社会文明"的关注，真正对人类汽车文明建设有所助益。

王燕
戴姆勒东北亚投资有限公司及梅赛德斯－
奔驰（中国）汽车销售有限公司
公共关系及媒体传播副总裁
2013 年 1 月

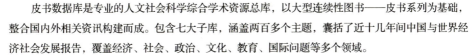

权威报告　热点资讯　海量资源

当代中国与世界发展的高端智库平台

皮书数据库 www.pishu.com.cn

　　皮书数据库是专业的人文社会科学综合学术资源总库，以大型连续性图书——皮书系列为基础，整合国内外相关资讯构建而成。包含七大子库，涵盖两百多个主题，囊括了近十几年间中国与世界经济社会发展报告，覆盖经济、社会、政治、文化、教育、国际问题等多个领域。

　　皮书数据库以篇章为基本单位，方便用户对皮书内容的阅读需求。用户可进行全文检索，也可对文献题目、内容提要、作者名称、作者单位、关键字等基本信息进行检索，还可对检索到的篇章再作二次筛选，进行在线阅读或下载阅读。智能多维度导航，可使用户根据自己熟知的分类标准进行分类导航筛选，使查找和检索更高效、便捷。

　　权威的研究报告，独特的调研数据，前沿的热点资讯，皮书数据库已发展成为国内最具影响力的关于中国与世界现实问题研究的成果库和资讯库。

皮书俱乐部会员服务指南

1. 谁能成为皮书俱乐部会员？

- 皮书作者自动成为皮书俱乐部会员；
- 购买皮书产品（纸质图书、电子书、皮书数据库充值卡）的个人用户。

2. 会员可享受的增值服务：

- 免费获赠该纸质图书的电子书；
- 免费获赠皮书数据库100元充值卡；
- 免费定期获赠皮书电子期刊；
- 优先参与各类皮书学术活动；
- 优先享受皮书产品的最新优惠。

卡号：5718817408259368

密码：

（本卡为图书内容的一部分，不购书刮卡，视为盗书）

3. 如何享受皮书俱乐部会员服务？

（1）如何免费获得整本电子书？

　　购买纸质图书后，将购书信息特别是书后附赠的卡号和密码通过邮件形式发送到pishu@188.com，我们将验证您的信息，通过验证并成功注册后即可获得该本皮书的电子书。

（2）如何获赠皮书数据库100元充值卡？

　　第1步：刮开附赠卡的密码涂层（左下）；

　　第2步：登录皮书数据库网站（www.pishu.com.cn），注册成为皮书数据库用户，注册时请提供您的真实信息，以便您获得皮书俱乐部会员服务；

　　第3步：注册成功后登录，点击进入"会员中心"；

　　第4步：点击"在线充值"，输入正确的卡号和密码即可使用。

皮书俱乐部会员可享受社会科学文献出版社其他相关免费增值服务

您有任何疑问，均可拨打服务电话：010-59367227　QQ:1924151860

欢迎登录社会科学文献出版社官网(www.ssap.com.cn)和中国皮书网（www.pishu.cn）了解更多信息

法 律 声 明

　　"皮书系列"（含蓝皮书、绿皮书、黄皮书）由社会科学文献出版社最早使用并对外推广，现已成为中国图书市场上流行的品牌，是社会科学文献出版社的品牌图书。社会科学文献出版社拥有该系列图书的专有出版权和网络传播权，其 LOGO（ ）与"经济蓝皮书"、"社会蓝皮书"等皮书名称已在中华人民共和国工商行政管理总局商标局登记注册，社会科学文献出版社合法拥有其商标专用权。

　　未经社会科学文献出版社的授权和许可，任何复制、模仿或以其他方式侵害"皮书系列"和 LOGO（ ）、"经济蓝皮书"、"社会蓝皮书"等皮书名称商标专用权的行为均属于侵权行为，社会科学文献出版社将采取法律手段追究其法律责任，维护合法权益。

　　欢迎社会各界人士对侵犯社会科学文献出版社上述权利的违法行为进行举报。电话：010－59367121，电子邮箱：fawubu@ ssap. cn。

社会科学文献出版社